Becker · Durchführung von Unterricht

[redacted]

[redacted]

Georg E. Becker

Durchführung von Unterricht

Handlungsorientierte Didaktik
Teil II

3., unveränderte Auflage 1988

Beltz Verlag · Weinheim und Basel

Georg E. Becker, Dr. phil., Jahrgang 1937,
ist Professor für Allgemeine Didaktik/Schulpädagogik, Leiter der schulpraktischen Ausbildung an der Pädagogischen Hochschule Heidelberg.

CIP-Kurztitelaufnahme der Deutschen Bibliothek

Becker, Georg E.:
Handlungsorientierte Didaktik / Georg E. Becker. –
Weinheim ; Basel : Beltz
(Beltz grüne Reihe)
Teil 2. Becker, Georg, E.: Durchführung von Unterricht. – 3., unveränd. Aufl. – 1988

Becker, Georg E.:
Durchführung von Unterricht / Georg E. Becker. –
3., unveränd. Aufl. – Weinheim ; Basel – Beltz, 1988.
(Handlungsorientierte Didaktik / Georg E. Becker ;
Teil 2) (Beltz grüne Reihe)
ISBN 3-407-25089-4

Satz: Fotosatz Schneider, Heidelberg
Umschlaggestaltung: Dieter Vollendorf, München
Druck und Bindung: Beltz Offsetdruck, 6944 Hemsbach über Weinheim
Printed in Germany

ISBN 3 407 25089 4

Inhaltsverzeichnis

Einleitung

Die handlungsorientierte Didaktik konzentriert sich auf die zentralen Berufsaufgaben des Lehrers, auf die Planung, Durchführung und Auswertung des Unterrichts. Dabei steht die *Durchführung* im Mittelpunkt, weil schließlich Planungsüberlegungen für die Schüler irrelevant bleiben, wenn sie sich nicht auf die Handlungsebene übertragen lassen, und Analyseergebnisse nur dann einen Sinn haben, wenn aus ihnen die erforderlichen Konsequenzen für die Praxis gezogen werden.

Für das Wort „Unterricht" wird häufig die Umschreibung „Lehr-Lern-Prozeß" gebraucht. Einmal soll damit der Prozeßcharakter betont, und zum anderen soll deutlich gemacht werden, daß in diesem Prozeß Lehrer und Schüler wechselseitig voneinander lernen. Lernbereite und lernfähige Lehrer erfahren täglich mehr darüber, wie Schüler denken, fühlen und handeln.

Ein Vergleich der Publikationen zeigt, daß es zwar viele Veröffentlichungen zur Unterrichtsplanung, aber nur wenige zur Unterrichtsdurchführung gibt. Offensichtlich läßt sich der Unterricht viel leichter planen als durchführen, und deshalb ist es auch einfacher, Bücher über die Planung zu schreiben. Vergleichen wir den geplanten mit dem realisierten Unterricht, wird sogleich deutlich, daß nur ein Bruchteil der Handlungen geplant werden kann (vgl. Bd.I, 174/175), nicht zuletzt deshalb, weil sich die Schüler nun einmal nicht verplanen lassen.

Veröffentlichungen, die sich mit der Planung und Durchführung von Unterricht befassen, erscheinen oftmals als eigenartiges Konglomerat von Planungs- und Durchführungsüberlegungen (vgl. Grell/Grell 1979; H. Meyer 1980). Zwar lassen sich beide Bereiche nicht ganz voneinander trennen, doch wird im Rahmen dieses Ansatzes der Versuch unternommen, die Planungs- von der Durchführungskomponente deutlich abzuheben.

Handlungsorientierte Didaktik
Berufsfeld des Lehrers

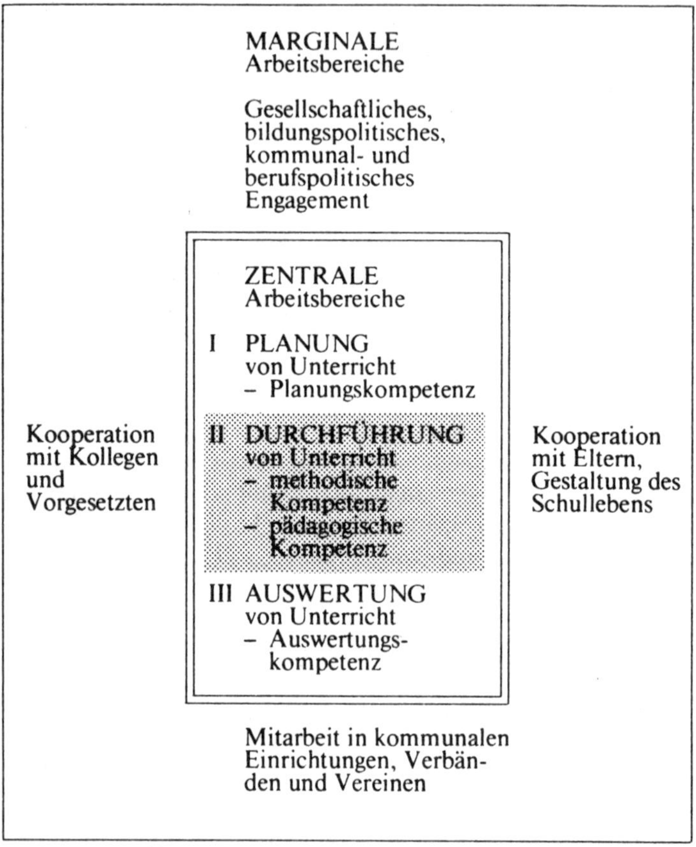

Lehr-Lern-Prozesse stellen sich auf verschiedenen Schulstufen, in den Schularten und Fächern ganz unterschiedlich dar, und sie sind natürlich einmalig, wie die in ihnen handelnden Personen. Beim Versuch, den Unterricht als Ganzes in den Blick zu nehmen, zeichnet sich ein hochkomplexes Gefüge ab, das sich niemals ganz überschauen läßt. Aussagen, die sich auf den Unterricht beziehen, müssen notwendig sehr allgemein gehalten sein. Doch je allgemeiner eine Aussage, desto geringer ist oft der Aussagegehalt. Niemand wird ernsthaft bezweifeln, daß in einem Unterricht Lehrer und Schüler interagieren und kommunizieren, aber der Aussagegehalt ist gleich Null. So bezweifelt der Autor, daß sich mit Hilfe weniger Unterrichtsprinzipien, interaktionsanalytischer Kategorien oder Merkmalsdimensionen Aussagen treffen lassen, die konkret genug sind, um handlungsrelevant zu sein.

Deshalb wird im Rahmen dieser handlungsorientierten Didaktik der Weg einer maßvollen Problemreduktion beschritten, wie er von Borg (1970), Gage (1972) oder Zifreund (1966) vorgezeichnet worden ist. Es erscheint wenig hilfreich, den Unterricht in seiner Ganzheit analysieren zu wollen, statt dessen wird versucht, einzelne Handlungen mit ihren Handlungsspektren oder Lehr-Lern-Situationen mit typischen Handlungsstrukturen darzustellen. Nicht der Unterricht als Ganzes, der sich ohnehin einer umfassenden Analyse entzieht, wird betrachtet, sondern prozeßleitende und -begleitende Handlungen, typische Lehr-Lern-Situationen und Situationsfolgen.

Die Fragestellungen sind im Rahmen dieses Ansatzes weitaus konkreter. So wird z.B. gefragt, ob ein Lehrer beobachten und zuhören kann, es ihm gelingt, Schüler zum Fragen anzuregen, auf deren Beiträge einzugehen, ob er Sachverhalte verständlich erklären, Gespräche und Diskussionen führen, Arbeitsaufträge erteilen und vor allem leistungsschwachen Schülern beim Lernen helfen kann.

Die zu den einzelnen Handlungskompetenzen ausgewiesenen Handlungsindikatoren sind als ein Vorschlag für ein reflektiertes Verhalten zu betrachten, als Handlungsmöglichkeiten, nicht aber als Rezepte oder Handlungsvorschriften. Das strukturanalytische Vorgehen bedingt zahlreiche Elemente, doch sollte sich der Leser von den vielen Handlungsindikatoren nicht abschrecken lassen, sondern so lange mit dem Buch arbeiten, bis er in der Lage ist, die für seinen Unterricht typischen Lehr-Lern-Situationen eigenständig zu analysieren und sie im Interesse der Schüler zu optimieren. Wer qualifiziert lehren möchte, kann diese Tätigkeit ohnehin nur in mehrjähriger Praxis erlernen. Mit Hilfe dieses Buches läßt sich jedoch der Lernprozeß abkürzen, und wer ernsthaft arbeitet, kann das eigene Handlungsrepertoire Schritt für Schritt erweitern.

Lehren wird über diesen Ansatz weitgehend erlernbar, wenngleich weite Bereiche besonderen Fähigkeiten oder Begabungen vorbehalten bleiben. Jeder Lehrer kann sich in der Formulierung von Testaufgaben üben oder den Umgang mit den Schülern bewußter und konstruktiver gestalten, aber er kann nicht durch eigenes Bemühen eine künstlerische Begabung erlangen.

Damit sind die Grenzen dieses Ansatzes aufgezeigt, Grenzen, die vor allem in der Person des Lehrers begründet sind. Andererseits sollten sich angehende Lehrer daran gewöhnen, im Interesse der zu unterrichtenden Schüler jene Handlungskompetenzen zu erwerben, die einen Lehrer positiv von einem Nichtlehrer unterscheiden.

Dieser Band wird mit einem Interview eingeleitet, in dessen Verlauf ein Schüler darlegt, wie er sich einen qualifizierten Lehrer vorstellt. In Verbindung mit diesem Interview lassen sich einige allgemeine Leitlinien für die Durchführung des Unterrichts formulieren. „Leitlinien" unterscheiden sich von „Prinzipien", indem erstere nur Orientierungshilfen bieten möchten, letztere hingegen einen grundsätzlichen Anspruch stellen. Leitlinien lassen sich verfolgen, manchmal nur nachzeichnen, und oft kommt es zu erheblichen Abweichungen, bis Lehrer und Schüler wieder die leitende Linie finden. Prinzipien dürfen nicht eingeschränkt oder relativiert werden, ein Prinzip ist ein unumstößlicher Grundsatz.

Der Autor bezweifelt, ob es im Bereich des Lehrens und Lernens solche Prinzipien gibt. Auch die förderlichen Merkmale, Eigenschaften und Haltungen eines Lehrers oder die Leitlinien für den Umgang mit den Schülern müssen manchmal relativiert oder eingeschränkt werden. So wie es keinen vollkommenen Lehrer und keine vollkommenen Schüler gibt, kann es auch keinen vollkommenen Unterricht geben. Lehrer sollten sich ehrlich eingestehen, daß sie immer in einem unvollkommenen Feld arbeiten werden. Im Bereich des Lehrens und Lernens sind Perfektion und optimale Ergebnisse ausgeschlossen, was bleibt, ist ein ständiges Bemühen.

Das letzte Kapitel des Buches befaßt sich mit den politischen Implikationen, die sich aus der beruflichen Aufgabe des Lehrers ergeben. In ihm wird aufzuzeigen sein, daß jeder Lehrer, gleichgültig welches Fach er lehrt, bedeutsame politische Funktionen ausübt, denen er sich nicht entziehen kann.

Im Rahmen dieses Ansatzes ist immer wieder von „leistungsschwachen Schülern" die Rede, die in einem bestimmten Fach nicht den Leistungserwartungen entsprechen. Nun ist es Aufgabe eines qualifizierten Lehrers, gerade diesen Schülern beim Lernen zu helfen, ihre Vorkenntnislücken zu diagnostizieren, mit ihnen Lernpläne zu erstellen, im Sinne eines lückenschließenden Lernens (Eigler/Straka 1978) zu verfahren und sie in geeigneter Weise zu beraten. Die leistungsstarken Schüler, die den Leistungserwartungen in einem bestimmten Fach voll gerecht werden, benötigen keine besonderen Lernhilfen, um vom Unterricht zu profitieren.

Dieser Ansatz ist ausgesprochen schülerzentriert. Jede Lehrhandlung und jede Handlungsstruktur wurde dahingehend überprüft, ob sie geeignet erscheint, die Schüler bei ihren Lernbemühungen zu unterstützen. Die Orientierung an den Handlungen des Lehrers im Unterricht ermöglicht erst ein reflektiertes Lehren und ein erfolgreiches Lernen.

Die Vielzahl der Variablen, die den Lehr-Lern-Prozeß beeinflussen, unterstreicht die Notwendigkeit einer wissenschaftlichen Qualifikation der Lehrer. Um in diesem hochkomplexen Prozeß verantwortlich handeln zu können, bedarf es eines theoriebewußten und unterrichtszentrierten Studiums, in dessen Verlauf zentrale Einsichten, Erkenntnisse und Kompetenzen im Hinblick auf den Lehr-Lern-Prozeß erworben werden können.

1 Wie sich ein Schüler einen qualifizierten Lehrer vorstellt – ein Interview

Wer sich die Frage nach den förderlichen Merkmalen, Eigenschaften und Einstellungen eines Lehrers vorlegt, braucht nur einen kritischen Schüler zu befragen, um eine differenzierte und konkrete Antwort zu erhalten. Außerdem bekommt der Fragende wertvolle Informationen zur Durchführung des Unterrichts und zu einer konstruktiven Gestaltung der Lehrer-Schüler-Beziehung.

Mit dieser Feststellung sollen nicht die Forschungsbemühungen abgewertet werden, in deren Verlauf viele tausend Schüleraufsätze zu dieser Fragestellung analysiert worden sind, um dann die Schüleraussagen auf wenige Variablen zu reduzieren (vgl. Hofer 1982, 243). Sondern diese Feststellung möchte alle Lehrer ermutigen, mit ihren Schülern immer wieder das Gespräch zu suchen, um sich auf diese Weise laufend ein Feedback zu verschaffen.

Das nachstehend abgedruckte Interview wurde 1983 zwischen einem Lehrer (L) und einem 15jährigen Gymnasiasten (S) geführt. Die Aussagen des Schülers S sind so bedeutsam, daß in den folgenden Kapiteln immer wieder auf sie zurückgegriffen wird. – Alle Namen, Ortsangaben und sonstige Hinweise auf lebende Personen wurden geändert.

L Es gibt Lehrer, die haben keine Disziplinschwierigkeiten. Wenn sie ins Klassenzimmer kommen, werden die Schüler sofort still und wenden sich ihnen aufmerksam zu. Und dann gibt es andere Lehrer, bei denen geht es sehr oft drunter und drüber. Wenn die das Klassenzimmer betreten, dann tun viele Schüler so, als hätten sie das gar nicht bemerkt. Ich überlege mir, wie es zu diesen Unterschieden kommt?

S Also das ist so: Ein Lehrer, der *was bringt,* bei dem sind wir auch diszipliniert. Es gibt allerdings auch Lehrer, die bringen was und können sich nicht *durchsetzen,* aber wenn sich ein Lehrer einigermaßen durchsetzen kann und was bringt, dann sind wir auch diszipliniert.

Im letzten Schuljahr haben wir den Herr S. in Deutsch gehabt. In den ersten Wochen mußten wir bei dem unheimlich arbeiten, dann hat er nicht mehr ganz so viel verlangt, und schließlich war er bei der ganzen Klasse beliebt. Und das lag daran, weil er mit uns ins Zeltlager gegangen ist und alles mitgemacht hat. Aber dann hat er uns auch *wie normale Menschen behandelt.* – Da gibt es Lehrer, die blicken von oben auf die undisziplinierten Schüler herab, und dann denken sich die Schüler: Der blöde Heini da vorne, der kann uns mal.

Bei unserem Englischlehrer, dem Herrn S., da ist das ganz anders. Der macht einen *unheimlich lahmen Unterricht.* Und wenn der sich da vorne hinstellt und Wahnsinns-Übungsarbeiten verteilt, die Schüler einfach nicht für voll nimmt, dann kommt es auch mal zu einer Apfelsinenschalen-Schlacht.

L Meinst Du, daß es in erster Linie von der Lehrerpersönlichkeit abhängt, ob eine Klasse diszipliniert oder undiszipliniert ist?

S Das hängt zum großen Teil vom Lehrer ab, ein bißchen liegt es auch an der Klasse. – Wenn der Lehrer irgendwelche *ulkigen Äußerlichkeiten* an sich hat, wenn er z.B. drei Meter groß ist, dann denkt sich so ein Schüler: Halt, dem bauen wir mal eine Latte in die Türöffnung, damit er ins Klassenzimmer kriechen muß. – Da können Äußerlichkeiten entscheidend sein, für die er nichts kann. Und das ist eigentlich gemein, wenn sich dann die Schüler so etwas ausdenken.

L Du hast da so ein anderes Beispiel gebracht, von Eurem Physiklehrer?

S Ja, bei dem ist es auch so eine Äußerlichkeit, die die Klasse zur Nichtdisziplin anregt. Einmal sieht er aus wie Fossi-Bär, dann spricht er einen *Wahnsinns-Dialekt,* und dann bringt er sich auch immer wieder in komische Situationen,in denen er sich vor der Klasse *lächerlich macht.* – Neulich wollte er uns zeigen, wie ein Kohlemikrofon funktioniert. Da hat er eine Streichholzschachtel genommen, mit Kohlekörnern gefüllt, zwei Nägel durchgesteckt und ein Meßgerät drangehängt, ich glaube, es war ein Ampéremeter. Da stand er nun da draußen und brüllte wie ein Wahnsinniger die Streichholzschachtel an, damit der Zeiger ausschlägt. Und da war es aus mit der Disziplin.

L Wie hätte er sich denn in dieser Situation verhalten sollen?

S Ganz einfach, die *Schüler einbeziehen,* drei Schüler auffordern, die Streichholzschachtel anzubrüllen. Dann wären es die Schüler gewesen. Aber wenn der da draußen steht, einen Urlaut von sich gibt und rot anläuft, weil ihm die Situation peinlich ist, dann merken das die Schüler sofort, und dann ist es aus.

L Es gibt offensichtlich Lehrer, die Ihr akzeptiert und solche, die Ihr nicht akzeptiert. Woran liegt das wohl noch?

S Nun, ich habe schon von Herrn S. gesprochen, der wird voll akzeptiert. Anfangs war er unheimlich hart, dann ging es etwas besser mit ihm – vielleicht lag das auch mit daran, weil seine *eigenen Kinder* in die Schule gekommen sind.– Bei dem wußten wir genau, wenn wir zuviel Blödsinn machen, dann wird er wieder richtig hart.

L Heißt das also, daß jene Lehrer die Klasse in den Griff bekommen, die hart sind, die den Schülern konsequent zeigen, wo es langzugehen hat?

S Da ist schon etwas dran. Da weiß ich einen besonderen Fall von *Inkonsequenz,* den Herrn S., mit seinen Wahnsinns-Übungsarbeiten. Wenn wir wieder einmal unruhig sind, dann schreit er auf einmal los: Extrawork, Extrawork, du bekommst auch eine Extrawork. Und dann fängt einer in der Ecke an zu singen: Extrawork, Extrawork, und die Klasse stimmt mit ein. Und dann muß er lachen, und die Extrawork wird vergessen.

L Aber ist es nicht besser, er lacht mit, als daß er die Schüler anschreit?

S In einer solchen Situation darf er nicht mitlachen. Wenn er das macht, wird er bei den Schülern unglaubwürdig. – Aber der S. hat auch seine guten Seiten. Bei der Elternversammlung hat er nur gesagt, wir seien eine sehr lebhafte Klasse, der hat uns *nicht verpfiffen*, und das haben wir ihm unheimlich hoch angerechnet. – Da gibt es andere Lehrer, die verpfeifen die Schüler, weil sie genau wissen, daß die dann Schwierigkeiten mit ihren Eltern bekommen. Das war so bei der Frau H. Die macht einmal einen *stinklahmen Unterricht*, dann hängt sie die Schüler bei den Eltern hin, und dann ist sie noch voller *Vorurteile.* Am ersten Schultag kommt sie in die Klasse und sagt: So, so, ihr seid also die 8c, die schlimme 8c. Die schlimmen Klassen gibt man immer mir, weil man genau weiß, daß ich mit ihnen fertig werde. – Zur Zeit ist genau das Gegenteil der Fall. – Dann regt sie sich noch ein bißchen auf und sagt: Zu manchen Klassen habe ich schon ein freundschaftliches Verhältnis gehabt, aber das wird wohl mit der 8c nicht der Fall sein.

L So etwas ist gefährlich.

S Ja, das ist unheimlich gefährlich, weil sich einige für dieses Schuljahr etwas vorgenommen haben, die wollten echt arbeiten, aber nun wird ihr gezeigt, wie schlimm die 8c sein kann.

L Die merkt gar nicht, was sie damit auslöst?

S Ja, die *merkt das nicht*. Die merkt übrigens auch nicht, wenn sie abgelenkt wird. Wenn ich meinen Wortschatz nicht richtig kann, dann frage ich nach der Entstehung irgendeines Wortes oder nach einer Satzkonstruktion, heuchele also Interesse, und schon ist sie abgelenkt, und ich komme nicht mehr dran. Mit einer solchen Taktik lassen sich übrigens viele Lehrer milde stimmen.

L Ihr habt doch mal einen Referendar gehabt, den Ihr akzeptiert habt, und mit dem Ihr heute noch in Briefkontakt steht. Worauf führst Du denn das zurück?

S Zuerst hat der uns Schüler einmal für voll genommen. Dann war er *für ziemlich viel Blödsinn zu haben*. Bei dem ist der *Unterricht nie langweilig* geworden. Der hat im Unterricht unheimlich *schnell gesprochen*, da mußte jeder aufpassen, weil er sonst nicht mitkam. Wir fanden das gut, die Mentoren im Fach Englisch haben das bemängelt, die verstanden wohl nicht viel. Der Mann hat uns *echt imponiert*. – Einmal hat er nach Knoblauch gestunken, und wir haben ihn gefragt, warum er so viel Knoblauch ißt. Da hat er geantwortet: Knoblauch schmeckt gut, hält jung und entkalkt die grauen Zellen. – Und wir haben uns gedacht: Na wart' nur, wir rächen uns. – Ich habe zweieinhalb große Knollen Knoblauch mitgebracht, jeder bekam eine Zehe, jeder entwickelte seine eigene Technik, wie er das Zeug runterkriegt. Ich selbst habe schon am Morgen mehrere Zehen verspeist. Mit dem Rest haben wir noch die Tafel eingerieben. Der Herr A. kam zur Tür herein und tat so, als würde er rückwärts wieder rausfallen, indem er Ooooh! rief. Dann hat er sich in die Mitte vom Gang gesetzt, ich bin aus meiner Reihe rausgerutscht, habe ihn kräftig angepustet, indem ich sagte: Ja, Herr A., wie geht es ihnen denn heute morgen? – Und er hat bloß gesagt: Rutsch' schnell rüber. – Und die Klasse hat gelacht. Der konnte das *ganz locker* machen, und er wurde doch von allen respektiert.

L Der machte das ganz locker, und dann ging es weiter?

S Ja, beim Herrn P. z.B. ging es ganz anders, der hat den Knoblauch total ignoriert, und dabei haben wir ihn eingestänkert wie die Morcheln.

L Findest Du das nicht gut, wenn Lehrer so etwas ignorieren?

S Der kann das ja ruhig ignorieren, riechen tut er es trotzdem. Der sollte das *lieber über das Ulkige abmachen, sich wehren*, irgendwie rächen.

L Noch ein paar Worte zum Herrn O.

S Ach Gott, ja, bei dem haben wir zur Zeit das Thema „Freundschaft und die Bibel dazu“. Vor ein paar Stunden sagte er: Und es kommt jetzt bei vielen die Zeit, daß sie sich nicht mehr so sehr für ihre bisherigen Freunde interessieren, sondern für das andere Geschlecht.– Und da fragt der G.: Herr O., wann ist denn das bei ihnen der Fall? – Und der O. ist in dieser Situation knallrot angelaufen, und dann war es natürlich aus mit der Disziplin.

L Der kann sich bei Euch nicht so durchsetzen?

S Das liegt auch mit daran, daß er ein bißchen sehr weich ist, der meint es unheimlich gut und ist eine Seele von Mensch.

L Verkörpert er nicht eine Eigenschaft, die ein Lehrer haben sollte, nämlich Geduld?

S Der hat *zuviel Geduld, bei dem weiß man nicht, wie weit man gehen kann*, soviel Geduld hat der. Wir haben den neulich nach allen möglichen Begriffen aus der Sexualkunde gefragt, Begriffe, die wir genau kannten. Und er hat alles mit hochrotem Kopf erklärt.

L Aber ist das nicht eigentlich eine dufte Eigenschaft, wenn sich ein Lehrer nicht vor der Beantwortung solcher Fragen drückt?

S Nein, das war anders. Wenn der Ausdrücke aus der Gassensprache erklärt und gar nicht merkt, wie er hochgenommen wird, dann ist das schlimm. –
Nochmal zurück zum P., der versuchte immer wieder, sich bei den Schülern beliebt zu machen. Da ging es z.B. um Behinderte, da hat der doch tatsächlich einen Spastiker nachgemacht. So etwas darf ein Lehrer nicht, damit gibt er ein schlechtes *Vorbild* ab. Erst haben wir über den Blödsinn gelacht, doch dann hat sich jeder gedacht: Was will denn der, das macht der doch bloß, weil er um uns rumschleimen will, rumschleimen, weil er sich bei uns beliebt machen will. – Das ist so ganz ähnlich wie mit dem Rauchen.

L Aber was hat das mit dem Rauchen zu tun?

S Wenn ein Lehrer einen Spastiker nachmacht, dann werden viele Schüler zu Behindertenwitzen animiert. Wenn ein Lehrer mit der Pfeife im Mund die Raucher auf dem Klo aufgreift und zum Sekretariat bringt, dann ist das ein schlechter Witz. – Da haben wir einen unheimlich guten Zeichenlehrer, der tut auch wahnsinnig viel für das Zeichnen, der *setzt sich unheimlich ein,* der ist jeden Tag neun Stunden in der Schule, und der hat sich, weil er die Schüler nicht mit der Pfeife im Mund auf dem Klo aufspüren will, das Rauchen in der Schule abgewöhnt. Der raucht überhaupt nicht mehr, *damit er ein Vorbild abgibt.* Denn ein Schüler nimmt den Lehrer, der ihm mit der Pfeife im Mund das Rauchen verbietet, nicht mehr für voll. -

Stellen Sie sich mal vor, Sie haben einen Verkehrsunfall, stehen auf der Kreuzung. Da kommt ein Polizeiwagen angerast, fährt voll in die beiden Wagen rein, die auf der Kreuzung stehen. Der Polizist steigt aus und klärt Sie über die Verkehrsregeln auf. So ungefähr ist das.

L Was sollten denn Deiner Meinung nach Lehrer lernen, damit sie in den Klassen besser zurechtkommen?

S Zunächst sollten sie einmal *nicht stur sein.* Dann sollten sie *einigermaßen vernünftige Ansichten vertreten*, die wir auch noch akzeptieren können. Dann, finde ich, müssen sie *bestimmten Situationen gewachsen sein.* Da kann man gut den A. mit dem K. vergleichen.

Also da hatten wir mal so ein richtiges Pornoposter, wie es zwei auf dem Rücksitz so richtig treiben. Der A. kommt rein, sieht sich das Poster genüßlich an und sagt: Wißt ihr, daß Pornografie in der Schule verboten ist, und daß ihr große Schwierigkeiten bekommt, wenn ihr an einen anderen Lehrer geratet? – Wir kriegen keine Schwierigkeiten, wir halten dicht. – Soll ich mal raten, wer es war? – Hat mich und den G. voll erraten, hat uns aber nicht verpfiffen, hat nichts gemacht, und sowas kommt an. Der K. hingegen, *der kennt seine Schüler vom Charakter her nicht*, der weiß nicht, wer einen solchen Blödsinn aushecken könnte. Der hat das Poster ignoriert, ist aber immer wieder – fast wegschauend – am Poster vorbeigeschlichen. Immer dann, wenn er wieder vorbeischlich und den Kopf wegdrehte, haben einige gelacht. Wenn ein Lehrer so etwas ignoriert, wird er nicht für voll genommen, dann läßt er sich angreifen, ohne daß er zurückschlägt. So fassen das die Schüler auf. – In der Pause hat er noch das Poster geklaut und zum Rektor gebracht. Der hat die Klassensprecher zu sich gerufen, die sollten sagen, wer es gewesen sein könnte. Die haben Schüler genannt, die an diesem Tag gar nicht in der Schule waren, und dann verlief alles im Sande. Aber der K. hat sich einen Spitznamen eingehandelt, der heißt jetzt Porno-K.

L Glaubst Du, daß man lernen kann, mit Schülern richtig umzugehen?

S Das glaube ich nicht, der K. ist da ein Beispiel dafür. Der K. ist ein unheimlich schlauer Kopf, ich glaube, der hätte auch in der freien Wirtschaft etwas werden können. Wenn der das lernen könnte, dann hätte er es schon gelernt. Aber der ist Lehrer, *ohne daß er etwas von den Schülern weiß*, und das ist schlimm.

Ein solcher Lehrer wird auf die Dauer zu einem Pauker.

Der K. wird von seinen Kollegen angegriffen, die Schüler sind undiszipliniert, er steht rundum im Schußfeld und verhängt *unmenschliche Strafen*. Eigentlich tut er mir richtig leid. – Das kann einem Lehrer, der seine Schüler kennt, nicht passieren.

2 Allgemeine Leitlinien für die Durchführung von Unterricht

In einem qualifizierten Unterricht stellt der Lehrer an seine Schüler gerechtfertigt erscheinende Anforderungen, es werden bedeutsame Ziele verfolgt, der soziale Bereich des Lernens wird berücksichtigt, die Schüler erhalten Gelegenheit, miteinander umzugehen, können sich aber auch manchmal mit einer Frage- oder Problemstellung in Einzelarbeit intensiv befassen. Ein qualifizierter Unterricht ist abwechslungsreich, und es gelingt dem Lehrer, auf unvermutet auftretende Ereignisse flexibel zu antworten. Den Schülern wird ein Mitspracherecht eingeräumt, so daß der Unterricht zu einem gemeinsamen Anliegen des Lehrers und der Schüler wird. Das Lehrtempo richtet sich nach dem Lernvermögen und dem Lerntempo der Schüler. Die Rahmenbedingungen kommen dem jeweiligen Lehr-Lern-Vorhaben entgegen. Der Lehrer realisiert den geplanten Unterricht, weicht aber den Schülerbeiträgen entsprechend von dem Konzept ab.

Gerechtfertigt erscheinende Anforderungen stellen – und von ungerechtfertigten abrücken

Nahezu alle Schüler – von wenigen antriebsschwachen abgesehen – möchten gefordert und gefördert werden, vom Unterricht profitieren. Sie sind damit einverstanden, wenn der Lehrer Anforderungen an sie richtet, wenn sie sich anstrengen müssen und wenn ihre Lernbemühungen durch einen Lernzuwachs und durch Lernerfolge bestätigt werden. Besonders die motivierten und leistungsstarken Schüler sind mißmutig, wenn sie nach einem Unterrichtsvormittag wieder einmal das Gefühl haben, wenig oder nichts dazugelernt zu haben. Sie erwarten vom Lehrer, daß er Lernanreize schafft, Frage- und Problemstellungen aufwirft, die es zu beantworten und zu lösen gilt, bei denen sich die Anstrengung lohnt und die echte Lernchancen bieten. Aber auch leistungsschwache Schüler sehen sich durch jeden Lernerfolg, und sei er auch noch so gering, bestätigt.

Das Lehrer-Schüler-Verhältnis ist ein Herrschaftsverhältnis besonderer Art. Wer diesen Umstand leugnen möchte, verschließt die Augen vor der Schulwirklichkeit. Der Lehrer ist von Amts wegen verpflichtet, laufend Anforderungen an die Schüler zu stellen. Er muß darauf achten, daß sie pünktlich und regelmäßig zur Schule kommen, er muß bestimmte Lehr-Lern-Ziele und Inhalte in den Lehr-Lern-Prozeß einbringen, Lernaufgaben formulieren, Hausaufgaben kontrollieren und Leistungsmessungen durchführen. Die Schüler akzeptieren die Herrschaftsausübung durch den Lehrer, solange ihnen die Art gerechtfertigt erscheint (vgl. Habermas 1971).

Zur Durchsetzung gerechtfertigt erscheinender Anforderungen gehören Willenskraft und Ichstärke, Eigenschaften bzw. Merkmale, über die nicht jeder Lehrer in gleicher Weise verfügt. Vordergründig betrachtet ist es für einen Lehrer bequemer, über die nichterledigten Hausaufgaben, die falschen Lösungen, die nicht gelernten Vokabeln, die vergessenen Hefte oder die Unruhe in der Klasse hinwegzusehen. Auf Dauer bedeutet jedoch ein solches Verhalten einen Verlust an Autorität, und außerdem bleiben die möglichen Lehr-Lern-Erfolge aus. Mit einer zu nachgiebigen Haltung ist also weder den Schülern noch dem Lehrer gedient. Wenn sich die Schüler auch anfangs über den gutmütigen Lehrer freuen, so äußern sie sich doch wenig später recht abfällig über ihn, indem es heißt, er könne sich nicht durchsetzen (Interview, Z 10), sei zu weich (154), zu gutmütig.

Wichtig ist in diesem Zusammenhang, daß die Maßnahmen, die zur Durchsetzung gerechtfertigt erscheinender Anforderungen eingesetzt werden, in einem unmittelbaren Zusammenhang zu diesen Anforderungen stehen und sie sich deshalb stichhaltig begründen lassen. Wenn Schüler aufgefordert werden, ein nicht gelerntes Gedicht dreimal abzuschreiben, und der Lehrer ihnen erklärt, daß sie ja beim Schreiben auch lernen, wenn sie eine fehlerhafte Aufgabe nochmals rechnen, die „vergessenen" Hausaufgaben am nächsten Tag vorzeigen sollen, dann werden solche Anforderungen meist auch akzeptiert. Ungerechtfertigte Anforderungen stoßen hingegen auf massiven Widerstand der Schüler, und das zu Recht. Wenn Lehrer ihre

Herrschaftsbefugnisse überschreiten, „Wahnsinns-Übungsarbeiten“ (25) verteilen, oder „unmenschliche Strafen“(242) verhängen, die offensichtlich in keinem Verhältnis zu der zu erbringenden Lernleistung stehen, dann sind Konflikte unausweichlich.

Die vom Lehrer zu stellenden Anforderungen beziehen sich vor allem auf den Leistungsbereich im engeren Sinn und auf den Bereich des Sozialverhaltens, wenn es darum geht, die für das Lehren und Lernen erforderliche soziale Ordnung innerhalb der Lerngruppe aufrechtzuerhalten. Ob nun eine Anforderung gerechtfertigt ist oder nicht, läßt sich nicht immer ohne weiteres entscheiden. Viele Anforderungen im Leistungsbereich sind für die leistungsstarken Schüler einer Lerngruppe voll gerechtfertigt, für die leistungsschwachen hingegen oft nicht mehr zumutbar. Empfehlungen, von einem mittleren Schwierigkeitsgrad der Lernaufgabe auszugehen oder durch Maßnahmen der inneren Differenzierung die bestehenden Leistungsunterschiede auszugleichen, sind doch oft sehr theoretisch.

Im Hinblick auf Problemschüler mit Integrationsschwierigkeiten stellt sich die Frage nach den gerechtfertigt erscheinenden bzw. ungerechtfertigten Anforderungen noch verschärft. Wie läßt sich z.B. beurteilen, ob ein hyperaktiver Schüler eigentlich doch in der Lage wäre, auf seinem Platz zu bleiben und sich auf den Lerninhalt zu konzentrieren? Und wie läßt sich beurteilen, ob ein Schüler aus einem sozialschwachen Milieu die Hausaufgaben doch hätte erledigen können?

Vorstehende Ausführungen lassen sich in wenigen Thesen zusammenfassen:

- Schüler möchten gefordert werden, und sie verlangen vom Lehrer, daß er Anforderungen an sie stellt.
- Es wird einem Lehrer niemals gelingen, stets gerechtferigte Anforderungen zu stellen.
- In der konkreten Lehr-Lern-Situation wird er manchmal von Anforderungen abrücken müssen, die ihm zuvor gerechtfertigt erschienen sind.
- Zur Durchsetzung von Anforderungen gehören Ichstärke und Mut. Das gilt insbesondere für den Umgang mit Problemschülern und Problemklassen.
- Und schließlich unterliegt jeder Lehrer der Gefahr, zur Durchsetzung von Anforderungen Herrschaft auszuüben, die sich nicht legitimieren läßt. Um dieser Gefahr zu entgehen,

bedarf es einer Kontrolle von außen, der Supervision oder des kollegialen Gesprächs, in dessen Verlauf Anforderungen und Art der Herrschaftsausübung transparent gemacht werden.

Übergeordnete Lehr- und Erziehungsziele verfolgen – sofern sie sich abzeichnen.

Wer als Lehrer den Lehr-Lern-Prozeß plant, denkt über mögliche erstrebenswerte Ziele nach, macht sich diese bewußt, bringt sie in eine Abfolge und setzt bestimmte Akzente, sofern ihm das eine oder andere Ziel besonders wichtig erscheint. Überlegungen dieser Art bedingen eine anspruchsvolle Bewertung, die auf einem Erfahrungs- und Reflexionshintergrund getroffen wird. Dieser Hintergrund besteht aus Vorstellungen darüber, welche Ziele anzustreben seien, welche Normen und Werte Vorrang haben sollten. Auf der Grundlage vorrangiger Normen und Wertvorstellungen werden im bildungspolitischen Raum Lehr- und Erziehungsziele definiert, der einzelne Lehrer wird auf sie verpflichtet, doch die Art und Weise, wie er dieselben verfolgt, unterliegt starken Schwankungen.

Der angesprochene Reflexionshintergrund muß nämlich von Lehrer zu Lehrer variieren, weil es in einer offenen, demokratischen und pluralistischen Gesellschaft keinen einheitlichen Kodex der Normen und Werte geben kann und geben darf. Dennoch lassen sich einige übergeordnete Lehr- und Erziehungsziele umschreiben, die in unserer Gesellschaft mehrheitlich akzeptiert werden, wenngleich der einzelne Lehrer eigene Akzente setzt und eine eigene Rangordnung herstellt. Demnach sollen Schüler im Lehr-Lern-Prozeß:

- Kenntnisse und Einsichten erwerben, die sie in die Lage versetzen, auch anspruchsvollere Lernleistungen zu erbringen;
- immer wieder vor Lernaufgaben gestellt werden, die ihr Vorstellungsvermögen beanspruchen und kreatives Verhalten fördern;
- befähigt werden, auch anspruchsvolle Bewertungen zu vollziehen, eine Voraussetzung für die Kritikfähigkeit;
- in verschiedenen Bereichen handlungskompetent werden, um sich aufgrund der erworbenen Handlungssicherheit neuen Lernaufgaben zuwenden zu können;

- ihnen übertragene Lernaufgaben eigenständig und gewissenhaft erfüllen;
- ein positives Selbstkonzept entwickeln, sich selbst erfahren, die eigenen Gefühle und Bedürfnisse akzeptieren, Stärken und Schwächen erkennen, um sich zunehmend realistischer einschätzen zu können;
- das Lernen lernen, um sich so allmählich aus der Abhängigkeit vom Lehrer zu befreien, selbständiger und mündiger zu werden;
- lernen, verständnisvoll miteinander umzugehen, auf den Mitschüler zu achten, ihn zu tolerieren, für ihn einzutreten und Verantwortung zu übernehmen;
- lernen, in Kleingruppen zu kooperieren, einen Beitrag für die Gruppe zu leisten und sich solidarisch zu verhalten;
- lernen, soziale Konflikte in ihren konstruktiven und destruktiven Auswirkungen zu erkennen und diese mit angemessenen Mitteln auszutragen;
- lernen, mit den begrenzt zur Verfügung stehenden Ressourcen dieser Erde verantwortungsbewußt umzugehen;
- lernen, auf ökologische und technologische Herausforderungen besonnen und flexibel zu antworten, sich in neuartige Arbeitsprozesse zu integrieren und dabei Technik und Arbeit in den Dienst zu stellen, und
- Möglichkeiten kennenlernen, die geeignet erscheinen, aktiv für den Frieden einzutreten, um so ein lebenswertes Überleben zu sichern.

Die Auflistung übergeordneter Lehr- und Erziehungsziele ließe sich in Verbindung mit der einschlägigen Fachliteratur zur Curriculumtheorie und zur Zielproblematik ergänzen (vgl. u.a. Benden (Hrsg.) 1982). Doch wird es niemals möglich sein, alle bedeutsamen Ziele in den Blick zu nehmen. Vorstehende Ziele zeigen deutlich ihre Abhängigkeit auch von weltanschaulichen Positionen, die letztgenannten Ziele waren noch vor wenigen Jahren in dieser Weise kaum relevant. Lehr- und Erziehungsziele unterliegen der gesellschaftlichen Dynamik, und deshalb muß an jeden Lehrer die Aufforderung gerichtet werden, gesellschaftliche Entwicklungen zu verfolgen und aus ihnen Ziele abzuleiten – sofern sie sich abzeichnen und begründen lassen.

Soziales Lernen fördern –
und andere Lernbereiche nicht vernachlässigen

Von dem Begriff des „sozialen Lernens“ geht immer wieder eine Faszination aus. Dozenten, die Lehrveranstaltungen zum sozialen Lernen oder zu den Sozialformen des Unterrichts anbieten, sind sich stets einer großen Hörerschar gewiß. Angehende Lehrer streben schließlich auch einen sozialen Beruf an, und wer möchte da nicht das soziale Lernen fördern? Wer es nicht tut, erscheint wenig sozial – ein schlimmer Vorwurf!

Wie kommt es zu dieser Einstellung angehender Lehrer, und was verbirgt sich hinter dem Begriff „sozial“, wenn wir ihn auf den Lehr-Lern-Prozeß beziehen? – Offensichtlich haben fast alle Studenten in der eigenen Schulzeit negative Erfahrungen gesammelt. Im Gymnasium dominierten die kognitiven Lernziele, die Schüler wurden nahezu ausschließlich nach ihren kognitiven Leistungen bewertet, es wurden Einzelleistungen gemessen, und soziale Fähigkeiten waren wenig gefragt. Der Schulbetrieb führte oft in die Vereinzelung, zu Konkurrenz- und Leistungsdruck. Die begrenzt zur Verfügung stehenden Ausbildungs- und Studienplätze zwangen die Schüler zu einem Existenzkampf, der ihnen eigentlich zuwider war. Viele Schüler erlebten sich einseitig auf die Lehrer fixiert, um bei ihnen Anerkennung zu finden. Jeder war sich selbst der Nächste, und die Mitschüler gerieten häufig aus dem Blickfeld. – Die Eltern verhielten sich in ganz ähnlicher Weise egoistisch und waren nur auf die Schulkarriere des eigenen Kindes bedacht.

Angehende Lehrer lehnen als zu Recht diesen erbarmungslosen Kampf um Qualifikationen und Noten ab. Sie möchten die Schule verändern, streben nach einem Unterricht, in dem alle Beteiligten verständnisvoll miteinander umgehen. In diesem Konzept haben soziale Lernziele Vorrang, zumindest werden sie gleichwertig neben den anderen Lernzielbereichen gesehen.

Soziales Lernen ist in seiner Bedeutung unbestritten, geht es doch schließlich um die gemeinsame Bewältigung derzeitiger und künftiger Probleme, nicht nur im engsten sozialen Bereich, sondern auch im Versuch einer Zusammenarbeit zwischen den Völkern dieser Erde. Kein Mensch wird von sich behaupten, die großen existenzbedrohenden Probleme unserer Zeit – die Friedenssicherung, die Bewahrung der Umwelt vor der Zerstörung, die Sicherung des Rechts auf Arbeit, die Bekämpfung der Hungersnöte in der Dritten Welt – alleine lösen zu können. Für solche zentralen Probleme kann nur durch solidarisches Handeln eine Lösung gefunden werden.

Soziales Lernen manifestiert sich in vielen Tätigkeitsbereichen, es zeigt sich im Umgang mit dem Mitschüler, dem Freund, dem Partner, den Angehörigen und Kollegen. Es dokumentiert sich in der Gruppe und im Team, am Arbeitsplatz und in einer politischen Partei, in Versammlungen und auf Konferenzen. Ständig finden soziale Lernprozesse statt. Entscheidende Ergebnisse werden nur dann erzielt, wenn die Beteiligten soziale Kompetenzen erworben haben und diese einbringen können. Das verständnisvolle Umgehen mit den Mitmenschen umfaßt ein ganzes Bündel sozialer Qualifikationen.

Was verbirgt sich hinter dem Begriff „sozial", wenn wir ihn unmittelbar auf den Lehr-Lern-Prozeß beziehen? Leider stellt sich der soziale Lernbereich in den verschiedenen Schularten auch unterschiedlich dar, so daß diese gesondert in den Blick genommen werden müssen.

An Grund-, Haupt- und Sonderschulen müssen soziale Lernziele Vorrang haben, wenn die Schüler nur begrenzt lern- und gruppenfähig sind. Es gibt Lehrer, die sich in ihren Lerngruppen immer wieder mit mehr oder weniger Erfolg darum bemühen, die für das Lehren und Lernen erforderliche soziale Ordnung aufrechtzuerhalten oder herzustellen. In solchen Lerngruppen geht es um den Erwerb grundlegender sozialer Fähigkeiten, wie z.B. dem Mitschüler keinen Schaden zufügen, nicht durcheinanderschreien, auf dem Platz bleiben, sich wenigstens für kurze Zeit konzentrieren, die Mitschüler nicht stören, den anderen ausreden lassen, ihm zuhören, seine Gedanken aufgreifen und weiterführen, darauf achten, daß jeder etwas sagen kann ... – Erst wenn zumindest einige dieser Ziele ansatzweise erreicht sind, ist ein Lehren und Lernen in der Gruppe möglich. Lehrer in Problemgruppen haben also gar keine andere Wahl, sie müssen vorrangig soziale Lernziele verfolgen, erst dann kommen Lernziele aus anderen Bereichen.

Im Fachunterricht der Realschule, des Gymnasiums oder in den Schulen des beruflichen Bildungswesens stellt sich die Frage nach den sozialen Lernzielen etwas anders. Fächer wie Mathematik oder Buchführung, Latein oder Elektronik, fordern nun einmal von den Schülern in erster Linie Einzelarbeit und Einzelleistungen, und jeder Fachlehrer verfolgt manchmal auch etwas fachegoistisch das legitime Interesse, die Schüler primär in seinem Fachgebiet zu qualifizieren. Selbst wenn alle Fachlehrer die übergeordnete Bedeutung sozialer Lernziele erkennen und soziales Lernen zum Unterrichtsprinzip erheben würden, wäre noch längst nicht gewährleistet, daß es auch in einem wünschenswerten Umfang stattfindet. Die Fachinteressen würden das Anliegen doch bald wieder überdecken.

Schüler im Bereich des beruflichen Bildungswesens sehen die soziale Komponente des Unterrichts oft aus einer anderen Perspektive. Sie wünschen sich vor allem einen fach- und methodenkompetenten Lehrer, der sie für ihre beruflichen Aufgaben qualifiziert. Soziales Lernen findet für sie eher außerhalb des Unterrichts statt, mehr beiläufig im Umgang mit dem Freund, dem Partner, im Verein, während der Freizeit mit Gleichgesinnten. Die zu fordernde Teamfähigkeit – so wird häufig argumentiert – stellt sich im Verlauf der beruflichen Tätigkeit dann schon von selbst ein.

Wenn auch soziale Lernziele auf verschiedenen Schulstufen und in verschiedenen Schularten eine recht unterschiedliche Ausprägung erfahren, so kann nicht die Tatsache geleugnet werden, daß innerhalb einer jeden Lerngruppe intakte Sozialbeziehungen dem Lehr-Lern-Prozeß förderlich sind. Jeder Prozeß, der zwischen Lehrern und Schülern abläuft, jeder Prozeß im zwischenmenschlichen Bereich ist sozioemotional getönt. Schüler, die sich in ihrer Lerngruppe wohlfühlen, werden emotional stabilisiert, und sie sind auch eher bereit und in der Lage, die vom Lehrer geforderten Lernleistungen zu erbringen. So betrachtet gewinnt der Bereich des sozialen Lernens für jeden Lehr-Lern-Prozeß an Bedeutung.

Eine große Schwierigkeit liegt in dem Umstand begründet, daß sich soziale Lernziele kaum überprüfen lassen, die sozialen Lernergebnisse – wenn überhaupt – oft erst nach Jahren registriert werden können. Lehrer, die viel Zeit und Kraft in den Bereich sozialen Lernens investieren, finden für ihre Lehrbemühungen kaum Anerkennung. Am Ende eines Schuljahres oder bei der Abschlußprüfung werden doch nur die überprüfbaren Einzelleistungen der Schüler honoriert, wie sie zustandegekommen sind, wird nicht gefragt.

Bei aller Bedeutung des sozialen Lernens darf nicht übersehen werden, daß sich Lernen letztlich nur im Individuum vollziehen kann. Der Einzelne wird nur dann zu einem bedeutsamen Partner oder Gruppenmitglied, wenn er auch wertvolle Beiträge für den Partner oder die Gruppe zu leisten imstande ist. Dazu bedarf es jedoch der individuellen Schulung und Ausbildung in anderen Lernzielbereichen.

Die Interaktion zwischen den Schülern fördern – und Einzelarbeit anregen

Schüler können nur lernen, verständnisvoll miteinander umzugehen, wenn sie auch Gelegenheit zur Interaktion erhalten. Außerhalb des Unterrichts, auf dem Schulweg, dem Schulhof, dem Spielplatz oder im Jugendzentrum, bieten sich viele Kontaktmöglichkeiten, Übungsfelder zum sozialen Lernen, die sich jedoch weitgehend der Einflußnahme durch den Lehrer entziehen. Die Schüler suchen sich eigenständig ihr soziales Kontaktfeld, das aufgrund der unterschiedlichen Sozialverhältnisse stark variiert.

Im Lehr-Lern-Prozeß besteht nun ebenfalls ein natürliches Bedürfnis nach Interaktion und Kommunikation zwischen den Schülern. Wird diesem Bedürfnis nicht entsprochen, werden die Schüler von sich aus aktiv, sie nehmen Kontakte zu den Mitschülern auf, flüstern, unterhalten sich und stören aus der Sicht des Lehrers den Unterricht. Wer als Lehrer dem Bedürfnis nach Interaktion über längere Zeit hinweg nicht Rechnung trägt, der fördert durch sein methodisches Fehlverhalten eine „allgemeine Disziplinlosigkeit".

Nun gibt es viele problematische Lerngruppen, in denen die Schüler nicht verständnisvoll miteinander umgehen können, sich gegenseitig herabsetzen, beschimpfen, bedrohen oder tätlich werden (vgl. Becker 1983a, 123 ff.). Das Lern- und Klassenklima in solchen Gruppen läßt sich nicht verbessern, indem man die Interaktion zwischen den Schülern unterbindet. Im Gegenteil, gerade die Schüler aus Problemklassen müssen Gelegenheit erhalten, auch im Lehr-Lern-Prozeß miteinander umzugehen, was allerdings viel Zeit und Kraft von seiten des Lehrers erfordert. Gudjons (1978) bietet in seiner „Praxis der Interaktionserziehung" zahlreiche Anregungen, wie sich durch *Spiele und Übungen* die Interaktionen zwischen den Schülern fördern lassen.

Wenn Lehrer *Partner- oder Kleingruppenarbeit* anregen, möchten sie bewußt die Interaktion zwischen den Schülern fördern. Dabei erscheint die Möglichkeit, für den einzelnen

Schüler aktiv zu werden, bei Partnerarbeit optimal, weil hier die Sprechanteile besonders groß sind. Bei Kleingruppenarbeit ist allerdings das Anregungspotential größer und die Interaktionen gestalten sich farbiger und lebendiger.

Viele Lehrer schrecken davor zurück, Kleingruppenarbeit zu initiieren, weil sie die möglichen sozialen Konflikte fürchten und Angst haben, daß die Lehr-Lern-Erfolge ausbleiben. Die Lernprozesse innerhalb der Kleingruppen lassen sich nicht direkt verfolgen und kontrollieren. Und einige Bedenken bestehen zu Recht. So scheitert z.B. das Bemühen um Interaktionsförderung im Fremdsprachen-Unterricht häufig daran, daß in dem Augenblick, in dem die Schüler in Kleingruppen miteinander sprechen sollen, das Prinzip der Einsprachigkeit durchbrochen wird. Aber auch in diesem Fall hat es keinen Sinn, Partner- oder Kleingruppenarbeit zu vermeiden. Statt dessen müssen den Schülern immer wieder die Vorzüge dieser Sozialformen bewußt gemacht werden, die weitaus bessere Interaktionsmöglichkeiten bieten.

Wenn Lehrern im Lehr-Lern-Prozeß bewußt wird, daß alle Interaktionen auf sie gerichtet sind, sie also lehrerzentriert interagieren, greifen sie häufig zu anderen methodischen Maßnahmen, um eine Interaktion zwischen den Schülern zu erreichen. Sie fordern die Schüler direkt auf, miteinander zu sprechen, setzen sich bewußt zu den Schülern, steuern ein Gespräch überwiegend nichtverbal (vgl. S. 182 ff.), übertragen einem Schüler die Gesprächsleitung oder fordern die Schüler auf, sich gegenseitig aufzurufen.

Die gutgemeinten *Aufforderungen:* ,,Sag' es nicht mir, sag' es den andern," oder: ,,Sag' es noch einmal laut, damit es auch alle hören können," haben meist nur Appellationscharakter, ändern jedoch nichts an der Tatsache, daß 30 Schüler kaum interagieren können. Allein schon die große Schülerzahl gestattet es einzelnen Schülern nicht, sich voll einzubringen.

Sofern sich Lehrer bewußt einen *Sitzplatz* zwischen den Schülern wählen, geben sie ein deutliches Signal, daß sie die Interaktion zwischen den Schülern fördern möchten. Und dennoch können bei einer solchen Sitzordnung, z.B. in einem Kreisgespräch, alle Interaktionen auf den Lehrer bezogen sein und über ihn laufen. Der Sitzplatz allein garantiert also noch keine Interaktion zwischen den Schülern. Von der weiterführenden Möglichkeit, sich ganz aus der Situation herauszunehmen und die Aufforderung an die Schüler zu richten, sich über eine bestimmte Frage- oder Problemstellung alleine zu unterhalten, während der Lehrer nur zuhört, wird leider noch zu selten Gebrauch gemacht. Allerdings müssen in diesem Fall einige Voraussetzungen erfüllt sein, wie z.B. eine nicht zu große Schülerzahl, eine angemessene Sitzordnung, eine schon ausgebildete Gesprächsfähigkeit und eine Gesprächsbereitschaft, die wiederum vom Gesprächsthema abhängig ist.

Eine weitere Möglichkeit schülerorientierter Interaktion besteht in der *überwiegend nichtverbalen Gesprächssteuerung.* Der Lehrer nimmt Schülerbeiträge und Antwortbündel entgegen, lenkt Beiträge weiter oder stellt sie zur Diskussion. Er verzichtet bewußt auf den sonst recht hohen eigenen Sprechanteil und nimmt sich ganz zurück. Doch läßt sich auch ein überwiegend nichtverbal gesteuertes Gespräch sehr direkt leiten, so daß im Grunde genommen doch alle Interaktionen über den Lehrer laufen, auch wenn dieser nichts sagt.

Die *Übertragung der Gesprächsleitung* an einen Schüler ist eine weitere Möglichkeit, die Interaktion zwischen den Schülern zu fördern. Nur stellt sich für den betreffenden Gesprächsleiter eine recht schwierige Aufgabe. Schließlich bemühen sich angehende und praktizierende Lehrer immer wieder um den Erwerb bedeutsamer Handlungskompetenzen im Gesprächsbereich. Hier handelt es sich meist um eine Überforderung des Schülers, selbst wenn er in der Lerngruppe anerkannt ist und die Bereitschaft der Mitschüler besteht, ihn in seiner Funktion als Gesprächsleiter anzuerkennen.

Weit verbreitet ist auch *das gegenseitige Aufrufen*, bei dem jener Schüler, der gerade einen Beitrag geleistet hat, entscheiden darf, welcher Mitschüler als nächster reden, eine Aufgabe stellen oder eine Aktivität ausführen darf. Auf diese Weise werden dem betreffenden Schüler für Sekunden die Aufgaben des Lehrers übertragen, der ja sonst immer das Wort erteilt. Besonders jüngere Schüler genießen es, für kurze Zeit die Lehrerrolle zu übernehmen. Sie blicken in die Runde, sehen alle Augen erwartungsvoll auf sich gerichtet, zögern ihre Entscheidung bewußt hinaus und spielen dann Schicksal. Meist werden dabei natürlich die Freunde berücksichtigt, so daß sich die Interaktionen weitgehend nach dem latent vorhandenen Sympathiegefüge richten. Unbeliebte Schüler oder sog. Außenseiter kommen auf diese Weise selten oder nie zum Zuge.

Bei allem Bemühen um Interaktion im Unterricht werden zwei Punkte deutlich. Einmal kann Lehren und Lernen in der

Gruppe nur dann stattfinden, wenn es dem einzelnen Schüler vorübergehend gelingt, seine persönlichen Wünsche und Bedürfnisse zurückzustellen, er also bereit und in der Lage ist, in jenen Lehr-Lern-Situationen, in denen der Lehrer mit der ganzen Lerngruppe arbeitet, dem Prozeß aufmerksam zu folgen und auch einmal zuzuhören.

Zum andern wird häufig der Wert und die Notwendigkeit der Einzelarbeit nicht gesehen. Schüler sollten im Verlauf eines Schulvormittags mehrmals die Möglichkeit erhalten, sich alleine und intensiv mit einem Lerninhalt zu befassen. Und deshalb erscheint es in bestimmten Lehr-Lern-Situationen durchaus gerechtfertigt, die Interaktionen zwischen den Schülern zu unterbinden und sie zur Einzelarbeit anzuregen.

Die Schüler aktivieren – ohne in einen Aktivismus zu verfallen

Produktives Lernen ist nur bei einem ausreichenden Aktivitätsniveau möglich. Zwar lernt der Mensch auch „im Schlaf" und bei geringem Aktivitätsniveau auch spielerisch, doch wenn im Lehr-Lern-Prozeß Lernziele bewußt angestrebt und Lernleistungen erbracht werden sollen, ist ein ausreichendes Aktivitätsniveau unerläßlich. Die Fragen der Lernaktivierung und des Aktivitätsniveaus sind in Zusammenhang mit denen der Lernmotivierung zu sehen. Lehrer benötigen im Lehr-Lern-Prozeß ein breites Maßnahmenspektrum zur Lernaktivierung, und die Schüler können ohne ein angemessenes Aktivitätsniveau, ohne Anstrengungsvermögen und Anstrengungsbereitschaft bestimmte Lernaufgaben nicht bewältigen.

Lehrer stehen immer wieder vor der Aufgabe, ihre Schüler zu aktivieren, und das nicht nur in Randstunden und an schwülen Sommertagen. Als Möglichkeiten zur Lernaktivierung bieten sich inhaltliche, methodische und pädagogische Maßnahmen an, die alle ihren Stellenwert haben und die im Lehr-Lern-Prozeß flexibel einzusetzen sind, wenn das Aktivitätsniveau einzelner Schüler oder der Gruppe zu stark absinkt. Spätestens dann, wenn einem Schüler der Kopf vornüber sinkt, ist es an der Zeit, Maßnahmen der Lernaktivierung zu ergreifen.

Eine Aktivierung kann von der jeweiligen Lernaufgabe selbst ausgehen, wenn diese z.B. einen hohen motivationalen Stellenwert hat, einen hohen Neuigkeitsgehalt aufweist oder den Umgang mit attraktivem Lernmaterial ermöglicht (vgl. Heckhausen 1969). Nur fehlen vielen Lernaufgaben die vorgenannten Merkmale, und deshalb sind Lehrer im Lehr-Lern-Prozeß auf weitere Maßnahmen angewiesen, so z.B. auf wechselnden Medieneinsatz oder auf einen Wechsel der Sozialformen. Auch erscheint es in bestimmten Situationen gerechtfertigt und unerläßlich, bestimmte Schüler oder Schülergruppen direkt anzusprechen, an deren Leistungsbereitschaft zu appellieren, Wettbewerbssituationen zu schaffen oder auf eine bevorstehende Leistungsüberprüfung hinzuweisen. Lehrer, die vorgeben, ohne solche sachfremden Formen der Lernmotivierung und -aktivierung auszukommen, kennen den Schulalltag an einer öffentlichen Schule nicht.

Nun muß davon ausgegangen werden, daß die Schüler auf Maßnahmen zur Lernaktivierung, die der Lehrer ergreift, höchst unterschiedlich antworten, weil das Aktivitätsniveau von Schüler zu Schüler variiert und eigentlich auch hier eine individuelle Ansprache erforderlich wäre. In jeder Lerngruppe gibt es besonders antriebsstarke und antriebsschwache Schüler, bei denen das Leistungsmotiv unterschiedlich ausgeprägt ist, die über eine hohe bzw. geringe Leistungsmotivation verfügen und deren Aktivitätsniveau den unterschiedlichen Voraussetzungen entsprechend variiert. Einige Schüler wenden sich fast jeder Lernaufgabe unmittelbar und zielstrebig zu, andere warten ab, benötigen eine längere Anlaufzeit und sind dann weder bereit noch in der Lage, sich voll auf die Aufgabe zu konzentrieren. Diese interindividuellen Schwankungen werden noch durch die Tatsache verstärkt, daß nicht alle Schüler in gleicher Weise der physiologischen Leistungskurve entsprechend aktiv werden können. Nicht jeder Schüler vermag vormittags in der 2. und 3. Unterrichtsstunde Höchstleistungen zu erbringen.

Aktivierung allein ist noch keineswegs erstrebenswert, weil zur Bewältigung unterschiedlicher Lernaufgaben auch ein *angemessenes* Aktivitätsniveau gehört. Ein zu geringes und ein zu hohes Aktivitätsniveau können der Bewältigung bestimmter Lernaufgaben in gleicher Weise hinderlich sein. Antriebsschwache Schüler mit einem geringen Aktivitätsniveau werden in einer Mathematikarbeit ein zu geringes Lerntempo vorlegen und in der zur Verfügung stehenden Lernzeit einige Aufgaben nicht bearbeiten. Umgekehrt besteht bei besonders antriebsstarken Schülern mit hohem Aktivitätsniveau und Lerntempo die

Gefahr von Flüchtigkeitsfehlern. Förderlich wäre wohl ein mittleres Aktivitätsniveau, das ein sorgfältiges, überlegtes und zielstrebiges Arbeiten erlaubt, ein kognitiver Stil, der gerade dieser Lernaufgabe entgegenkommt. – Und im Lehr-Lern-Prozeß wären im Hinblick auf die beiden angesprochenen Schüler entgegengesetzte Maßnahmen der Lernaktivierung angebracht, Maßnahmen, die das Aktivitätsniveau heben bzw. senken. Um in dieser Weise tätig zu werden, wäre es erforderlich, das Aktivitätsniveau eines jeden Schülers zu kennen, ein Anspruch, dem ein Lehrer selten gerecht werden kann.

Fragwürdig sind alle Formen der Lernaktivierung, die in einem blinden, sinnentleerten Aktivismus münden, der nur Unruhe und Betriebsamkeit schafft, jedoch keine echten Lernchancen bietet. Wenn z.B. ein Schüler an die Tafel kommen und eine Überschrift mit dem Lineal farbig unterstreichen darf, wird die Lerngruppe wohl kaum aktiviert. – Wenn jeder Schüler, der einen Einfall hat, an die Tafel geht und ihn anschreibt, während die anderen warten müssen, bis sie drankommen, kann durch diese Aktivierung das Gegenteil erreicht werden, weil die Flüssigkeit des Unterrichts leidet. – Wenn Sozialform und Sitzordnung innerhalb von 45 Minuten ohne ersichtlichen Grund sechsmal geändert werden, schafft das nur Unruhe. – Und wenn schließlich eine Lehr-Lern-Aktivität der anderen folgt, die Schüler von einer Aktivität in die andere gehetzt werden, kommt es zu Konflikten, und die Lehr-Lern-Erfolge sind gering. Aktivismus verhindert die Kontinuität des Lernens, verhindert eine vertiefende Reflexion, verhindert einen qualifizierten Unterricht.

Den Unterricht abwechslungsreich gestalten – ohne dabei Unruhe zu stiften

Der Unterricht läuft aus der Sicht der Schüler oftmals sehr eintönig ab, so z.B. wenn er immer wieder in der gleichen Weise begonnen wird, Vorkenntnisse stets im Gespräch aktualisiert werden, die Übungsformen kaum variieren, der Einsatz eines Mediums oder einer Sozialform dominiert oder wenn der Lehr-Lern-Prozeß immer in vergleichbaren Schritten, also nach einem Artikulationsschema, abläuft. So kann die Kritik des Schülers S. an dem „unheimlich lahmen“ oder „stinklahmen

Unterricht“ (Interview, Z 24 und 87) nicht nur auf ein zu geringes Lehrtempo, sondern auch auf einen Mangel an Anschauung und Abwechslung zurückzuführen sein.

Wenn Lehrer den Unterricht stets mit den gleichen Maßnahmen einleiten, z.B. die Hausaufgaben kontrollieren, mündlich abfragen oder das Lehrbuch aufschlagen lassen, deutet dies auf einen Mangel an methodischer Phantasie, und die Schüler fühlen sich schon zu Beginn der Stunde gelangweilt. Dabei kann jede der genannten Maßnahmen eine Stunde sinnvoll einleiten, doch werden sie fragwürdig, sobald sie gehäuft oder gar ausschließlich auftreten (vgl. S. 130 ff.).

Vorkenntnisse sind für weiterführende Lehr-Lern-Prozesse unerläßlich, und deshalb steht der Lehrer immer wieder vor der Frage, wie sie sich aktualisieren lassen (vgl. Weinert/Zielinski 1977). Dabei dominiert im traditionellen Unterricht ein Frage- und Antwortspiel: Der Lehrer fragt, die Schüler erinnern sich mühsam, formulieren eine ergänzungsbedürftige Antwort, der Lehrer fragt erneut, die leistungsstarken Schüler gähnen, die leistungsschwachen fühlen sich überfordert, einer der Schüler erbarmt sich, liefert die vom Lehrer gewünschte Antwort, der Lehrer fragt erneut ... – Spiele dieser Art wirken auf viele Schüler lähmend, sie kosten verhältnismäßig viel Zeit und sind nicht besonders effektiv. Dabei gibt es auch hier ein breites Handlungsspektrum, das variabel zur Aktualisierung der Vorkenntnisse eingesetzt werden kann (vgl. S. 124 ff.).

Viele Lernaktivitäten müssen von den Schülern geübt werden, so das Lesen, Schreiben, Rechnen, Singen, Turnen, Schwimmen u.a.m., bis eine Verinnerlichung erfolgt und eine entsprechende Leistung erbracht werden kann. Also kommt es darauf an, den Übungsumsatz zu steigern, ohne dabei ein sinnentleertes Lernen anzuregen. Durch eine Variation der Übungsaufgaben und Übungsbedingungen, durch den Versuch, bestimmte Aufgaben immer wieder in neue Übungszusammenhänge einzubetten, können Übungen für die Schüler interessant und abwechslungsreich gestaltet werden. Hier ist der Lehrer in besonderer Weise in seiner methodischen Kreativität gefordert.

Die Gefahr einer Monotonie geht auch vom Einsatz eines bestimmten Mediums aus, sei es das Lehrbuch, seien es Arbeitsblätter, Folien, Bilder oder Filme. Jedes Medium kann, im Übermaß eingesetzt, einen Übersättigungseffekt bewirken. Andererseits ist gerade ein breites Medienspektrum in besonderer Weise geeignet, den Unterricht abwechslungsreich zu gestalten.

Gleiches gilt für den Einsatz bestimmter Sozialformen, insbesondere für die Arbeit mit der ganzen Gruppe. Abwechslung wird durch einen Wechsel der Sozialformen – Gruppenarbeit, Kleingruppenarbeit, Partner- und Einzelarbeit, Arbeit im Kreis – erzielt. Und auch hier führt ein Zuviel an Kleingruppenarbeit zur Monotonie, wenn die Schüler klagen: „Was, schon wieder Kleingruppenarbeit!“

Schließlich kann die Lehr-Lern-Folge in ihrer Gesamtheit erstarren, weil der Lehrer immer wieder ein bestimmtes Vorgehen bevorzugt, so daß die Schüler ohne weiteres in der Lage sind, den Ablauf der folgenden Stunden vorherzusagen. So ist es denkbar, daß ein Fremdsprachen-Lehrer in ein Ablaufschema verfällt, das etwa so aussieht: Erst werden Vokabeln erarbeitet, dann wird der neue Text gelesen, übersetzt, einige Übungen schließen sich an ... – Oder ein Physiklehrer: Erst werden Hypothesen zu einem Demonstrationsversuch gebildet, Beobachtungsaufgaben verteilt, der Versuch durchgeführt, die Beobachtungen mitgeteilt, die Hypothesen geprüft ... – Wenn die Schüler immer wieder den Ablauf der Stunden voraussagen können, liegt sicher ein Mangel an Abwechslung vor.

Einige Lehrer sind in der Lage, den Unterricht durch kleine Späße, geistreiche Wortspiele oder Gags aufzulockern, und sie bieten den Schülern auf diese Weise ein Mehr an Abwechslung. Allerdings kann die Beschäftigung mit dem Witz oder dem Bonmot die Auseinandersetzung mit dem Lerninhalt verdrängen. Auch sind besondere kabarettistische Einlagen stark persönlichkeitsgebunden und können nicht von jedem Lehrer erwartet werden.

Ein Zuviel an Abwechslung wirkt sich auf den Lehr-Lern-Prozeß nachteilig aus, trägt Unruhe und Unsicherheit in den Prozeß und stört die Kontinuität des Lehrens und Lernens. Warum sollen bestimmte Formen des Auswendiglernens, der Aufsatzvorbereitung oder des Trainings nicht wiederholt zur Anwendung kommen, wenn sie sich bewährt haben? Sofern es sich um bekannte Lehr-Lern-Wege handelt, dienen sie dem Lehrer und den Schülern gleichermaßen als Orientierung. Beide kennen den Weg und können bestimmte Ziele bewußt anstreben.

Nun kann es nicht Aufgabe eines Lehrers sein, den Schülern den Unterricht so abwechslungsreich und kurzweilig wie möglich zu gestalten. In einem qualifizierten Unterricht muß auch manchmal die eigenständige und mühsame Auseinandersetzung mit einem anspruchsvollen Text oder einer schwierigen Aufgabe verlangt werden, Aufgaben, die Anstrengungsbereitschaft und Konzentrationsfähigkeit erfordern und die bei der Bearbeitung oder Lösung nur wenig Abwechslung bieten.

Auf unvermutete Ereignisse flexibel reagieren – ohne eine Anpassungsakrobatik zu betreiben

Jeder Lehrer steht im Lehr-Lern-Prozeß häufig unvermutet auftretenden Ereignissen gegenüber, auf die er flexibel zu antworten hat. Dem Bericht des Schülers S. zufolge, verfügte der Referendar A. in besonderer Weise über diese Fähigkeit (vgl. Interview, Z 129, 134, 209–212). Und Schüler S. bemerkt dazu anerkennend: „Der konnte das ganz locker machen“ (135).

Sicher möchte ein Lehrer ähnlich wie der Referendar flexibel reagieren können. Wahrscheinlich verfügte dieser über eine erhöhte Wahrnehmungsfähigkeit in allen Bereichen und über die besondere Fähigkeit, unvermutet auftretenden Ereignissen zu begegnen. Wer als Lehrer über eine mehrjährige Erfahrung verfügt, kann wahrscheinlich auf gewisse Ereignisse flexibler reagieren, weil sie ihm in modifizierter Form schon einmal begegnet sind. Ein erfahrener Lehrer ahnt zumindest, was so alles auf ihn zukommen kann, und er wird deshalb nicht so leicht zu schockieren und zu blockieren sein. Doch sicher ist die Fähigkeit, auf unvermutet auftretende Ereignisse flexibel zu antworten, auch von bestimmten Merkmalen der jeweiligen Person abhängig.

Wenden wir uns nun der Frage zu, wo die Flexibilität eines Lehrers im Lehr-Lern-Prozeß besonders gefragt ist, und verfolgen wir einen Prozeß, der ein hohes Maß an Flexibilität verlangt:

Der Lehrer hat im Rahmen der Unterrichtsplanung eine Lehr-Lern-Folge konzipiert, die er realisieren möchte; doch schon in der ersten Lehr-Lern-Situation muß er feststellen, daß er die Lernvoraussetzungen seiner Schüler falsch eingeschätzt hat und wichtige Vorkenntnisse fehlen. Also ist er in seiner Flexibilität gefordert und genötigt, die nicht vorhandenen Kenntnisse in einem Exkurs zu erarbeiten. – Es wäre nun völlig falsch, wollte er versuchen, die geplante Lehr-Lern-Folge dennoch in vollem Umfang zu realisieren, was nur über eine Steigerung des Lehr-Lern-Tempos möglich wäre. Statt dessen muß er flexibel genug sein und von seiner Lehr-Lern-Folge abweichen, auch wenn einige Teillernziele nicht erreicht werden. – Doch in der nächsten Lehr-Lern-Situation bringt ein Schüler einen umfassenden Beitrag und schließt eine Frage an, die eine ausführlichere Erklärung verlangt. Der Lehrer ist flexibel genug, diesen Sachverhalt zu erklären. Durch diese unvermutet auftretende Lehr-Lern-Situation wird die geplante Lehr-Lern-Folge erneut modifiziert. – Ein anderer Schüler macht einen Vorschlag zum weiteren Vorgehen. Dieser Vorschlag wird von Lehrer und Schülern gemeinsam geprüft, akzeptiert und weiter verfolgt. Der Lehrer freut sich über die Aktivität und das Interesse und ist auch hier flexibel genug, den Vorschlag aufzugreifen. – Zu seiner Verwirklichung wäre eigentlich der Einsatz des Overhead-Projektors erforderlich. Doch beim Versuch der Inbetriebnahme muß der Lehrer zu seinem Bedauern feststellen, daß er nicht einsatzbereit ist, obgleich er am Vortag noch funktionierte. So ist er ein weiteres Mal in seiner Flexibilität gefordert, indem er an der Tafel den Sachverhalt skizziert. – Doch nicht genug. Es klopft an die Tür, und draußen stehen der Rektor und die aufgeregte Mutter eines Schülers. Flexibel, wie er nun einmal ist, erteilt er den Schülern schnell einen Arbeitsauftrag und wendet sich dann auf dem Gang den Besuchern zu. – Nach kurzer Zeit wird ihm im Gespräch mit der Mutter deutlich, daß das Anliegen zu ernst ist, um es zwischen Tür und Angeln abhandeln zu können. Seine Meinung wird von Mutter und Rektor geteilt. Schnell wird mit den beteiligten Personen ein Termin vereinbart. Ins Klassenzimmer zurückgekehrt, sieht er einen Schüler am offenen Fenster stehen, wie er gerade einen Papierflieger startet ...

Die Fähigkeit, auf unvermutet auftretende Ereignisse flexibel zu reagieren, ist in dieser Stunde offensichtlich besonders gefragt, doch darf dieses Bemühen nicht zu einer Anpassungsakrobatik um jeden Preis führen. In bestimmten Lehr-Lern-Situationen, vor allem aber in vielen Konfliktsituationen, wird es darauf ankommen, den Schülern deutlich zu machen, daß man als Lehrer nicht bereit oder in der Lage ist, auf bestimmte Herausforderungen zu antworten. Wer sich immer nur um Flexibilität bemüht, wertet getroffene Vereinbarungen ab. Ein Übermaß an Flexibilität führt häufig zu einem Mangel an Konsequenz und zu Autoritätsverlust.

Die Schüler beteiligen – und bestimmte Entscheidungen selbst treffen

Schüler S. deutet mehrmals an, wie wichtig es sei, die Schüler an der Durchführung des Unterrichts zu beteiligen, sie überall dort einzubeziehen, wo sich eine Gelegenheit dafür biete. S. bemerkt dazu: „Da gibt es Lehrer, die blicken von oben auf die undisziplinierten Schüler herab, und dann denken sich die Schüler: Der blöde Heini da vorne, der kann uns mal" (Interview, Z 19–22). – Und an anderer Stelle heißt es auf die Frage: „Wie hätte er sich denn in dieser Situation verhalten sollen?" „Ganz einfach, die Schüler einbeziehen ... Aber wenn der da draußen steht ..." (Interview, Z 52–58). – Der Schüler umschreibt ein negatives Lehrer-Schüler-Verhältnis und macht auch einen ganz konkreten Vorschlag, wie ein Lehrer seine Schüler einbeziehen kann.

Offensichtlich hat Schüler S. ein Negativbeispiel vor Augen: Lehrer und Schüler zerfallen in zwei Lager, die Gruppe des Kollegiums einerseits und die der Schüler andererseits. Das Lehrerkollegium dünkt sich höherwertiger, steht oben, die Schülergruppen sind minderwertiger – weil undiszipliniert –, sie stehen unten. Es gibt hier so etwas wie eine Klassen-Gesellschaft oder eine Ober- und Unterschicht.

Das Kollegium hält natürlich zusammen, „verhält sich kollegial", und die Schüler müssen sich gegen die übermächtige Lehrergruppe, von der aus jederzeit Gefahren drohen können, verbünden, ja, es besteht ein Zwang zur Solidarität, um im Schulalltag bestehen zu können. Zwischen beiden Lagern gibt es auch eine räumliche Trennung, es ist von „da vorne" und „da draußen" die Rede, es gibt ein „Vorne" und „Hinten", ein „Draußen" und „Drinnen", ein „In" und ein „Out", ein „Ingroup-Outgroup-Denken". Die Lehrer stehen da draußen, lehren „ihren" Stoff, müssen „ihren Stoffplan" erfüllen, und die eigentlichen Adressaten ihrer Lehrbemühungen, die Schüler, geraten immer mehr aus dem Blickfeld, treten in den Hintergrund und „aus dem Feld".

Lehrer und Schüler fühlen sich nicht füreinander verantwortlich, denn schließlich handelt es sich um eine Lehrveranstaltung des Lehrers, nicht um einen gemeinsamen Unterricht. Der Lehrer übt Druck aus, setzt die üblichen Machtmittel und Disziplinierungstechniken ein, um „seine Lehrziele" zu erreichen. Die Schüler sind bemüht, sich diesem Druck zu entziehen, üben sich im Erfinden von Ausreden, in Techniken des Betrügens und wehren sich gegen den übermächtigen Feind, wo sie nur können.

Nun ist auch ein ganz anderes Lehrer-Schüler-Verhältnis denkbar. Der Lehrer bezieht die Schüler in viele Entscheidungen ein. Er informiert sie laufend, was er mit ihnen für sie vorhat, bemüht sich, die Mitbestimmungsspielräume zu nutzen, beteiligt sie an der Auswahl der Lerninhalte, sofern dies möglich ist, begründet, warum bestimmte Inhalte unerläßlich sind, spricht mit ihnen über ein mögliches Vorgehen und über Art, Inhalt, Form, Umfang und Zeitpunkt der Leistungsmessungen. Besonders bei diesem letztgenannten Punkt verfährt er kooperativ, grenzt das Lerngebiet ab, bietet Wiederholungsstunden an und zeigt den Schülern deutlich, daß er nicht das prüfen möchte, was die Schüler nicht wissen, sondern das, was sie beherrschen, und daß auch er am Lernfortschritt eines jeden Schülers interessiert ist.

Dieser Lehrer steht nicht „vorne“ oder „draußen“. Die „frontale“ Arbeitsweise bleibt auf jene Lehr-Lern-Situationen beschränkt, in denen etwas präsentiert werden muß. Sonst sitzt die Gruppe hufeisenförmig im Raum, im Kreis oder in Kleingruppen zusammen. Der Lehrer ist mal hier und mal dort, um den Schülern beim Lernen zu helfen. Die räumliche Trennung existiert jedenfalls nicht.

Dieser Lehrer fühlt sich für die Lerngruppe verantwortlich, er ist Teil dieser Gruppe, zwar nicht „Gleicher unter Gleichen“ – dazu sind Altersunterschied, Kenntnis- und Erfahrungsvorsprung zu groß –, aber er ist in die Gruppe integriert und in gruppendynamische Prozesse involviert. Er nimmt Anteil an den Auseinandersetzungen, Belastungen und Schwierigkeiten, die sich innerhalb der Lerngruppe ergeben. – Umgekehrt fühlen sich auch die Schüler für den Lehr-Lern-Prozeß mitverantwortlich, sie möchten „ihren Lehrer“ nicht enttäuschen. Dieser Lehrer ist nicht „out“, sondern „in“. Dabei hält er sich doch den Schülern gegenüber etwas zurück, drängt sich nicht auf, weiß, daß Schüler andere und eigene Probleme haben, oft unter sich sein wollen, steht aber dann, wenn es die Schüler wünschen, zur Verfügung, freut sich mit den Schülern über bestimmte Gruppenerlebnisse und ist mit ihnen enttäuscht, wenn der Gruppe ein Mißgeschick widerfährt.

Die Möglichkeiten, Schüler einzubeziehen und selbst von den Schülern einbezogen zu werden, sind auch von den Rahmenbedingungen abhängig. Die Bereitschaft des Lehrers allein genügt hier nicht. Ein Klassenlehrer, der in seiner Lerngruppe 15 Wochenstunden erteilt, kann die Beziehungen zu seinen Schülern intensivieren und sie bei vielen Gelegenheiten einbeziehen; auch kommen seine Schüler häufig auf ihn zu. – Ein Fachlehrer, der eine bestimmte Klasse nur einmal pro Woche sieht und die einzelnen Schüler nicht richtig kennenlernt, wird eher „vorne" oder „draußen" bleiben.

Einige wichtige Entscheidungen trifft er allerdings aufgrund seiner beruflichen Kompetenz allein. So sind zentrale inhaltliche oder methodische Entscheidungen für ihn „nicht verhandlungsfähig". Desgleichen entscheidet er über triviale Dinge selbst, öffnet die Fenster, dreht die Heizung ab, schaltet das Licht ein, läßt den Raum wechseln, die Hefte einsammeln u.dgl.m., damit die Flüssigkeit des Unterrichts gewahrt bleibt (vgl. Kounin 1976). Eine gemeinsame Entscheidung erscheint diesem Lehrer nur dann sinnvoll, wenn es auch wirklich etwas zum Entscheiden gibt.

Das Lehrtempo nach dem Lerntempo der Schüler ausrichten – und schnell noch ein Lehrziel erreichen

Der Schüler S. moniert den „unheimlich lahmen Unterricht" (Interview, Z 24) bzw. den „stinklahmen Unterricht" (87) verschiedener Lehrer und spricht sich anerkennend über jenen Lehrer aus, bei dem der Unterricht „nie langweilig geworden" sei (114–117). – Kounin (1976) ist der Frage nachgegangen, wie Lehrer Unterrichtsabläufe reibungslos und mit Schwung steuern können. Die nachfolgenden Ausführungen beziehen sich deshalb teilweise auf seine Studie.

Ein flüssiger Unterricht ist u.a. dadurch gekennzeichnet, daß ein verhältnismäßig hohes Lehr-Lern-Tempo vorherrscht, einzelne Lehr-Lern-Aktivitäten rasch aufeinander folgen, die notwendigen organisatorischen Maßnahmen (technische Medien einsetzen, Raum abdunkeln, neue Sitzordnung einnehmen, Kleingruppen bilden, Material oder Hefte austeilen ...) wenig Zeit in Anspruch nehmen, die Übergänge von einer Lehr-Lern-Situation zur anderen fließend gestaltet werden, so daß keine unproduktiven Wartezeiten entstehen. So nimmt z.B. der

Lehrer in Gesprächssituationen in schneller Folge die Einfälle entgegen, läßt die Schüler hintereinander sprechen, sichtet „Antwortbündel", damit viele Schüler rasch einen Beitrag leisten können und nicht ungeduldig werden.

Der Lehrer spricht verhältnismäßig schnell (Interview, Z 116), fordert von den Schülern Aufmerksamkeit (117), vermeidet überflüssige Wiederholungen, die einschläfernd wirken (Kounin a.a.O., 110), verfolgt konsequent die geplante oder mit den Schülern vereinbarte Lehr-Lern-Folge und vermeidet Auslassungen oder Verkürzungen (Kounin, 109), unter denen die Verständlichkeit leiden würde. Ein Teilziel nach dem anderen wird angesteuert, Lehrer und Schüler erleben so laufend kleine Lehr-Lern-Erfolge. Der Lehrer vermittelt ein Gefühl der Ruhe und Sicherheit, läßt sich weder durch Nebensächlichkeiten noch durch Schülertaktiken ablenken, ist verhältnismäßig reizunabhängig (Kounin, 106), ignoriert die Randkonflikte oder unterrichtet über sie hinweg (Becker 1983a, 41/42).

Außerdem gelingt es einem flüssig unterrichtenden Lehrer, parallellaufende Schülerhandlungen wahrzunehmen und ohne zeitliche Verzögerung zu steuern. Für Nebensächlichkeiten – Anwesenheitsliste führen, Milchgeld einsammeln, statistische Daten zusammenstellen ... – wird keine Zeit vergeudet. Sie werden in den Pausen, in Hohlstunden oder in Zeiten erledigt, in denen Schüler einer Stillarbeit nachgehen.

Vorstehende Ausführungen geben also zahlreiche konkrete Hinweise, wie sich ein Unterricht flüssig gestalten läßt. Doch muß ein solches Anliegen sogleich in Frage gestellt werden. Denn in einem flüssig gestalteten Unterricht tritt das Anliegen der Schülermitbestimmung zurück. Wenn Schüler an der Planung und Organisation der Lehr-Lern-Prozesse partizipieren sollen, kostet dies Zeit. In einem „flüssigen" Unterricht wird diese Zeit durch den Lehrer eingespart, weil er den Schülern die meisten Entscheidungen abnimmt. Der Lehrer wird zu einer Art „Vordenker", er steht im Mitttelpunkt, hält alle Fäden in der Hand, steuert den Prozeß überwiegend lehrerzentriert. Sobald Schüler ihre eigenen Ideen in den Prozeß einbringen, geschieht dies auf Kosten zuvor definierter Lehrziele.

Da das Lerntempo der Schüler variiert, drängt sich die Frage auf, nach welchen Schülern sich das Lehrtempo richten soll, nach den langsamsten oder schnellsten? Unterrichtet der Lehrer zügig, überfordert er jene, die mehr Zeit brauchen, und die notwendigen Wiederholungen für die leistungsschwachen Schüler entfallen. Richtet er sich im Lehrtempo nach den langsamen Schülern, unterfordert er die leistungsstarken mit guter Auffassungsgabe. Der Kompromiß, ein mittleres Lehrtempo anzustreben, wird oft ein fauler Kompromiß bleiben, weil sich einige Schüler dennoch über- bzw. unterfordert fühlen. Die unterschiedlichen Lerngeschwindigkeiten lassen sich durch Maßnahmen der Binnendifferenzierung nicht ganz auffangen.

Trotz der sich abzeichnenden Problematik muß die Forderung an den Lehrer gestellt werden, das Lehrtempo nach dem Lerntempo der Schüler auszurichten, auch wenn er diese Forderung nicht immer erfüllen kann. Eine dramatische Zuspitzung dieser Problematik zeigt sich in den letzten Minuten einer Unterrichtsstunde, wenn ein Gedankengang zu Ende geführt oder eine Aufgabe gelöst werden soll. In dieser Phase steht der Lehrer vor der Entscheidung, ob er den Prozeß abbricht und in der nächsten Stunde mühsam wieder aufnimmt oder ob er doch noch das angestrebte Lehrziel erreicht, indem er das Lehrtempo stark beschleunigt. Ein ungutes Gefühl bleibt beim Lehrer und bei den leistungsschwächeren Schülern zurück. Der Lehrer spürt, wie er über die Köpfe vieler Schüler hinwegunterrichtet und ihm nur noch wenige leistungsstarke folgen können. Aber aus dem Bemühen, die Lehr-Lern-Folge zu einem gewissen Abschluß zu bringen, sollte kein Vorwurf abgeleitet werden. Die Ursache für ein solches Handeln liegt letztlich in der Tatsache begründet, daß sich der Unterricht zumeist im 45-Minuten-Takt abspielt, wofür der einzelne Lehrer nicht verantwortlich gemacht werden kann.

Die Rahmenbedingungen verändern – sofern sie sich verändern lassen

Günstige Rahmenbedingungen sind für die Durchführung des Unterrichts von entscheidender Bedeutung, ungünstige erschweren das Lehr-Lern-Vorhaben oder lassen es scheitern. Rahmenbedingungen sind grundsätzlich veränderbar. Einige lassen sich kurzfristig durch Lehrer und Schüler verändern, andere mittelfristig, indem Kollegen, Schulleiter und Eltern einbezogen werden und wieder andere nur langfristig mit Hilfe der Schulaufsichtsbehörden, weil es zu ihrer Veränderung bildungspolitischer Initiativen und finanzpolitischer Entscheidungen bedarf. Wir konzentrieren uns in diesem Kapitel auf jene Größen, die sich kurz- oder mittelfristig durch Personen verändern lassen, die direkt oder indirekt am Unterricht beteiligt sind.

Ungünstige personale Rahmenbedingungen – zu große Lerngruppen, fehlende Lehrer, fehlende Fachlehrer – treten in ihrer Bedeutung hervor, wenn z.B. innerhalb eines Kollegiums mehrere Lehrer durch Krankheit ausfallen. Der einzelne Lehrer kann die personalen Rahmenbedingungen nicht verändern, und kurzfristig ist auch der Schulleiter machtlos, wenn eine Grippewelle über das Kollegium hinwegrollt. In solchen Fällen reduzieren sich allerdings auch meist die Lerngruppengrößen. Mittelfristig können sich allerdings Schulleiter, Kollegium und Schulpflegschaft immer wieder folgende Fragen zur Beantwortung vorlegen: – Ergeben sich Möglichkeiten, die größte(n) Lerngruppe(n) in einigen Unterrichtsstunden aufzuteilen? – Ist die Schulbehörde in der Lage, Lehrkräfte abzustellen, die aushelfen können? Und wie lassen sich diese Lehrer möglichst wirksam in das Kollegium integrieren? – Gibt es arbeitslose Lehrer, die vorübergehend für eine Mitarbeit gewonnen werden können? Und welche Möglichkeiten der Bezahlung bieten sich an? – Können Eltern mit entsprechender Vorbildung für eine Mitarbeit gewonnen werden? Und wie ist in solchen Fällen die Bezahlung zu regeln? – Dennoch wird es immer wieder vorkommen, daß Lehrer und Schüler mit ungünstigen personalen Rahmenbedingungen konfrontiert werden, Lehrer unter Streß gesetzt werden, nur noch die sog. Kernfächer unterrichtet werden können, und die Schüler bei einem solchen Unterricht die Freude an der Schule gänzlich verlieren.

Die temporalen Rahmenbedingungen, vor allem die Stundenpläne, sind weitgehend von den personalen abhängig. Stundenpläne stellen immer einen Kompromiß dar, und wenn sie zu Beginn eines Schuljahrs im Hinblick auf bestimmte Lehrer und Lerngruppen durchgemustert werden, ist die Stundenplankommission meist bereit, den Betroffenen genau zu erklären, warum keine bessere Lösung möglich war, die Hohlstunde in Kauf genommen oder der Nachmittagsunterricht erteilt werden muß. Das schließt nicht aus, daß nach wenigen Schultagen oder -wochen die Beteiligten doch noch Wege finden, die ihnen sinnvoller erscheinen und die dann unverzüglich beschritten werden sollten. Hier ist das Organisationstalent eines jeden Lehrers gefragt und die grundsätzliche Bereitschaft der Kommissionsmitglieder, Änderungsvorschläge zu beraten.

In den letzten Jahren wurden erfreulicherweise auch die Schulhöfe als veränderliche Größen „entdeckt" (vgl. Kraft 1979). Fast alle Schulhöfe lassen sich durch bestimmte Regelungen und Maßnahmen ohne größeren finanziellen Aufwand schülerfreundlicher gestalten, indem z.B. Spielzonen eingerichtet, öde Flächen lustig bemalt werden oder die Art der Bemalung verschiedene Spielanreize schafft. Die Lehrer aus den Bereichen Leibes-, Kunst- und Werkerziehung können hier gemeinsam mit Schülern und Eltern kurzfristig ein Projekt initiieren und positive Veränderungen bewirken.

Während sich eine optimale Ausstattung der Klassenzimmer mit Einrichtungsgegenständen und Medienträgern nur mittelfristig erzielen läßt, können Lehrer und Schüler ihre eigenen Klassenzimmer zu Beginn des Schuljahres kurzfristig gemeinsam gestalten. Die Auswahl der Bilder, die Fertigung einer Collage, die Aufstellung eines Aquariums, der Aushang einer Klassenordnung, eine Übersicht über die Klassenämter, die Entscheidung darüber, wie die Pin-Wand gestaltet werden soll, alle diese Punkte sollten Lehrer und Schüler nach gemeinsamer Beratung demokratisch entscheiden. Auf diese Weise gewinnen die Schüler ein Gefühl für das eigene Klassenzimmer, für einen Anlaufpunkt, für einen Platz, der meist ihnen gehört, der ihnen etwas Sicherheit und Wärme bietet. Sie können sich in ihrer Schule, in ihrem Zimmer und an ihrem Platz einräumen und behaust fühlen.

Entscheidend ist in diesem Zusammenhang auch die Sitzordnung, denn verschiedene Lehr-Lern-Aktivitäten fordern nun einmal angemessene Sozialformen und Sitzordnungen. Die wohl vorherrschende frontale Sitzordnung, bei der die Schüler hintereinander sitzen und nach der Stirnseite des Klassenzimmers, nach dem Lehrertisch, der Tafel und den Medienträgern hin ausgerichtet sind, eignet sich nur für Präsentationssituationen, für den Medieneinsatz, für das Erklären von Sachverhalten oder für jene Situationen, in denen der Lehrer etwas demonstriert. Einzel- und Partnerarbeit sind im Rahmen dieser Sitzordnung möglich, doch für alle anderen Sozialphasen ist sie denkbar ungeeignet.

Wenn Schüler in Reihen hintereinander sitzen, einer dem

andern in den Nacken sieht, sind Interaktion und Kommunikation erheblich erschwert und gestört. Fast der gesamte Bereich der nonverbalen Kommunikation – Blickkontakt, Mimik, Gestik, Körperbewegung – geht verloren. Die Schüler sprechen sich nicht an, sondern voneinander weg, alle jedoch zum Lehrer hin. Außerdem haben die hinten sitzenden Schüler oft große Schwierigkeiten, die vor ihnen sitzenden zu verstehen. Schüler in der ersten Reihe unterhalten sich dann manchmal mit dem Lehrer, während die Mehrzahl der Lerngruppe anderen Aktivitäten nachgeht.

Für die Verarbeitung von Informationen, für Gespräche und Diskussionen, sind andere Sitzordnungen erforderlich, so z.B. ein Hufeisen, ein Rechteck, ein Viereck oder ein Kreis. Letzterer hat den Vorteil, daß sich fast alle Schüler sehen und auch im nonverbalen Bereich Kontakt aufnehmen können, während bei den anderen genannten Sitzordnungen wieder ein Teil der Mitschüler aus dem Blickfeld gerät. Kleingruppenarbeit erfordert die Bildung von Sitzgruppen, die möglichst entfernt voneinander arbeiten sollten, damit sie sich gegenseitig so wenig wie möglich stören.

Um ein ständiges Umstellen und Umsetzen zu vermeiden, können Sitzordnungen gewählt werden, die mehreren Anliegen entgegenkommen, die sowohl für Präsentations- als auch für Gesprächsvorhaben geeignet sind. Allerdings müssen dann Kompromisse geschlossen werden. Die Hufeisenform ist ein solcher Kompromiß. Meist handelt es sich nicht um ein richtiges Hufeisen, sondern um ein offenes Rechteck, das sich zum Lehrer, zur Tafel und zu den Medienträgern hin öffnet. Die seitlich sitzenden Schüler brauchen sich nur um etwa 45° zu wenden, können dann den Präsentationen und Erklärungen folgen, um sich in der nächsten Lehr-Lern-Situation wieder der Mehrzahl der Mitschüler zuzuwenden.

Ein weiterführender Kompromiß ist denkbar, eine Sitzordnung, die Präsentations-, Gesprächs- und Kooperationsvorhaben in Kleingruppen ermöglicht, nämlich die halbkreisförmige Anordnung von Sitzgruppen. Eine Gruppengröße von 24 Schülern vorausgesetzt, wären 6 Kleingruppen zu je vier Schülern denkbar. Die sechs Sitzgruppen werden nun in einem Halbkreis so aufgestellt, daß er sich zum Lehrertisch hin, zur Tafel und zu den Medienträgern öffnet. Die Schüler können in Kleingruppen zusammenarbeiten, den Präsentationen folgen und auch ohne größere Umstände einen Kreis für ein Gespräch bilden. (Für die Herstellung dieser Sitzordnung sind bewegliches Mobiliar, ein ausreichend großer Raum sowie eine nicht zu große Lerngruppe die Voraussetzungen).

In Problemklassen scheuen viele Lehrer davor zurück, von der frontalen Sitzordnung abzuweichen. Sie fürchten die Unruhe, die durch das Tischerücken entsteht, wissen aus Erfahrung, daß einige Minuten der Unterrichtszeit vertan werden. In solchen schwierigen Fällen besteht die Möglichkeit, die Umstellung mit Hilfe weniger Schüler in der Pause vorzunehmen. Ein Verzicht auf eine sinnvoll erscheinende Sitzordnung sollte jedoch keinesfalls erfolgen; denn wenn Schüler immer wieder die für das Lehren und Lernen erforderliche soziale Ordnung stören, dann ist dies auch darauf zurückzuführen, daß sie nicht gelernt haben, miteinander umzugehen. Eine frontale Sitzordnung gestattet aber kein vernünftiges Miteinander-Umgehen, den Schülern werden die sozialen Lernchancen genommen. Ein Übergang zu anderen Sitzordnungen muß deshalb im Interesse der Schüler gewagt werden.

Auch heute noch gängige Praxis ist es, auffällige Schüler zu isolieren, sie von der übrigen Lerngruppe abzusondern und ihnen abseits stehende Tische zuzuweisen. Maßnahmen dieser Art mögen sich kurzfristig pädagogisch begründen lassen, als langfristige Maßnahmen sind solche Absonderungen höchst fragwürdig. Die betroffenen Schüler werden in eine Außenseiterposition gedrängt, in die Ecke gestellt, mit einem Etikett versehen.

Die Entscheidung, welche Sitzordnung gewählt werden soll, hat in erster Linie der Lehrer aufgrund vorlaufender Planungsüberlegungen zu treffen. Hier geht es um gerechtfertigte Anordnungen, denen die Schüler zu folgen haben. Im Zweifelsfall sind solche Anordnungen durch den Lehrer zu begründen. Der vom Lehrer vorgegebene Rahmen kann nun durch die Schüler ausgefüllt werden, indem sie z.B. frei entscheiden, neben wem sie im Kreis sitzen möchten. Es erscheint wenig sinnvoll, ohne einen triftigen Grund das in einer Lerngruppe latent vorhandene Sympathiegefüge zu zerstören.

Maßnahmen der inneren Differenzierung – die Bildung leistungshomogener oder leistungsheterogener Kleingruppen oder eine Differenzierung nach Interessen – erfordern die Zusammenfassung der betreffenden Kleingruppen und eine dementsprechende Sitzordnung, wobei letztere nur das nachgeordnete Kriterium für die Gruppierung darstellt.

Möchte der Lehrer ein Tischerücken, ein Umstellen, Umsetzen und die damit verbundene Unruhe vermeiden, dann gilt es vor dem Unterricht abzuwägen, welcher der geplanten Lehr-Lern-Aktivitäten die größte Bedeutung zukommt. Nach ihr ist die Sitzordnung zu wählen und zu Beginn des Unterrichts herzustellen.

Die Sitzordnung spiegelt nicht nur ein methodisches Anliegen, sondern auch eine Einstellung wider. Allerdings wäre es leichtfertig, von einer frontalen Sitzordnung auf einen konservativen und autoritären Lehrer schließen zu wollen. Denn schließlich wurde ja festgestellt, daß für bestimmte Lehr-Lern-Situationen eine solche Sitzordnung optimal sein kann. Doch wenn die Schüler immer nur auf den Lehrer hin ausgerichtet sind, niemals Gelegenheit erhalten, miteinander umzugehen, dann lassen sich solche Rückschlüsse nicht ganz vermeiden.

Unter günstigen Rahmenbedinungen sind offenere Formen des Unterrichts möglich, bei denen sich die Schüler selbst zum Lernen organisieren, frei entscheiden können, was sie nun tun, mit wem sie zusammenarbeiten und neben wem sie sitzen wollen. In solchen pädagogischen Oasen stellt sich für den Lehrer die Frage nach der Sitzordnung kaum, weil diese ganz einfach durch die Schüler selbst beantwortet wird.

Abschließend sei auf die optischen, akustischen und klimatischen Verhältnisse innerhalb eines Raumes aufmerksam gemacht. Viele dieser Faktoren lassen sich durch Lehrer und Schüler im Lehr-Lern-Prozeß unmittelbar regeln, nur ist es wichtig, daß an diese Faktoren laufend gedacht wird und die entsprechenden Maßnahmen auch getroffen werden. Extrem ungünstige Verhältnisse, wie z.B. hohe sommerliche Temperaturen und Schwüle oder starke Lärmbelästigung, fordern einen Raumwechsel oder den Abbruch des Lehr-Lern-Vorhabens in Form einer Verschiebung des Unterrichts.

Den geplanten Unterricht realisieren – und von der Planung abweichen

Ein qualifizierter Unterricht ist geplant, was nicht ausschließt, daß auch mal eine nichtgeplante Unterrichtsstunde zufriedenstellend verlaufen kann. Aber Lehrer, die mit professionellem Anspruch ihren Schülern beim Lernen helfen wollen, planen selbstverständlich den Unterricht und treffen erforderliche Vorbereitungen.

Wer sinnvoll plant, plant auch in Sinn- oder Unterrichtseinheiten, nimmt eine thematische Sinneinheit in den Blick, grenzt Teilinhalte ab, strukturiert sie, denkt über mögliche Lernziele nach und bringt sie in eine sinnvoll erscheinende Abfolge. Lernvoraussetzungen und die zu erwartenden Vorkenntnisse werden eingeschätzt, die Rahmenbedingungen, unter denen der Unterricht stattfinden soll, werden in den Blick genommen. Wer plant, macht sich Gedanken zur Medienwahl, zum Medieneinsatz, zur Methode, zum erstrebenswerten Wechsel der Sozialformen sowie zur Schülerbeteiligung. Manchmal muß auch im Rahmen der Planung die Frage beantwortet werden, wie ein sozialer Konflikt bewältigt oder wie mit ihm, sofern es sich um eine permanente Auseinandersetzung oder Schwierigkeit handelt, in der nächsten Stunde umgegangen werden soll. Schließlich zeichnet sich für den planenden Lehrer eine Lehr-Lern-Folge ab, eine Abfolge von Lehr-Lern-Situationen oder eine Lehrspur, die er verfolgen möchte. Oft sind es auch mehrere Vorgehensweisen, die in Frage kommen und die dann, dem Prozeßverlauf entsprechend, in der einen oder anderen Form umgesetzt werden. Lehrer, die sich sorgfältig auf den Unterricht vorbereitet haben, können ihre Handlungen auch überzeugend begründen und haben vorerst keine Veranlassung, vom Planungskonzept abzuweichen.

Und doch gibt es viele triftige Gründe, die einen Lehrer dazu bewegen, nötigen oder sogar zwingen, nicht den geplanten Unterricht zu realisieren, sondern, dem Prozeßverlauf entsprechend, einen ganz anderen Weg einzuschlagen. So können z.B. aktuelle Ereignisse oder Interessen derart dominieren, daß sie aufgegriffen bzw. verfolgt werden müssen. Dann schätzen auch erfahrene Lehrer die Lernvoraussetzungen oder die besonderen Vorkenntnisse ihrer Schüler manchmal falsch ein, und es werden Wiederholungen oder Exkurse erforderlich, um die Vorkenntnislücken zu schließen. Oder die Lernschwierigkeiten sind größer als erwartet, die in Aussicht genommenen Lernhilfen reichen nicht aus, die Schüler benötigen mehr Zeit zur Lösung eines Problems, und der Lehr-Lern-Prozeß verzögert sich auf diese Weise. Im Bemühen, die Schüler auch an der Planung des Unterrichts zu beteiligen, kann es zu Meinungsverschiedenheiten über die Art des Vorgehens kommen, und die sich anschließende metaunterrichtliche Diskussion nimmt viel

Zeit in Anspruch. Oder die Schüler werfen so interessante Frage- und Problemstellungen auf, denen einfach nachgegangen werden muß, auch wenn dadurch das Planungskonzept durcheinander gerät.

Neben vorgenannten Größen, die aus pädagogischer Sicht ein Abweichen vom geplanten Vorgehen notwendig werden lassen und rechtfertigen, gibt es zahlreiche nicht vorhersehbare Ereignisse, die den Lehrer zur Änderung seiner Pläne zwingen. So müssen immer wieder soziale Konflikte aufgegriffen und bewältigt werden, weil die Schüler nicht bereit oder in der Lage sind, sich neuen Lernzielen zuzuwenden, solange Auseinandersetzungen, Belastungen oder Schwierigkeiten das Lernklima beeinträchtigen (vgl. Cohn 1975). Auch können ungünstige Rahmenbedingungen die Lernbereitschaft und das Lernvermögen der Schüler herabsetzen, indem z.B. die Schüler durch vorangegangene Stunden überstrapaziert und nicht mehr aufnahmefähig sind. Medien stehen wider Erwarten nicht zur Verfügung oder sind nicht einsatzbereit. Kollegen oder der Schulleiter, aufgeregte Eltern oder andere Personen stehen plötzlich vor der Tür, stören den Unterricht, weil sie den Lehrer unbedingt für kurze Zeit sprechen müssen. Und schließlich dürfen die zahlreichen Verzögerungstaktiken und Ablenkungsmanöver der Schüler nicht unerwähnt bleiben, die einen Unterricht nicht so ablaufen lassen, wie er vom Lehrer geplant worden ist (vgl. Interview, Z 104 ff.).

Für Praktikanten, Referendare und Lehramtskandidaten, die im Unterricht beobachtet und beurteilt werden, stellt sich im Lehr-Lern-Prozeß eine nicht zu lösende Problematik. Beantworten sie eine Schülerfrage ausführlicher, gehen sie auf einen Schülerbeitrag, der besonderes Interesse findet, auch in besonderer Weise ein, indem sie ihn weiterführen, ausbauen, mit den Schülern mitdenken, dann kann ihnen anschließend der Vorwurf gemacht werden, vom Konzept abgewichen zu sein und bestimmte Ziele nicht erreicht zu haben. Wer den Lehr-Lern-Prozeß nach den Kriterien – geplante Lernziele erreicht bzw. nicht erreicht – beurteilt, der handelt als Beobachter und Beurteiler grenzenlos naiv und produktorientiert.

Ähnlich problematisch erscheint die Aufforderung an Lehranfänger, den Unterricht so exakt wie möglich zu planen und die einzelnen Lehr-Lern-Situationen, Schritte oder Phasen mit Minutenangaben zu versehen. Für den Lehranfänger mag eine solche Zeitplanung anfangs hilfreich sein, doch widerspricht sie der Aufforderung, den Schülern zuzuhören, auf ihre Beiträge einzugehen, deren Fragen zu beantworten, mit ihnen zu denken und zu fühlen, soweit dies ansatzweise möglich ist. Eine detaillierte Zeitplanung verleitet dazu, auf einem vorgefaßten Plan rigide zu beharren. Eine solche Planung leugnet den Prozeßcharakter des Unterrichts, übersieht in grotesker Weise, daß die Adressaten des Unterrichts Schüler sind, die ihre eigenen Vorstellungen, Wünsche, Interessen und Probleme in den Prozeß einbringen.

Zwar müssen viele Planungsüberlegungen relativiert werden, doch wird der Lehrer, der die Unterrichtseinheit sorgfältig geplant und vorbereitet hat, immer wieder auf zentrale inhaltliche und methodische Überlegungen zurückgreifen und sich an der Planung orientieren. So betrachtet ist er tatsächlich in zweifacher Hinsicht gefordert – er muß dem Lehr-Lern-Prozeß entsprechend von seinem Konzept abweichen und den geplanten Unterricht realisieren.

3 Förderliche Merkmale, Eigenschaften und Einstellungen eines Lehrers

So wie sich Astronauten, Buchhalter oder Künstler durch bestimmte Merkmale auszeichnen, die der Berufsausübung förderlich sind, so gibt es auch für Lehrer Merkmale, Eigenschaften und Einstellungen, die ihn bei seiner Berufsausübung stützen. Ein qualifizierter Lehrer engagiert sich für seinen Beruf, für seine Schüler und für seine Lehrgebiete. Er akzeptiert sich als Person und kann deshalb den Schülern emotional ausgeglichen begegnen. Er ist den Schülern in vielen Bereichen ein Vorbild, doch weiß er Sekundärtugenden zu relativieren. Er achtet auf seine äußere Attraktivität, weil er oft ungewollt im Mittelpunkt der Lehr-Lern-Prozesse steht.

Die nachfolgenden Ausführungen werden eingeschränkt, da Tugendkataloge in ihrer Penetranz nicht lesbar sind. Denn schließlich ist auch jeder Lehrer ein unvollkommener Mensch mit Stärken oder Tugenden und vielen Schwächen.

Sich engagieren – und das Engagement zügeln

Zu den förderlichen Merkmalen, Einstellungen und Haltungen eines Lehrers gehört zweifellos jene Variable, die mit „Engagement“ oder „Charisma“ umschrieben wird (vgl.Duck 1981). Engagierte Lehrer verfügen über Ausstrahlungskraft, sie können die Schüler begeistern und mitreißen. Charismatische Personen werden nach allgemeiner Auffassung von Gott gesandt, haben übermenschliche Kräfte und ein ausgeprägtes Sendungsbewußtsein, Eigenschaften und Haltungen, die in unserer säkularisierten Welt doch etwas fragwürdig erscheinen. Deshalb wird im folgenden auch von Engagement und nicht von Charisma gesprochen. Das Phänomen ist seit langem bekannt, und es liegen Arbeiten zur „engagierten Hermeneutik“ und zur „reflexion engagée“ vor. Empirisch läßt sich diese Variable nur schwer erfassen. Hier geht es nun darum, über ihre Wirksamkeit im Lehr-Lern-Prozeß nachzudenken.

Ein engagierter Lehrer ist von der Wichtigkeit seines Berufes überzeugt und wirkt deshalb auch auf seine Schüler überzeugend. Er zeigt ein ausgeprägtes Interesse für sein Fachgebiet, beschäftigt sich intensiv mit den Lerninhalten, freut sich über neue Einsichten und Erkenntnisse und hat Sinn für das Detail. Er investiert viel Kraft und Zeit in die Unterrichtsvorbereitung, so z.B. ein Zeichenlehrer, der oft auch nachmittags in der Schule ist, um den Unterricht für den nächsten Tag zu planen (vgl.Interview, Z 187 ff.), oder ein Geographielehrer, der am Wochenende steineklopfend das Umland durchstreift, eine Arbeitsgemeinschaft „Mineralogie“ leitet und seine Funde stolz den Schülern präsentiert.

Wenn ein fachlich engagierter Lehrer bestimmte Inhalte anspricht, merken die Schüler, daß sie ihm bedeutsam sind und daß dieser Lehrer weiß, wovon er spricht. Seine Sprache wirkt lebendig, mit nichtverbalen Ausdrucksmitteln werden wichtige Aussagen unterstrichen. Es ist einfach interessant, diesem Lehrer zuzuhören und mehr über die Lerninhalte zu erfahren. Die Schülerfragen sind ihm nicht lästig, im Gegenteil, er regt zum Fragen an und freut sich, wenn Schüler sein Fachinteresse teilen. Ein solcher Lehrer wirkt ansteckend, das Interesse überträgt sich, manchmal bis hin zur Berufswahl. Schüler sind in besonderer Weise begeisterungsfähig, und sie freuen sich über Erwachsene, die sich noch begeistern können. Es gelingt ihnen eher, sich mit engagierten Lehrern zu identifizieren. Und dann kommt schon einmal der Wunsch auf, mit diesem Lehrer auf dem gleichen Gebiet zu arbeiten, dasselbe Fach zu unterrichten, so zu sein wie er.

Engagement eines Lehrers zeigt sich auch im persönlichen Interesse des Lehrers an seinen Schülern. Er kümmert sich ganz einfach um die Schüler, um ihre Sorgen und Nöte, Bedürfnisse und Interessen, aber auch um den Lernfortschritt. Ein engagierter Lehrer fühlt sich für seine Schüler mitverantwortlich, er freut sich mit ihnen über die Lernerfolge und gibt ihnen das auch zu verstehen. Und die Schüler spüren, daß sie diesem Lehrer nicht gleichgültig sind. Sie fühlen sich ihm gegenüber verantwortlich und versuchen, den Lehr-Lern-Prozeß zu stützen. Umgekehrt zeigen sich Lehrer und Schüler enttäuscht, wenn die Lehr-Lern-Erfolge weit hinter den Erwartungen zurückbleiben.

Generell darf angenommen werden, daß jüngere Lehrer über ein größeres Engagement verfügen als ältere. Manchmal drängt sich der Eindruck auf, als lebe die stark verbesserungsbedürftige Institution „Schule" nur vom Engagement der jungen Lehrer. Dies ist bei allen Berufsgruppen ähnlich und wohl auch ganz natürlich. Ältere Lehrer spüren nach vielen Dienstjahren erste Ermüdungserscheinungen, das Engagement der ersten Berufsjahre läßt nach, und negative Erfahrungen innerhalb der Institution tragen zum Abbau vieler Ideale bei. Und dann muß die kritische Frage gestellt werden, ob von einem Lehrer verlangt werden kann, sich 40 Jahre lang in jeder Stunde zu engagieren?

Ein besonderes Problem taucht auf, wenn Lehrer aufgefordert werden, fachfremd zu unterrichten und sie sich nicht für das betreffende Fach interessieren. Die Hoffnung, das Interesse werde sich schon bei der Auseinandersetzung mit den Lerninhalten von selbst einstellen, trügt manchmal. Und dann gibt es nichts Mißlicheres als einen Unterricht, für den sich der Lehrer selbst nicht interessiert. Die Schüler merken ihm das fehlende Engagement an, Lehrer und Schüler quälen sich über die Runden, und die Lehr-Lern-Erfolge bleiben aus.

So wichtig das Engagement eines Lehrers auch sein mag, so birgt es doch mehrere Gefahren in sich. Ein stark engagierter Lehrer, der ganz in seinem Beruf aufgeht, vernachlässigt oft andere Lebensbereiche, so z.B. seine Familie oder die Orientierung im gesellschaftspolitischen Bereich. Das starke Engagement führt zu Einseitigkeit und mangelnder Identitätsbalance. Deshalb bedarf ein jedes Engagement der Besinnung oder einer kritischen Reflexion.

Junge Lehrer können durch viel Engagement und persönliche Ausstrahlung fachliche und methodische Ungereimtheiten überspielen. Wenn sie z.B. einen Sachverhalt überzeugend erklären, wird diese Erklärung von den Schülern akzeptiert, auch wenn sie fachlich nicht ganz haltbar ist. Weniger Engagement und eine gründlichere Vorbereitung wären hier angebracht.

Ein Zuviel an Engagement wirkt lächerlich und stört den Lehr-Lern-Prozeß empfindlich. In solchen Fällen bestaunen die Schüler ihren engagierten Lehrer, mockieren sich über ihn, ohne sich um den Lehr-Lern-Prozeß zu kümmern. Gleiches gilt für ein einseitiges Engagement, das z.B. nur auf den Lerninhalt gerichtet ist und die Schüler aus dem Blick verliert. Ein Physiklehrer, der sich von seinem Demonstrationsversuch absorbieren läßt und nicht mehr merkt, was um ihn herum geschieht, dokumentiert zwar sein Fachinteresse, aber auch gleichzeitig ein mangelndes Interesse für die Schüler, um die es ja schließlich geht.

Die Aufforderung, das Engagement zu zügeln oder es in bestimmten Lehr-Lern-Situationen gezielt einzusetzen, läßt sich deshalb nicht ohne weiteres erfüllen, weil dieses Zügeln dann einen Mangel an Echtheit impliziert. Da sich jedoch ein Lehrer nicht rund um die Uhr engagieren kann, erscheint die Überlegung gerechtfertigt, in welchen besonderen Fällen und Lehr-Lern-Situationen sein Engagement gefordert ist.

Sich selbst akzeptieren – und dabei selbstkritisch bleiben

Mit diesen Ausführungen sind alle jene Lehrer angesprochen, denen es nicht ohne weiteres gelingt, sich selbst zu akzeptieren, die also das Gefühl haben, zu lang oder zu kurz, zu dick oder zu dünn geraten zu sein, die buckligen und die kahlköpfigen, die mit dem Silberblick oder dem komischen Gang, die mit einem kleinen Sprachfehler oder einem „Wahnsinnsdialekt" (Interview, Z 42) behafteten. Außerdem betreffen die Ausführungen jene Lehrer, die behindert sind und trotz der Behinderung ihren Beruf ausüben. Alle diese Lehrer stellen sich manchmal die Frage, wie diese Besonderheit oder Behinderung von den Schülern gesehen wird, wie sie auf diese wirkt, und ob sie den Schülern voll gerecht werden können. Für alle kommt es darauf an, sich selbst zu akzeptieren, eine Identitätsbalance zu wahren und dabei selbstkritisch zu bleiben. Die weiteren Ausführungen sollen dies belegen.

Der Schüler S. erwähnt „ulkige Äußerlichkeiten"(31/32), einen Lehrer, der wie „Fossi-Bär" aussieht, Äußerlichkeiten, für die der Lehrer oft nichts kann, die aber geeignet sind, die Schüler abzulenken. Und er fügt hinzu, daß in jenen Fällen, in denen kein Eigenverschulden des Lehrers vorliege, ein Fehlverhalten der Schüler zu verzeichnen sei, wenn sie den Lehrer auf die Besonderheit oder Behinderung aufmerksam machen würden.

Der 15jährige Schüler S. hat in seinem Alter schon zahlreiche Lernprozesse durchlaufen, die ihn zu dieser selbstkritischen Äußerung veranlassen. Nicht so jüngere Schüler, die erst lernen müssen, jeden Menschen als Person zu akzeptieren und behinderten Personen mit Verständnis zu begegnen. Jüngere Schüler werden ihre Lehrer auch dann mit einem Spitznamen belegen, wenn kein Eigenverschulden vorliegt. Sie sind manchmal „grausam", können noch keine anspruchsvollen Bewertungen aufgrund übergeordneter Normen vollziehen.

Ein wesentlicher Unterschied besteht nun allerdings darin, ob eine Besonderheit in erheblichem Umfang auf Eigenverschulden zurückzuführen ist oder ob ein Fremdverschulden vorliegt. Ein „Wahnsinnsdialekt" läßt sich abbauen, übermäßige Korpulenz in den meisten Fällen auch. Wenn z.B. eine ältere Lehrerin auf die Idee kommt, nur noch graue Kostüme zu tragen, und sie dann von den Schülern als „graue Maus" bezeichnet wird, braucht sie sich über diesen Spitznamen nicht zu wundern.

Ganz anders stellt sich die Situation im Fall einer Körperbehinderung dar, die sich nicht korrigieren läßt, die von dem Betroffenen hingenommen werden muß. Wenn jüngere Schüler dem Lehrer unangemessen begegnen, bieten sich hier für diese Schüler Chancen zum sozialen Lernen, die genutzt werden sollten.

Zwei Beispiele können deutlich machen, wie Lehrer mit ihren Besonderheiten bzw. Behinderungen umgehen und die Schüler zum Nachdenken anregen, ein heiteres und ein ernstes Beispiel:

Eine 7jährige Schülerin kommt aus der Schule und berichtet freudestrahlend ihrer Mutter von dem recht korpulenten Klassenlehrer, der sie am Morgen mit den Worten begrüßt hat: „Kinder, heut' hab ich gute Laune, ich kann mich vor lauter Glück kaum fassen. Stellt Euch mal vor, was mir heute morgen beim Anziehen passiert ist. Da habe ich doch, als ich mir die Strümpfe anzog, seit Jahren zum ersten Mal wieder meine Zehenspitze gesehen!" Dieser Lehrer zeigte den Schülern deutlich, daß er um seine „Besonderheit" weiß, sie akzeptiert und nicht gewillt ist, sich negativ beeinflussen zu lassen. Im Gegenteil, er lebt mit dieser Korpulenz und möchte, daß seine Schüler dieses besondere Merkmal als ein lustiges akzeptieren. Der Erzählung zufolge haben Lehrer und Schüler gemeinsam Tränen gelacht, weil sie das mit den Zehenspitzen so lustig fanden.

Ein Biologielehrer, der nach dem 2. Weltkrieg 12 Jahre in Sibirien zubringen mußte, war dort an Vitaminmangel erkrankt, und diese Vitaminmangelkrankheiten hatten bei ihm deutliche Spuren hinterlassen – dicke Brillengläser, fehlende Haare, fehlende Fingernägel. So bot er den Schülern einen etwas ungewöhnlichen Anblick. Für die 15jährigen Schüler genügte eine kurze Erklärung: „Ich sehe komisch aus, mein Aussehen ist auf Vitaminmangelkrankheiten zurückzuführen. Es tut mir leid, aber ich kann es nicht ändern." –

Auch wenn es sich bei den Beispielen um völlig andere Ausgangslagen und Ursachen handelt, haben sie doch einiges gemeinsam. Beide Lehrer verfügten über die Fähigkeit zur realistischen Selbstwahrnehmung, beide waren in der Lage, sich kritisch zu betrachten. Beide legten sich die Frage vor, wie sie wohl auf ihre Schüler wirken, welche Gefühle sie vermutlich auslösen. Und beide hatten den Mut, über die Besonderheit bzw. Behinderung offen zu sprechen. Sie zeigten auf ihre Weise, daß sie bereit bzw. genötigt waren, mit ihr zu leben und sich selbst zu akzeptieren.

Merkmale dieser Art betreffen schließlich nur einen Teilbereich der Gesamtpersönlichkeit, oft nur einen recht marginalen (vgl. Tausch/Tausch 1979, 62). Ein solches Merkmal darf deshalb auf keinen Fall überschätzt werden. Bezogen auf den Lehr-Lern-Prozeß erscheint es fast völlig irrelevant. Sofern alle die anderen Lehrvariablen, die in diesem Buch angesprochen werden, konstruktiv zum Tragen kommen, fällt *ein* persönliches Merkmal, eine Eigenart oder eine Angewohnheit, kaum ins Gewicht.

Sich um emotionale Ausgeglichenheit bemühen – was nicht immer leicht fallen wird

Das ist leichter gesagt als getan, denn schließlich haben viele Lehrer gute Gründe, den Schülern unausgeglichen, nervös oder angstbesetzt zu begegnen (vgl.Brück 1978, Weidenmann 1978). Da gibt es z.B. die Angst, die Schüler könnten klüger sein, die Angst vor Problemschülern, denen man sich nicht gewachsen fühlt, die Angst vor bestimmten Lerngruppen, die den Unterricht boykottieren können, die Angst vor dem Mentor, vor der Kritik der Eltern oder vor der vernichtenden Beurteilung des

Schulrats, dessen Gutachten über den weiteren Verbleib im Schuldienst entscheiden kann.

Und die Schüler kommen ebenfalls oft unausgeglichen und angstbesetzt in die Schule. Da gab es eine Auseinandersetzung mit dem Freund, Krach mit den Eltern, die Hausaufgaben sind wieder einmal nur unvollständig erledigt, man hat also Angst, erwischt zu werden, Angst vor schlechten Noten, Angst, sich vor der Gruppe zu blamieren, Angst, von der Gruppe nicht mehr in gleicher Weise akzeptiert zu werden.

In diesem Zusammenhang wird auch häufig der Begriff „Neurose“ verwendet, eine psychische Instabilität, die abnorme Entwicklungen und Reaktionen zur Folge haben kann (vgl. Ascherleben/Hohmann 1979, 159 ff.), und deren Entstehung sich als „Wechselwirkung von neurotizistischen Dispositionen und neurotisierender Umwelt“ erklären läßt. Wenn wir die für Schüler wohl maßgeblichen Umweltfaktoren in den Blick nehmen, dann müssen Elternhaus und Schule genannt werden, die neurotisierend oder krankmachend wirken können. „Je nachdem, wie weit oder eng der Begriff Neurose gefaßt wird, werden 10 bis 50 Prozent aller Schüler als neurotisch gestört bezeichnet“ (a.a.O.), und es ist erschreckend, daß sowohl die Lehrer als auch die Institution Schule ihren Anteil an diesen Störungen haben.

Eine Neurotisierung der Kinder erfolgt häufig in der Familie, wenn massive Beziehungsstörungen das Verhältnis der Eltern belasten, sich die Kinder nicht erwünscht und nicht geliebt fühlen. Übermäßige Erwartungshaltungen und Leistungsansprüche führen zu Angst vor Liebesentzug und Liebesverlust. Auf diese Weise verängstigt, treten viele Schüler morgens den Schulweg an.

Und die Institution Schule kann diese Ängste noch verstärken, indem Mammutschulen oft ein Gefühl von Anonymität vermitteln, die Pausen auf einem viel zu kleinen Schulhof für sensible Kinder zur Qual werden, die Schule mit ihrem Leistungsanspruch und ihrer Selektionsfunktion als ständige Bedrohung empfunden wird.

Wenn nun angstbesetzte Lehrer auf angstbesetzte Schüler treffen, sind Auseinandersetzungen, Belastungen und Schwierigkeiten unausweichlich. Konflikte (Becker 1983a) häufen sich, und ein geordnetes Lehren und Lernen ist nicht mehr möglich. In diesem Fall müßte der Lehr-Lern-Prozeß eigentlich in einen therapeutischen, gruppendynamischen Prozeß übergeleitet werden, in dem sich Lehrer und Schüler einander mitteilen, ihre Ängste zum Ausdruck bringen und so lange miteinander sprechen, bis sich ein konstruktives Lern- und Gruppenklima einstellt. Würden Lehrer diesen Vorschlag in die Tat umsetzen, würden sie in vielen Gruppen gar nicht zum Unterrichten kommen.

Zwischen angstbesetzten Menschen kommt es zu erheblichen Übertragungseffekten. Ein sensibler Lehrer spürt schon beim Betreten des Klassenzimmers, ob die Schüler ausgeglichen und konzentrationsfähig oder unausgeglichen, unkonzentriert und angstbesetzt sind. Umgekehrt spüren die Schüler auch sogleich, ob der Lehrer in sich ruht, Sicherheit ausstrahlt, offensichtlich bereit ist, die kleinen Widerwärtigkeiten des Schulalltags gelassen und humorvoll zu ertragen. Ein Lehrer, der seinen Schülern indirekt zu verstehen gibt, daß er seine „Identitätsbalance" wahren wird, übt durch sein Verhalten eine therapeutische Funktion aus.

Identitätsbalance – die Bereitschaft und Fähigkeit, sich selbst und die Schüler zu akzeptieren, widersprüchlichen Erwartungen und Situationen gerecht zu werden, sich abzugrenzen und eigene Erwartungen zu formulieren (Meyer 1981, 48/49) – kann bis zu einem gewissen Grad erworben werden.

Sofern sich der Lehrer inhaltlich sorgfältig vorbereitet, braucht er keine Angst vor Schülerbeiträgen und -fragen zu haben, die fachliche Vorbereitung vermittelt ihm eine erste Sicherheit. Wenn er dann mögliche Lernziele in den Blick nimmt, eine Lehr-Lern-Folge konzipiert, die erforderlichen Vorbereitungen trifft und er eine oder mehrere Lehrspuren vor sich sieht, müßte eigentlich der fachlichen auch die methodische Sicherheit folgen.

Nun ist es an der Zeit, ein „positives Selbstkonzept" zu entwickeln, sich der Tatsache bewußt zu werden, daß man sich sorgfältig vorbereitet und Anspruch auf Freizeit hat. Emotionale Ausgeglichenheit läßt sich kaum durch permanente Berufsarbeit erreichen, sondern wohl eher durch eine sinnvolle Koppelung beruflicher und privater Aktivitäten. Statt sich bis Mitternacht vorzubereiten, sind nun der Partner, die Freundesgruppe, der Verein, eine sportliche Aktivität oder die Familie gefragt, Aktivitäten, die jenen Ausgleich bieten, um den Schülern am nächsten Morgen wieder ruhig und ausgeglichen begegnen zu können. Wer dann noch das Glück hat, einen Ansprechpartner zu finden, mit dem er über die Auseinandersetzungen, Belastungen und Schwierigkeiten sprechen kann, die jeder Unterrichtstag mit sich bringt, befindet sich in einer besonders günstigen Situation.

Die Ausführungen machen deutlich, daß es sich um ein ständiges Bemühen um emotionale Ausgeglichenheit handelt. Lehrer, die hier erfolgreich sind, finden Anerkennung, wenn es heißt: „Der konnte das ganz locker machen ..." (Interview, Z 135), oder: „Der war der Situation wieder mal voll gewachsen!" (204/205). Schüler suchen immer nach Vorbildern unter den Erwachsenen und auch unter den Lehrern. Ein unausgeglichener, angstbesetzter und sprunghafter Lehrer ist für sie kein Vorbild, er wird weder akzeptiert noch respektiert.

Den Schülern ein Vorbild geben – sofern dies möglich ist

Zwei der vom Schüler S. erwähnten Lehrer dienten den Schülern als Vorbilder, der Referendar A., von dem es heißt: „Der Mann hat uns echt imponiert" (Interview, Z 119), und der Zeichenlehrer, über den berichtet wird, er habe sich das Rauchen abgewöhnt, „damit er ein Vorbild abgibt" (Interview, Z 192). Und an anderer Stelle heißt es vom Herrn P.: „So etwas darf ein Lehrer nicht, damit gibt er ein schlechtes Vorbild ab" (Interview, Z 174/175).

Im Bewußtsein des Schülers S. haben qualifizierte Lehrer vorbildlich zu sein. Diesbezügliche Erwartungen werden ja auch von den Eltern, den vorgesetzten Behörden und von der Öffentlichkeit an die Lehrer gerichtet, ohne daß genauer beschrieben würde, was sich hinter dieser Forderung versteckt und welcher Art die Vorbilder sein sollten.

Kinder und Jugendliche benötigen für ihre Entwicklung Vor-Bilder oder Leit-Bilder. Sie machen sich über eine Person ein Bild, dieses Bild steht „vor" ihnen, dieses Bild ist für sie in bestimmten Bereichen vollkommen, und sie streben danach, wie dieses Bild zu sein. In kritischen Situationen suchen sie bei dieser Person, die hinter dem Bild steht, Entscheidungshilfen, fragen sich, wie wohl die betreffende Person handeln würde und lassen sich von dem Bild „leiten", das sie von dieser Person haben. – Ein Mangel an Vor- oder Leitbildern kann zu einer Selbstausbürgerung führen, zur Suche nach Vor- und Leitbildern jenseits der realen Welt (vgl. Baacke 1979).

Vorbilder können sich überall anbieten, so in der Familie, im Freundeskreis, den Medien oder im Bereich des Sports. Vater, Mutter oder Geschwister, der Freund, Fernseh- oder Fußballstar können Vorbildfunktionen übernehmen. Und zahlreiche Schüler finden auch Vorbilder unter den Lehrern, die sie achten, bewundern und denen sie nachstreben wollen. Nur sollte der Einfluß der Schule und der Lehrer nicht maßlos überschätzt werden, denn für die Schüler bietet sich in erster Linie der außerschulische Bereich an, in dem sie ihre Vorbilder suchen und finden.

Grundschüler erkennen oft noch autoritätsgläubig und unkritisch den Lehrer oder die Lehrerin als Vorbild an. Das läßt sich recht gut mit Hilfe jener Situation verdeutlichen, in der ein Schüler Hausaufgaben erledigt und von einem Familienangehörigen betreut wird. Was der Lehrer gesagt hat, was er aufgetragen hat, stimmt in jedem Fall, auch wenn alle anderen Familienmitglieder vom Gegenteil überzeugt sind. So wie der Lehrer die Aufgabe an der Tafel vorgerechnet hat, so muß sie auch im Heft stehen, selbst wenn es mehrere Rechenwege und einfachere Schreibweisen gibt. – Vielleicht hat dieser Schüler aber auch schon schlechte Erfahrungen mit diesem Lehrer gesammelt.

Ältere Schüler betrachten ihre Lehrer weitaus kritischer, in der Pubertät sogar „superkritisch". Die Vor- oder Leitbilder verblassen nun merklich, bekommen Risse oder fallen in sich zusammen. Schwächen werden entdeckt, ein inkonsequentes Verhalten wird angeprangert, Auseinandersetzungen werden provoziert, auch um festzustellen, inwieweit das Vorbild noch trägt. Ein Vorbild wird verworfen, ein anderes gesucht, gefunden, erneut verworfen, bis am Ende der Pubertät die eigene Identität gefunden ist; doch gibt es sicher Personen, die lebenslang auf der Suche sind, und sicher ist dies ein existentielles Dilemma gerade auch anspruchsvoller und selbstkritischer Menschen.

Vor diesem Hintergrund stellt sich nun die Frage nach der Art des Vorbildes. Zur Beantwortung dieser Frage liefert der Schüler S. wertvolle Hinweise. So urteilt er über den Referendar A.: „Der Mann hat uns echt imponiert"(Interview, Z 119). Und warum? Weil er einen interessanten, flüssigen und anspruchsvollen Unterricht geben konnte, in kritischen Situationen die Ruhe bewahrte, locker und ausgeglichen wirkte, für Spaß zu haben war und mitlachen konnte. Dieser Referendar nahm die Schüler ernst, hatte Verständnis für sie und ging ganz natürlich mit den Schülern um. – Der Zeichenlehrer hingegen, der ebenfalls als Vorbild diente, verfügte offensichtlich über ganz andere Eigenschaften, war fleißig und engagiert und verlangte nur das von Schülern, was er auch von sich selbst verlangte.

Vielleicht lassen sich diese Eigenschaften gruppieren, verschiedene Bereiche ausgliedern, durch die Vorbildfunktionen wahrgenommen werden können? Da wäre zuerst einmal der Bereich der Fachkompetenz. Ein Musiklehrer, der ein Instrument virtuos beherrscht, ein Sportlehrer, der in einer Sportart meisterhafte Leistungen vollbringt, ein Englischlehrer, der wie ein „native speaker" spricht, ein Grundschullehrer, der von den Schülern bewundert wird, weil er so schön schreiben, malen und erzählen kann, alle diese Lehrer wirken aufgrund ihrer besonderen fachlichen Fähigkeiten vorbildlich. Und bei den Schülern wird manchmal der Wunsch wach, ebensogut malen, spielen oder erzählen zu können.

Dieser erste Bereich ist eng verknüpft mit dem methodischen Bereich, der Fähigkeit, den Unterricht interessant und anspruchsvoll zu gestalten. Schüler haben ein sehr feines Gespür dafür, ob sich ein Lehrer gewissenhaft vorbereitet, für die Schule, den Unterricht und für die Schüler engagiert. Sie achten bei ihren Lehrern auf die Sekundärtugenden wie Fleiß, Ordnung, Pünktlichkeit und Gewissenhaftigkeit, vielleicht schon deshalb, weil sie aus Erfahrung wissen, wie schwierig es ist, solche Ansprüche täglich immer wieder neu zu erfüllen. Und dann bewundern sie methodische Kreativität, Flexibilität und Variabilität, sofern sie sichtbar werden.

Der dritte Bereich, der in diesem Zusammenhang immer wieder in den Vordergrund rückt, bezieht sich auf den Umgang mit den Schülern. Ein Lehrer gilt dann als vorbildlich, wenn er den Schülern verständnisvoll begegnet. Schüler sehnen sich zumeist nach emotionaler Wärme, Anteilnahme und einem partnerschaftlichen Miteinander, und sie rechnen Lehrern solche Fähigkeiten und Eigenschaften hoch an.

Ein vierter Bereich bezieht sich auf die Glaubwürdigkeit eines Lehrers und auf die Frage, ob er Ansprüche, die er stellt, auch an sich selbst richtet. Schüler haben viele Erwachsene als unglaubwürdig erlebt, nur zu oft mußten sie erfahren, daß Versprechungen gemacht und später nicht eingehalten wurden. Aber sie benötigen dringend eine weitgehende Kongruenz zwischen den Ansprüchen und der Wirklichkeit, um sich selbst auf die Lernaufgaben konzentrieren zu können.

Es wurde schon darauf hingewiesen, daß sich Schüler ihre Vorbilder auch im außerschulischen Bereich suchen und die Vorbilder in bestimmten Entwicklungsphasen laufend wechseln. Nicht alle Lehrer können allen Schülern in gleicher Weise als Vorbild dienen. Meist sind es nur bestimmte Eigenschaften, Fähigkeiten, Einstellungen oder Haltungen, die von einigen Schülern als vorbildlich erlebt werden. Wenn dennoch ein Schüler an einem Lehrer alles bewundert, dann wird dieser Lehrer zu einem Idol, d.h. die Beziehung zu ihm gestaltet sich unkritisch und wird so dem Schüler gefährlich.

Die vier angesprochenen Bereiche – Fach- und Methodenkompetenz, Umgang mit den Schülern und Glaubwürdigkeit – sind eigentlich Selbstverständlichkeiten. Dem Schüler S. fallen sie jedoch auf, ein Hinweis dafür, daß sie doch als vorbildlich erlebt werden und etwas Besonderes sind. So erstrebenswert es auch sein mag, Vorbildfunktionen wahrzunehmen, so wichtig erscheint es auch, deutlich zu machen, daß kein Perfektionismus angestrebt werden kann. Vorbildlich erscheinende Menschen führen andere nur in eine fragwürdige Autoritätsgläubigkeit hinein, die eines Tages zusammenbrechen muß.

Wenn ein Lehrer im Lehr-Lern-Prozeß merkt, daß seine Handlungen aus verschiedenen Gründen keineswegs vorbildlich sind, bleibt ihm die metaunterrichtliche Reflexion, die Möglichkeit, gemeinsam mit den Schülern diese Handlungen zu begutachten und nach einem Ausweg zu suchen. Das ehrliche Eingeständnis: „Hier habe ich mich überschätzt", oder: „Das war nun nicht vorbildlich", kann in einer solchen kritischen Situation weiterhelfen.

Die Sekundärtugenden beachten – und um deren nachgeordneten Stellenwert wissen

Wenn im folgenden einige triviale Tugenden wie Pünktlichkeit, Ordnung, Fleiß und Gewissenhaftigkeit angesprochen werden, dann nur deshalb, weil diese oft belächelt, überbewertet oder in ihrer unentbehrlichen, aber dienenden Funktion verkannt werden. Bei diesen Eigenschaften handelt es sich um „Sekundärtugenden", und wenn über sie diskutiert wird, herrscht häufig Verunsicherung vor.

Warum Sekundärtugenden und warum diese Verunsicherung? Einmal gibt es weitaus wichtigere Tugenden eines Lehrers, wie die Bereitschaft, die Schüler in ihrer sozialen Umwelt zu akzeptieren, ihnen Verständnis entgegenzubringen oder für sie einzutreten. Zum anderen wurden diese Eigenschaften in der deutschen, insbesondere der preußischen Vergangenheit verabsolutiert und durch den Nationalsozialismus mißbraucht. Es handelte sich also um typisch deutsche und preußische Tugenden – man sprach von „preußischer Pünktlichkeit", und es ist sicher gut, daß heute weniger oft von ihr gesprochen wird. Es schadet wohl auch nichts, wenn uns im Hinblick auf diese Tugenden andere Völker den Rang streitig machen. – Und doch sind diese Eigenschaften für einen erfolgreichen Unterricht bis zu einem gewissen Grad unentbehrlich. Die folgenden Beispiele mögen dies belegen.

Ein Lehrer, der den Unterricht pünktlich beginnt und beendet, gibt seinen Schülern indirekt zu verstehen, daß er auch von ihnen Pünktlichkeit erwartet, ihm die Zeit kostbar und der Lehr-Lern-Prozeß wichtig ist. Die Schüler stellen sich meist nach kurzer Zeit auf das Verhalten des Lehrers ein, sind pünktlich, wenn es der Lehrer ist, stellen ihre innere Uhr auf Unpünktlichkeit, sobald sie die Erfahrung machen, daß der Unterricht selten oder nie pünktlich beginnt. Es soll sogar Schüler geben, die länger frühstücken und später zur Schule gehen, wenn bei einem bestimmten Lehrer der Unterricht beginnt.

Lehrer üben eine bemerkenswerte Modellfunktion aus, und sie werden zur Übernahme dieser Funktion genötigt. Wer als Lehrer fast unleserlich schreibt und im Geometrieunterricht freihändig die Geraden krumm zeichnet, muß sich nicht wundern, wenn die Heftführung der Schüler dementsprechend ausfällt.

Ähnlich steht es mit der Bereitstellung der für den Unterricht erforderlichen Requisiten durch den Lehrer, wie Klassenbuch, Medien aller Art etc. Nur wenn der Lehrer die erforderlichen Vorbereitungen trifft, kann er zu Recht von seinen Schülern erwarten, daß sie die für die Zeichenstunde erforderlichen Utensilien mitbringen.

Schließlich wird von jedem Schüler Gewissenhaftigkeit bei der Fertigung der Hausaufgaben erwartet. Deshalb kann auch der Schüler von seinem Lehrer verlangen, daß dieser die Medien besorgt, deren Einsatz vorbereitet, die Arbeitshefte in annehmbarer Zeit gewissenhaft korrigiert u.a.m. Schüler übernehmen bis zu einem gewissen Grad auch die Arbeitshaltung ihres Lehrers. Und umgekehrt wird der Lehrer durch eine konstruktive Arbeitshaltung seiner Schüler bestätigt und angeregt.

Wer als Lehrer den Schülern kein positives Beispiel gibt, bereitet sie unzureichend auf die Lebens- und Berufswirklichkeit vor. Von jedem Azubi wird selbstverständlich verlangt, daß er pünktlich erscheint, seinen Arbeitsplatz aufräumt, sich gewissenhaft um die ihm übertragene Arbeit bemüht. Jeder Arbeitnehmer muß am Arbeitsplatz, im Büro oder am Fließband pünktlich sein. In einer Industriegesellschaft, in der oft arbeitsteilig verfahren wird, sind Pünktlichkeit und Ordnung sowie die korrekte Erfüllung der Aufträge unabdingbare Voraussetzungen für eine erfolgreiche Produktion.

Doch diese trivialen Eigenschaften oder Sekundärtugenden verkehren sich in ihr Gegenteil, wenn sie überbewertet und nicht relativiert werden. Ein Lehrer, der mit dem Blick auf die Uhr vor Unterrichtsbeginn die letzten Schüler erwartet, der stets mit dem Klingelzeichen das Klassenzimmer betritt, keine Skizze aus freier Hand wagt, sich an seinen Ordnungsvorstellungen und Zeichengeräten festhält, der wird sich wahrscheinlich selten mit den Schülern freuen können und kaum in der Lage sein, methodische Kreativität zu entwickeln.

Auf Äußerlichkeiten achten – oder diesen Aspekt ganz vernachlässigen

Lehrer stehen nun einmal im Blickfeld ihrer Schüler, und deshalb sind Äußerlichkeiten, auch nichtverbale Zeichen der Kommunikation wie die Kleidung, durchaus bedeutsam (Interview, Z 32). Sobald der Lehrer in das Klassenzimmer kommt, um den Unterricht aufzunehmen, wird er von seinen Schülern gemustert. Dieser Ersteindruck, den die Schüler gewinnen, kann für den nachfolgenden Unterricht entscheidend sein. Ein neuer oder ein abgetragener Anzug, ein auffälliges oder zerknittertes Kleid, der Kreidestaub am Ärmel oder ein nicht geschlossenes Kleidungsstück können die Aufmerksamkeit der Schüler vorübergehend absorbieren und vom Lehr-Lern-Prozeß ablenken. Zumeist wirken solche Äußerlichkeiten nur für kurze Zeit so stark, bis sich die Schüler an den Anblick gewöhnt haben, der

Neuigkeitsgehalt abnimmt und andere Dinge interessanter erscheinen.

Kleidung hat häufig eine Signalfunktion. Galloway (1976) schreibt dazu: „Als sich die Grundschullehrerin Ruth Harris am Montagmorgen ankleidete, zögerte sie bei der Auswahl der Garderobe zwischen einem schwarzen Kostüm und einem buntbedruckten Kleid. Indem sie sich für das Kleid entschied, dachte sie: ‚Diesen Tag möchte ich mir und den Kindern fröhlich gestalten.' Alles schien ihr an diesem Tag zu glücken" (a.a.O., 146).

Praktikanten und Referendare kleiden sich manchmal ihren Schülern entsprechend, um ihnen nichtverbal mitzuteilen, daß sie ähnlich fühlen und denken und derselben Generation angehören. Kleidung ist hier eine Art Kommunikationsangebot, der Versuch, Kommunikationsbarrieren zu überwinden, über eine ähnliche Kleidung einen besseren Zugang zu den Schülern zu finden.

Die Kleidung eines Menschen ist Teil seiner Privatsphäre, seines Persönlichkeitsbereichs, des individuellen Geschmacks, Ausdruck eines bestimmten Lebensgefühls, und deshalb hat jeder Lehrer über seine Kleidung primär selbst zu bestimmen. Unterschiedliche Kleidung weist auch auf einen erstrebenswerten Pluralismus hin. Extravagante Kleidungsstücke sollten als Chance begriffen werden, der Uniformität und dem Konformismus entgegenzuwirken. So betrachtet erscheint eine Reglementierung, eine Art „Kleiderordnung für Lehrer" absurd, weil sie demokratischen Einsichten und dem Streben nach individueller Persönlichkeitsentfaltung widerspricht. – Ob nun eine Lehrerin in Jeans und Turnschuhen oder in einem geschlossenen Kostüm antritt, ist für den Lehr-Lern-Erfolg unerheblich. Bedeutsamer sind wohl die Art der Frage- und Problemstellungen, die Arbeitsaufträge, die Lernhilfen u.a.m. – Wichtig erscheint vor allem, ob sich der Lehrer selbst in seiner Kleidung wohlfühlt, er sich nicht durch Kleidung eingeengt fühlt, diese ihm eine gewisse Sicherheit verleiht, den freien Umgang mit den Schülern ermöglicht. So betrachtet sollte sie seinem Geschmack, seinem Alter und seinen Aufgaben entsprechen.

Gerechtfertigt sind hingegen Forderungen nach einer angemessenen Berufskleidung. Ein Sportlehrer ist schlecht beraten, wenn er die Aktivitäten seiner Schüler stets vom Spielfeldrand aus dirigiert und sich nie von seiner Krawatte trennen kann. Lehrer, die naturwissenschaftliche oder musisch-ästhetische

Fächer unterrichten, benötigen eine entsprechende Schutzkleidung, die sie vor Säure oder Farbe schützt. Hier handelt es sich um eine Notwendigkeit, die sich aus den Lerninhalten und aus den jeweiligen Lehr-Lern-Situationen ableiten läßt.

Der Autor hat staunend miterlebt, wie Referendare im Hinblick auf ihre Lehrproben eine Stunde lang über die Kleiderfrage diskutierten. Nur deshalb wurden diese Ausführungen gemacht. Wer diesen Aspekt völlig vernachlässigt und einfach das anzieht, was ihm gerade in den Sinn kommt, dafür aber umso gründlicher über die Lernvoraussetzungen der Schüler nachdenkt, ist wahrscheinlich gut beraten.

4 Leitlinien für den Umgang mit den Schülern

Schüler achten Lehrer, die sie nicht nur als Leistungsträger in einem bestimmten Fach betrachten, sondern als Person akzeptieren und respektieren. Sie möchten gerne, daß Lehrer ihre Erwartungshaltungen offenlegen, Grenzen aufzeigen und entsprechend konsequent verfahren, damit ihre Handlungen berechenbar werden. Sie wünschen sich Lehrer, die ihnen vorurteilsfrei begegnen und möglichst alle Schüler in gleicher Weise gerecht behandeln. Schüler freuen sich über ein echtes, offenes und natürliches Verhältnis zu ihren Lehrern. Sie erwarten Geduld und Verständnis, insbesondere für die leistungsschwachen Schüler, und sie rechnen es Lehrern hoch an, wenn sie sich ihnen gegenüber solidarisch zeigen. Schüler schätzen jene Lehrer, denen es gelingt, die kleinen Widerwärtigkeiten des Schulalltags humorvoll zu ertragen. Sie verlangen schließlich zu Recht, daß Lehrer die Sprachebene der Schüler berücksichtigen und sich um ein korrektes Sprachverhalten bemühen.

Die Schüler kennenlernen – sofern dies möglich ist

Der Schüler S. erhebt gegenüber Lehrer K. den Vorwurf: „... der kennt seine Schüler vom Charakter her nicht“ (Interview, Z 216/217). Und an anderer Stelle fügt er hinzu: „Aber der ist Lehrer, ohne daß er etwas von den Schülern weiß, und das ist schlimm. – Ein solcher Lehrer wird auf die Dauer zum Pauker. Der K. wird von seinen Kollegen angegriffen, die Schüler sind undiszipliniert, er steht rundum im Schußfeld und verhängt unheimliche Strafen. Eigentlich tut er mir richtig leid. – Das kann einem Lehrer, der seine Schüler kennt, nicht passieren“ (237–244).

Schüler S. trifft eine sehr deutliche und eindrucksvolle Unterscheidung zwischen Lehrern und Paukern. Erstere kennen ihre Schüler, werden von Kollegen und Schülern geachtet und stellen gerechtfertigte Ansprüche, letztere kennen ihre Schüler nicht, werden nicht respektiert und stellen ungerechtfertigte Ansprüche. Demnach lohnt es sich, der Frage nachzugehen, wie Lehrer Schüler kennenlernen und was darunter zu verstehen ist.

Ein Lehrer, der einen Schüler gut kennt, verfügt über zahlreiche Informationen, die diesen Schüler betreffen. Er vermag die Lernvoraussetzungen, die Interessen, das Lern- und Leistungsvermögen ziemlich genau einzuschätzen, er kann Motive und Gefühle ansatzweise nachempfinden, Gedanken nachvollziehen und mögliche Handlungen voraussehen. Er weiß um die besonderen Stärken und Schwächen dieses Schülers, ist über besondere Ereignisse und Erlebnisse informiert und über Personen, die diesem Schüler wichtig sind (seine Eltern, Geschwister und Freunde). Aufgrund dieser Informationen kommt er mit diesem Schüler ins Gespräch, sofern der Schüler seinerseits bereit ist, eine sich anbahnende Beziehung aufzubauen und diese zu vertiefen.

Kennen-*lernen* setzt einen Lernprozeß beim Lehrer voraus, die Bereitschaft, sich mit den Schülern zu befassen und sich so lange mit ihnen intensiv auseinanderzusetzen, bis man sie kennt. Auch bei diesem Lernprozeß gibt es beträchtliche Unterschiede hinsichtlich des Lernvermögens, denn die Formel – je länger Personen zusammenleben, desto besser lernen sie sich kennen – läßt sich bei näherer Betrachtung nicht immer aufrechterhalten. So gibt es qualifizierte Therapeuten, welche die Teilnehmer eines Wochenendseminars innerhalb weniger Stunden recht gut kennenlernen, und es gibt Lehrer, die jahrelang in einer bestimmten Lerngruppe unterrichten, ohne die einzelnen Schüler näher kennenzulernen, wie dies offensichtlich beim Lehrer K. der Fall war (237–244).

Welche Lehrer verfügen nun über besonders günstige Lernvoraussetzungen, um Schüler kennenzulernen? Einmal muß wohl die Bereitschaft und Fähigkeit vorausgesetzt werden, sich anderen Menschen zu öffnen und sich auf diese zu konzentrieren. Dann geht es darum, die verbalen und nichtverbalen Ausdrucksformen möglichst sensitiv und vollständig zu erfassen und zu speichern, was natürlich nur ansatzweise gelingen kann. Und schließlich muß der Lehrer über die Fähigkeit verfügen, die wahrgenommenen Ereignisse auch angemessen zu interpretieren, zu analysieren und zu beurteilen. Dieser Lernprozeß wird innerhalb und außerhalb des Studiums, der schulpraktischen Ausbildung und des Referendariats unterstützt. Wer jüngere Geschwister hatte, mit Kindern zusammenlebte, eine Jugendgruppe leitete oder in einem Sportverein die Funktion eines Übungsleiters wahrgenommen hat, dessen Lernvoraussetzungen sind schon als günstig einzuschätzen. Und wer sich im Verlauf des Studiums auf Lehrveranstaltungen konzentriert, die sich unmittelbar mit Kindern und Jugendlichen befassen, z.B. auf Seminare zur Entwicklungspsychologie, der gewinnt grundlegende Einsichten und Erkenntnisse, die später das Kennenlernen von Kindern und Jugendlichen erleichtern. Ein wirkliches Kennenlernen ist jedoch über die Aufnahme theoretischer Informationen nicht möglich (vgl. 231–237).

Lehrer, die in einer Lerngruppe den Unterricht aufnehmen, stehen vor der Aufgabe, die Namen der Schüler kennenzulernen, ein Lernprozeß, der durch Sitzplan und Namensschilder erleichtert werden kann. Nach einiger Zeit prüfen die Schüler den Lernfortschritt des Lehrers, indem sie die Namensschilder vertauschen. Übrigens legen die Schüler Wert darauf, mit ihrem Namen angesprochen zu werden, möchten nicht „der Junge in dem roten Pulli“, sondern „der Thomas“ sein, der als Person respektiert wird. So betrachtet ist das Erlernen der Namen eine Forderung, die an jeden Lehrer gestellt werden muß.

Fachlehrer, die in zahlreichen Lerngruppen unterrichten, kennen von ihren Schülern leider oft nur die Namen und – nach geraumer Zeit – deren Lernleistungen in dem betreffenden Fach. Die Schüler begegnen ihnen primär als „Leistungsträger“, nicht aber als Personen. Weiterführende Informationen, welche die Schüler betreffen, nehmen diese Lehrer eher zufällig wahr. Wie aus den Äußerungen des Schülers S. hervorgeht, möchten die Schüler nicht nur als „Leistungsträger“ gelten. Der stark verengte Blickwinkel eines Fachlehrers behagt ihnen nicht. Ein Lehrer, dem es gelingt, die Schüler mehr ganzheitlich wahrzunehmen und auf sie einzugehen, der ihnen zeigt, daß er mit ihnen empfinden und für sie Verständnis aufbringen kann, wird eher akzeptiert und respektiert (16–18, 113–136).

Klassenlehrer befinden sich in einer vergleichsweise besseren Position. Der zeitintensive Kontakt zu den Schülern erleichtert das Kennenlernen. Dann verfügen sie über weitaus mehr Informationen als die Fachlehrer, kennen die Leistungen eines Schülers aus verschiedenen Fächern, die Zeugnisse und Unterlagen und zumeist auch den sozialen Hintergrund. Außerdem haben sie Gelegenheit, Kontakte zu den Eltern aufzunehmen und die Schüler nicht nur im Unterricht, sondern auch bei Aktivitäten, die das Schulleben betreffen – Ausflüge, Wanderungen, Fahrten, Landschulheimaufenthalt, Veranstaltungen, Feste, Feiern, Vorhaben und besondere Projekte – zu erleben.

Im Rahmen der Waldorf-Pädagogik wird auf diesen personalen Bezug, auf das Sich-Kennenlernen von Lehrern, Schülern und Eltern, die gesamte pädagogische Arbeit aufgebaut. Lehrer betreuen und begleiten ihre Schüler über mehrere Jahre hinweg, sie lernen ihre Schüler besonders gut kennen und kooperieren laufend mit den Eltern.

Auch in diesem Bereich des Sich-Kennenlernens sind Grenzen zu sehen und zu berücksichtigen. Fachlehrer, die zahlreiche Lerngruppen zu betreuen haben, können nicht 100 Schüler kennenlernen. Die Beziehungen zu den Schülern müssen oberflächlich und deshalb oft auch unbefriedigend bleiben. Die Kenntnis der Namen, eine realistische Einschätzung der Lernvoraussetzungen, des Lernvermögens und der Lernleistungen können erwartet werden, doch weiterführende Ansprüche erscheinen überhöht.

An einen Klassenlehrer, Betreuungs-, Ansprech-, Vertrauens- oder Kontaktlehrer sind zu Recht andere und weitergehende Anforderungen zu stellen. Sie haben sich um die Schüler zu bemühen, ihnen als Ansprechpartner zur Verfügung zu stehen und auf dem Hintergrund zahlreicher Informationen auch eine beratende Funktion auszuüben. In diesem Zusammenhang sind Regelungen wünschenswert, die es den Schülern gestatten, auch auf jene Lehrer zuzugehen, die ihnen sympathisch sind.

Abschließend soll die Frage gestellt werden, ob es nicht einen Grad des Sich-Kennenlernens gibt, der dem Verhältnis zwischen Lehrer und Schüler abträglich sein kann. Aussagen wie: „Wir kennen uns zu gut“ oder: „Die kennen sich zu gut“, deuten auf mögliche Gefahren hin, so z.B. auf eine wenig förderliche Rollenfixierung, auf Gewöhnungseffekte, die zu einer mangelnden Flexibilität führen können, auf die Gefahr, Leistungsanforderungen zu reduzieren oder im Bereich der Leistungsmessung bestimmten Beurteilungsfehlern zu erliegen. Insgesamt betrachtet leidet unser öffentliches Schulwesen keineswegs darunter, daß sich Lehrer und Schüler zu gut kennen.

Die Erwartungshaltungen offenlegen – auch wenn ihnen nicht immer entsprochen werden kann

Im Umgang mit verschiedenen Lehrern haben Schüler die Erfahrungen gesammelt, daß Lehrer recht unterschiedliche Erwartungen bezüglich des Sozialverhaltens an sie richten. Lehrer A. z.B. fühlt sich schon gestört, wenn sich die Schüler nur im Flüsterton unterhalten, er möchte, daß jeder Schüler, der zu spät kommt, sich sofort bei ihm entschuldigt, er dringt darauf, daß es auch nach dem Klingelzeichen noch ruhig bleibt, damit er die Hausaufgaben stellen und sich vernünftig verabschieden kann. Bei Lehrer B. dürfen sich die Schüler auch dann unterhalten, wenn es nicht ausdrücklich gestattet ist, wer zu spät kommt, hat leise seinen Platz aufzusuchen und sich nach der Stunde zu entschuldigen, und wenn die Schule aus ist, dürfen die Schüler auch mal ausnahmsweise ganz schnell ihre Sachen packen und aus dem Klassenzimmer stürmen.

Offensichtlich gibt es bei den Lehrern große interindividuelle Differenzen, mitbedingt durch die eigene familiale Sozialisation, eigene Schulerfahrungen und durch die berufliche Sozialisation. Hinsichtlich der für das Lehren und Lernen erforderlichen sozialen Ordnung bilden sich im Laufe der Jahre mit zunehmender Unterrichtserfahrung lehrerspezifische Normen und Wertvorstellungen aus. – Allerdings gibt es auch erhebliche interkulturelle Unterschiede, wenn man z.B. das System von Verhaltensregeln vergleicht, das im Unterricht an japanischen, türkischen oder deutschen Schulen vorherrscht. –

Schüler S. bemerkt zu diesem Thema: „Der hat zuviel Geduld, bei dem weiß man nicht, wieweit man gehen kann, ...“ (160/161). Mit anderen Worten: Schüler möchten gerne wissen, was bei einem bestimmten Lehrer erlaubt bzw. nicht erlaubt ist. Sie sehnen sich nach Stetigkeit und Berechenbarkeit des Lehrers im Umgang mit den Schülern. Durch ein sprunghaftes Lehrerverhalten, bei dem heute verboten ist, was gestern noch erlaubt war, fühlen sich die Schüler stark verunsichert.

Um den Schülern ein Gefühl der Sicherheit zu vermitteln, erscheint es sinnvoll, wenn Lehrer die eigenen Erwartungshaltungen offenlegen, also sagen, worauf sie Wert legen. Eine solche offen geführte Aussprache beseitigt Unsicherheiten und wirkt angstreduzierend. Schüler, die nicht abschätzen können, was auf sie zukommt und was sie erwartet, werden in einen

Spannungszustand versetzt, der die Lehrer-Schüler-Beziehung unnötig belastet.

Erwartungshaltungen lassen sich in Form von Verhaltensregeln umschreiben, wobei es ratsam erscheint, sich auf wenige bedeutsame Regeln zu beschränken, die Schüler an deren Formulierung zu beteiligen, jede Regel möglichst stichhaltig zu begründen, altersgemäße, einprägsame, verständliche und positive Formulierungen zu wählen und nur solche Regeln aufzustellen, die sich auch zumindest ansatzweise überprüfen und durchsetzen lassen. Beispiele solcher Regeln könnten sein:

- Damit nicht zuviel Zeit verloren geht und der Lehrer die Schüler begrüßen kann, setzt sich jeder auf seinen Platz, sobald der Lehrer ins Klassenzimmer kommt.
- Damit jeder weiß, was er machen soll, passen alle auf, wenn ein Arbeitsauftrag gegeben wird.
- Damit nachmittags Zeit zum Spielen bleibt, gibt der Lehrer nur wichtige Hausaufgaben, die auch nachgesehen werden.
- Damit sich Schüler und Lehrer verabschieden und bald nach Hause gehen können, bleiben alle nach dem Klingelzeichen ruhig auf ihrem Platz. Der Lehrer kann schnell noch wichtige Dinge sagen und die Schüler können wichtige Dinge fragen.

Die vorstehenden Regeln sind auf die besonderen Verhältnisse der betreffenden Schulart, der Altersstufe und Lerngruppe zu beziehen. Sie können mündlich vereinbart oder schriftlich auf einem „Verhaltensposter“ in Form einer Klassenordnung festgehalten und verabschiedet werden. Bei Regelverstößen brauchen Lehrer und Schüler nur an die betreffende Vereinbarung zu erinnern; doch sollten solche getroffenen Absprachen in ihrer Wirkung nicht überschätzt werden: Einmal vergessen jüngere Schüler solche Vereinbarungen sehr schnell, wenn sie in eine Aktivität wirklich tief involviert sind. Dann variiert die für das Lehren und Lernen erforderliche soziale Ordnung von Lehr-Lern-Situation zu Lehr-Lern-Situation, d.h. es ist wohl kaum möglich und wenig sinnvoll, für alle erdenklichen Lehr-Lern-Situationen Regelsysteme zu erarbeiten und zu fixieren, um dann in der entsprechenden Lehr-Lern-Situation das angemessene Verhaltensposter aufzuhängen. Weiterhin kommt es immer wieder zu außergewöhnlichen, nicht vorhersehbaren Situationen, denen mit neuen Einfällen begegnet werden muß. Und schließlich sollten sich Lehrer und Schüler im Lehr-Lern-

Prozeß nicht nur nach zuvor definierten Regeln verhalten, sondern es muß auch Raum für spontane Äußerungen und kreative Handlungen bleiben.

Werden Erwartungshaltungen abgeklärt, bringen die Schüler manchmal Einwände, ziehen Vergleiche, beginnen zu verhandeln, indem sie feststellen oder behaupten: „Bei Frau S. dürfen wir das aber," oder: „Herr T. nimmt das nicht so genau, warum bestehen eigentlich Sie darauf?" – In solchen Gesprächen ist wohl nur ein Austausch von Argumenten möglich, und sofern sich ein Verhaltensanspruch stichhaltig begründen läßt, sollte er dennoch gestellt und nach Möglichkeit durchgesetzt werden.

Das Treffen von Vereinbarungen ist für Lehrer und Schüler leichter als deren Beachtung und Durchsetzung. Stehen Lehrer unter Zeit- und Handlungsdruck, kommt es schon mal vor, daß sie selbst getroffene Absprachen nicht einhalten, also inkonsequent handeln. Und wenn Schüler ihrerseits Vereinbarungen mißachten, z.B. leistungsschwache Schüler immer wieder Hausaufgaben „vergessen", fehlt es oft an geeigneten pädagogischen Maßnahmen zur Durchsetzung eines gerechtfertigt erscheinenden Anspruches.

Der Verzicht auf eine Abklärung bedeutsamer Erwartungshaltungen sowie auf die Vereinbarung wichtiger Regeln, erscheint ebenso fragwürdig wie ein rigides Beharren auf den einmal getroffenen Absprachen in jeder erdenklichen Situation.

Sich um Konsequenz bemühen – ohne auf einer Handlungsabsicht rigide zu beharren

Unter „Konsequenz" wird die Verwirklichung einer Handlungsankündigung gegenüber den Schülern verstanden. Konsequentes Verhalten schafft emotionale Stabilität, verbessert die Lehrer-Schüler-Beziehungen und das Lehr-Lern-Klima. Inkonsequentes Verhalten kann den Lehr-Lern-Prozeß empfindlich stören.
Dazu einige Beispiele:

- Spricht der Lehrer über eine beabsichtigte Lehr-Lern-Folge, indem er Teilziele nennt und Lehr-Lern-Situationen umschreibt, in denen diese Ziele erreicht werden sollen, dann ist es nur konsequent, diese Absicht auch zu verfolgen, was nicht heißt, daß nicht besondere Schülerbeiträge ein Abgehen von der Lehr-Lern-Folge rechtfertigen könnten.

- Erteilt der Lehrer Hausaufgaben, und richtet er an alle Schüler eine bestimmte Leistungserwartung, dann ist es nur folgerichtig, eine Erfolgskontrolle durchzuführen und zu überprüfen, ob die Erwartungen erfüllt werden konnten. Daß einige leistungsschwache Schüler seinen Erwartungen nur teilweise gerecht werden, darf ihn nicht von der Kontrolle abhalten.
- Kündigt der Lehrer eine Woche zuvor eine Klassenarbeit an, indem er das Lerngebiet umschreibt, über die Hilfsmittel spricht, Angaben zum Umfang der Arbeit macht, Zeit und Ort der Durchführung bekanntgibt, dann ist diese Klassenarbeit nach Möglichkeit in der angekündigten Form unter den beschriebenen Rahmenbedingungen schreiben zu lassen.
- Wird eine Frage- oder Problemstellung begründet zurückgestellt, weil sie das Thema der nächsten Unterrichtsstunden berührt, muß diese Frage auch wirklich in der nächsten Stunde aufgegriffen werden.
- Geht es um die Aufrechterhaltung der für das Lehren und Lernen in Gruppen erforderlichen sozialen Ordnung, vereinbaren Lehrer und Schüler Verhaltensregeln sowie pädagogische Maßnahmen bei einem Verstoß gegen die Regeln, dann ist auf die Einhaltung der Vereinbarungen zu achten.
- Angekündigte Aktivitäten oder Maßnahmen, die den Schülern Freude bereiten, sind in der gleichen Weise konsequent durchzuführen: „Wenn Ihr in den letzten Minuten dieser Stunde noch aufmerksam mitarbeitet, brauche ich Euch keine Hausaufgaben zu geben.“ Oder: „Wenn es nicht regnet, führen wir am Donnerstag unsere geplante Wanderung durch.“

Nur wenn wirklich zwingende Gründe vorliegen, erscheint es gerechtfertigt, der Handlungsankündigung nicht die Ausführung folgen zu lassen. Treten nicht vorhersehbare Ereignisse ein, die ein Abgehen von dem Handlungsplan notwendig machen, muß mit den Schülern über diese Ereignisse gesprochen werden, um zu verdeutlichen, daß es sich nicht um Inkonsequenz, sondern um eine Notwendigkeit handelt.

Lehrer, die immer wieder Handlungsabsichten willkürlich umstoßen, modifizieren oder ganz fallenlassen, werden von den Schülern als schwach, launisch und labil erlebt. Ein Autoritätsverlust ist die Folge, der Lehrer erscheint unglaubwürdig. – Gegenteilige Auswirkungen sind denkbar, wenn Lehrer auf einer einmal gefaßten Handlungsabsicht beharren, obgleich Ereignisse eingetreten sind, die eine Änderung der Handlungsausführung rechtfertigen würden. Diese Lehrer werden nun als „hart" oder „stur" empfunden, wobei hier sicher ein Mangel an Flexibilität zu verzeichnen ist. – Im Lehrer-Jargon wird die hier angesprochene Problematik mit dem Satz umschrieben: „Man muß auch ab- und zugeben können."

Das Bemühen um Konsequenz wird keinen Lehrer davor bewahren, manchmal inkonsequent zu handeln, wenn er z.B. eine Handlungsabsicht im Getriebe des Schulalltags vergißt, er sie verdrängt, weil er bestimmten Schülern nicht weh tun möchte oder plötzlich eintretende Ereignisse ihn dazu verleiten, einen bequemeren Weg zu gehen. Bemühen um Konsequenz ist sicher eine notwendige Leitlinie für den Umgang mit Schülern. Die Durchführung einer jeden Handlungsabsicht um jeden Preis läßt sich auf keinen Fall rechtfertigen.

Den Schülern vorurteilsfrei begegnen – und um die Gefahr eigener Vorurteile wissen

Es hat den Anschein, als sei die Institution Schule für Vorurteile besonders empfänglich, denn Lehrer und Schüler begegnen ihnen überall. Die Gespräche im Lehrerzimmer sind von Vorurteilen nur so durchsetzt. Da heißt es z.B.: „Ja, der Herbert, mit dem ist nicht viel los, der kommt ja aus der Familie M. Kennen Sie die älteren Geschwister? Dann wissen Sie ja Bescheid!" Oder: „Ich bin schon 25 Jahre an dieser Schule. Ich habe schon seine Eltern im Unterricht gehabt. Bei dem ist Hopfen und Malz verloren." Oder: „Nun ja, die beiden kommen aus dem Heim, Heimkinder, Sie wissen ja, haben immer so ihre Schwierigkeiten, kein Wunder." Oder: „Die aus der Siedlung – wir haben da so unsere Erfahrungen mit Schülern aus diesem Wohngebiet. Hausaufgaben brauchen Sie da gar nicht erst zu verlangen."

In jeder Schule gibt es schulbekannte Schüler oder Lerngruppen, die, einmal auffällig geworden, immer wieder im Blickfeld stehen und etikettiert werden (vgl. Grell/Grell 1979, 33). So herrscht z.B. im Lehrerkollegium vom Schüler A. der Eindruck vor, er sei nun einmal faul, aufmüpfig und renitent, manchmal sogar gewalttätig. Wer ihn zu unterrichten hat, wird mit einem süffisanten Lächeln gefragt: „Na, wie macht er sich denn so, der A.?“ Und fast täglich werden neue Anekdoten oder Ungeheuerlichkeiten erzählt, bei denen Schüler A. im Mittelpunkt steht. A. bietet immer Gesprächsstoff, fast ist A. so eine Art Schulmaskottchen für das Kollegium, und man fragt sich unwillkürlich, worüber sich einige Lehrer unterhalten würden, wenn sie den A. nicht hätten.

Oder die Klasse 8c wird als besonders schwierig hingestellt, eine Lerngruppe, mit der niemand so recht auskommt, die Klasse gilt als wenig motiviert und undiszipliniert. – Die Lehrerin, Frau H., spricht den Schülern der 8c gegenüber die übernommenen Vorurteile offen aus (Interview, Z 87-101), stellt sie jedoch nicht in Frage, sondern verbindet sie sogar noch mit einer Art „Kampfansage“, die bei den Schülern natürlich zu Trotzreaktionen führt und die Konfrontation einleitet.

Vorurteile und die häufig mit ihnen verbundene Etikettierung bringen zwei Gefahren mit sich. Erstens glauben die Opfer schließlich selbst an ihr Unvermögen, ihre Charakterschwäche, ihre Fehler oder an die ihnen nachgesagte Leistungsschwäche nach dem Motto: Wenn alle der gleichen Meinung sind, muß es ja schließlich stimmen. Sie entwickeln ein negatives Selbstkonzept (vgl. Tausch/Tausch 1979, 57 ff.). So kann es z.B. passieren, daß Schüler einer Klasse dem Lehrer, der in ihr einen bestimmten Unterricht übernehmen soll, gleich in der ersten Stunde erklären: „Von uns können Sie so etwas nicht erwarten, das läuft bei uns nicht, das haben schon andere vor ihnen versucht. Wir sind nun mal so, mit uns hat noch jeder Krach gehabt ...“ Oder ein Schüler erklärt dem Lehrer, wie dumm, faul und frech er sei, und daß auch er mit ihm Schwierigkeiten bekommen werde, er sich mit dieser Tatsache abzufinden habe. – Später, vor dem Jugendrichter, ist er dann schon der Lage, die Terminologie versierter Sozialpädagogen zu verwenden, indem er über seine schlimme Kindheit, die Sozialisationsdefizite und Hospitalismuserscheinungen berichtet. – Auf diese Weise wird das Verhalten und die Einstellung zu sich selbst oder zu der Gruppe durch jene Personen oder Personengruppen mitgeprägt, welche die Vorurteile unreflektiert perpetuieren.

Zweitens wird den betroffenen Schülern oder Schülergruppen fast immer jede echte Chance genommen, ihr Verhalten kurzfristig zu ändern oder schwache Leistungen zu verbessern.

Die Erwartungshaltungen der Mitmenschen tragen meist zu einer Verstärkung des auffälligen Verhaltens oder der Leistungsdefizite bei. – Wer einmal geklaut hat, klaut immer wieder, wer eine Fünf in Mathe hat, behält sie auch im Abgangszeugnis, wer als Rowdy bekannt ist, hat natürlich die Schulanfänger verprügelt. – Die Betroffenen finden sich in einem Teufelskreis wieder, den sie aus eigener Kraft kaum jemals durchbrechen können.

Umso wichtiger erscheint es, sich als Lehrer die hier ablaufenden Mechanismen bewußt zu machen, gutgemeinte Ratschläge der Kollegen, einzelne Schüler oder Schülergruppen betreffend, erst einmal zu ignorieren, um sich selbst aufgrund eigener Erfahrungen ein Urteil bilden zu können. Dieses eigenständig gewonnene Urteil kann ja durchaus von dem vorherrschenden abweichen und den Betroffenen die Chance zu einem Neuanfang bieten.

Ähnlich wäre zu verfahren, wenn Schüler oder Schülergruppen über tradierte Vorurteile berichten. Auch in diesen Fällen können Lehrer den Betroffenen zu verstehen geben, daß zwar andere Personen solche Erfahrungen gesammelt haben mögen, sie selbst aber nicht bereit seien, diese Erfahrungen und Urteile einfach zu übernehmen.

Empfehlungen dieser Art lassen sich einfacher formulieren als realisieren. Wenn z.B. ein neuer Lehrer vom Schulleiter mit den Worten begrüßt wird: „Sie sollen die 8c übernehmen, eine schlimme Klasse, die niemand haben will," – dann lassen sich Rückwirkungen auf die Einstellung des Lehrers gegenüber dieser Lerngruppe sicher nicht ganz vermeiden.

Vorurteilsfrei zu verfahren ist genau so unmöglich wie der Versuch, jedem Schüler gerecht zu begegnen. Das Bewußtsein um die hier auftretenden Schwierigkeiten kann allerdings dazu beitragen, Vorurteile aufzudecken und zunehmend selbstkritischer zu handeln.

Sich um Gerechtigkeit bemühen – ohne jemals gerecht sein zu können

Schüler sprechen mit Achtung von jenen Lehrern, die sich um Gerechtigkeit bemühen, wobei sie unter „Gerechtigkeit" zumeist die „Gleichbehandlung" aller Schüler verstehen.

Ein „gerechter" Lehrer wendet sich allen Schülern in gleicher

Weise zu, nimmt jeden dran, fragt jeden ab. Er vermeidet die Bevorzugung einzelner Schüler aufgrund ihrer sozialen Position, für ihn spielt das Elternhaus keine Rolle. Er ist am Lernfortschritt eines jeden Schülers interessiert, hilft allen beim Lernen, so gut er es kann, stellt gerechtfertigte Leistungsanforderungen, prüft überwiegend nur das, was im Unterricht gelehrt und gelernt worden ist und gibt für vergleichbare Leistungen die gleichen Noten.

Gleichbehandlung wünschen sich die Schüler auch im sozialen Bereich, wenn es darum geht, die für das Lehren und Lernen erforderliche soziale Ordnung einzuhalten. Bestimmte Handlungen oder Verhaltensweisen sollen nach Auffassung der Schüler stets mit den gleichen Sanktionen geahndet werden, so daß die Maßnahmen des Lehrers kalkulierbar und somit auch überprüfbar werden. Wenn Schüler mehrmals pro Woche zu spät kommen, ihre Hausaufgaben wiederholt vergessen, die Arbeitshefte nicht verfügbar haben, Arbeitsmittel oder -material zu Hause liegenlassen, wenn sie in der großen Pause im Klassenzimmer bleiben, auf der Toilette rauchen, im Unterricht wiederholt dazwischenrufen u.a.m., dann erwarten die Schüler von einem Lehrer, daß er in gleicher Weise auf diese Ereignisse reagiert. Daß die einzelnen Lehrer unterschiedlich handeln, daran haben sie sich schon längst gewöhnt.

Nun ist eine solche Gleichbehandlung weder möglich noch sinnvoll, auch wäre sie bestimmten Schülern gegenüber grob ungerecht. Lehrer können sich gar nicht allen Schülern in gleicher Weise zuwenden; Fachlehrer, die z.B. 150 Schüler pro Schulwoche zu betreuen haben, sind hier besonders überfordert. Natürlich wenden sie sich in erster Linie jenen Schülern zu, die sich konstruktiv verhalten, die den Lehr-Lern-Prozeß voranbringen. So kommt es häufig zur Bevorzugung leistungsstarker und sympathischer Schüler. Der soziale Hintergrund spielt ebenfalls eine beträchtliche Rolle. Eltern, die den Lehrer in seiner Sprechstunde aufsuchen, wollen zumindest mit diesem Besuch erreichen, daß er auf ihr Kind aufmerksam wird, und in den meisten Fällen erreichen sie das wohl auch. – Was die Notengebung betrifft, so unterliegt jeder Lehrer immer wieder zahlreichen Beurteilungsfehlern, welche die Objektivität seiner Urteile stark einschränken (Preiser 1979). Und wenn er eine individuelle Bezugsnorm zugrundelegen möchte, sich also die kritische Frage vorlegt, was der betreffende Schüler mit seinen besonderen Lernvoraussetzungen zu leisten imstande ist, dann kann er gar nicht für vergleichbare Leistungen die gleichen Noten geben oder abweichendes Verhalten in gleicher Weise ahnden.

Der Lehrer steht hier also vor einem Dilemma – Gleichbehandlung aller Schüler in vielen Fällen ja, in besonderen Fällen nein. Aufmerksame Schüler entwickeln wohl ein Gespür für die Schwierigkeiten, die sich immer wieder ergeben. Nur so läßt es sich erklären, daß kleine Ungerechtigkeiten von den Schülern zwar registriert, aber achselzuckend hingenommen werden. Sie beschweren sich erst dann, wenn der Lehrer grob ungerecht verfährt. Die Erkenntnis, dem Anspruch der Schüler nach Gerechtigkeit niemals gerecht werden zu können, kann wohl nur in ein stetes Bemühen um Gerechtigkeit münden.

Sich echt geben – und Zurückhaltung üben

Lehrer, die sich um Echtheit bemühen, stimmen in ihrem Denken, Fühlen und Handeln weitgehend überein. Die verbalen und nichtverbalen Ausdrucksformen sind weitgehend kongruent. Die Schüler, die es mit einem solchen Lehrer zu tun haben, „wissen, woran sie sind", mit wem sie es zu tun haben und was sie erwartet.

Die Forderung nach mehr Echtheit in der Lehrer-Schüler-Beziehung (vgl. Tausch/Tausch 1979, 214 ff.) kann gar nicht oft genug erhoben werden. Viele Lehrer laufen mit einer Maske herum (vgl. Gudjons/Reinert 1981) oder verstecken sich hinter einer Fassade. So tun z.B. Lehrer so, als seien sie besonders streng, doch nach kurzer Zeit stellt sich heraus, daß auch sie nur die üblichen Leistungsanforderungen stellen (Interview, Z 14/15; 62–66). Andere Lehrer drohen mit Disziplinierungsmitteln (Klassenbucheinträge, Strafarbeiten, Nachsitzen), ohne sie jemals anzuwenden. Lehrer rechtfertigen ihr Handeln, indem sie den Lehrplan vorschieben, doch bei einer Analyse des Planes fallen die Argumente in sich zusammen. Ein Lehrer behauptet, er habe ein Exempel statuieren müssen, weil er sonst in der Lerngruppe unglaubwürdig geworden wäre; doch in Wirklichkeit wollte er sich nur an dem Schüler rächen. Eine Lehrerin engagiert sich in ihrer Freizeit im sozial-pädagogischen Bereich, und sie lenkt durch ihre Aktivitäten von ihren persönlichen

Schwierigkeiten ab. Es gibt Lehrer, die von einer Fortbildungsveranstaltung zur anderen reisen, um ihren Kollegen zu zeigen, wie fortbildungsfreudig sie sind; ein echtes Bedürfnis nach Fortbildung besteht jedoch nicht. – In allen diesen Beispielen fallen die Ankündigungen, Drohungen, Rechtfertigungen, Behauptungen, das Engagement und die Aktivitäten einerseits und die wirklichen Gedanken, Gefühle und Bedürfnisse andererseits auseinander. Lehrer, die sich nicht echt geben können, müssen viel Zeit und Kraft in ihre „Fassaden-Pflege“ investieren (Tausch/Tausch 1979, 229). Wer angstbesetzt ist, neigt eher zum Aufbau eines Schutzwalles, setzt sich eine Maske auf, um Unsicherheiten zu verbergen (a.a.O., 225). Und daß Personen, die sich laufend verstellen oder maskieren müssen, beim Aufbau und der Pflege von Beziehungen Schwierigkeiten haben, ist sofort einsichtig. Der Ruf nach mehr Echtheit ist von vielen jungen Lehrern gehört worden, und das ist zweifellos ein Verdienst von R. und A.-M. Tausch, ihren Aktivitäten und Publikationen.

Aber die Übertragung dieser Forderung aus dem therapeutischen in den schulischen Bereich stößt auf einige Schwierigkeiten, die mitgesehen werden sollten. Tausch/Tausch (1979) bringen zahlreiche Beispiele für echtes Lehrerverhalten in Form von Lehreräußerungen. Letzteren werden Schüleräußerungen angefügt, die nach Meinung des Autors auch echt sein könnten. Aus diesem Wechselspiel wird die sich abzeichnende Problematik deutlich.

Lehrer „Ich komme seit Wochen sehr belastet in Eure Klasse. Diese feindselige Stimmung, die drückt mich nieder. Und ich wünsche mir häufig, ich könnte in einer anderen Klasse unterrichten.“

Schüler „Wenn Sie ins Klassenzimmer kommen, werden auch wir aggressiv. An dieser Stimmung sind Sie selbst schuld. Was können wir dafür, wenn Sie sich niedergedrückt fühlen? Wir halten das noch lange aus, mal sehen, wer der Stärkere ist. Übrigens würden wir es auch gut finden, wenn Sie sich nach einer anderen Klasse umschauen würden. Wir haben Sie schließlich nicht geholt und nicht gewollt. Daß Sie bei uns unterrichten, ist vor allem Ihr Problem.“

Lehrer „Du hast recht, der Gedanke ist mir noch gar nicht gekommen.“

Schüler „Eigentlich traurig, daß ein Lehrer nicht früher auf so etwas kommt. Nur gut, daß er uns Schüler hat, die ihm manchmal auf die Sprünge helfen.“

Lehrer „Ich möchte mich nicht aufregen, wenn jemand von Euch etwas nicht kann. Ich möchte es gelassen hinnehmen können. Ich versuche es häufig. Es gelingt mir aber noch zu selten."

Schüler „Dann üben Sie doch fleißig, dann gelingt es Ihnen vielleicht bald besser. Aber wenn Sie sich überhaupt nicht mehr aufregen, lernen viele von uns noch weniger. Wahrscheinlich müssen sich Lehrer manchmal ein bißchen aufregen, damit die Schüler merken, wie wichtig das Lernen ist. – Übrigens gibt es in der Apotheke Beruhigungsmittel, die helfen könnten."

Lehrer „Ich mag und kann nicht bei Euch diese Polizisten- und Aufpasserrolle übernehmen. Ich fühle mich dadurch entwürdigt, ich hasse das."

Schüler „Dann hören Sie doch auf, uns zu bespitzeln. – Übrigens müssen Lehrer schon manchmal ein bißchen auf die Schüler aufpassen; wer das nicht will, braucht doch nicht Lehrer zu werden."

Lehrer „Das hat mir geholfen, was Du neulich gesagt hast. Denn ich war ziemlich deprimiert über das Chaos in der Klasse."

Schüler „Uns hat das nicht so viel ausgemacht, das war doch wieder mal ganz lustig, als so alles drunter und drüber ging. Übrigens sind Sie ja an dem Chaos mitschuld, denn bei anderen Lehrern kommt es nicht dazu, die machen auch einen interessanten Unterricht."

Lehrer „In Streßsituationen, da bin ich doch leicht geneigt, das alte Paukerverhalten an den Tag zu legen."

Schüler „Gut, daß Sie das einsehen, dann sollten Sie sich gar nicht erst solchen Streßsituationen aussetzen. Auch gibt es Fortbildungs- und Trainingskurse, autogenes Training und Kurse, in denen gelernt werden kann, wie sich Lehrer und Schüler begegnen sollten."

Lehrer „Die Klasse wird ja selber so aktiv, und sie sind so temperamentvoll, dann denke ich: ‚Mein Gott Leute, Ihr seid wirklich anstrengend!' "

Schüler „Was erwarten Sie denn eigentlich von uns? Passivität? Wir sind 30 lebensfrohe junge Menschen, mit denen Sie es zu tun haben. Komisch, daß Sie das nicht einsehen. Sie hätten doch besser Bibliothekar werden sollen."

Was läßt sich nun diesen überzeichneten Gegenüberstellungen von Lehrer- und Schüleräußerungen entnehmen? Diese echten Lehreräußerungen sollen den Schülern zeigen, daß auch er unter den Widerwärtigkeiten und Unzulänglichkeiten des Schulalltags leidet. Er macht aus seinen Gefühlen keinen Hehl. Zum andern sollen sie bei den Schülern ein Mit- und

Verantwortungsgefühl wecken, vielleicht sogar eine Einstellungs- und Meinungsänderung bewirken, mit dem Ziel einer aktiven Mitarbeit. Sofern die Rahmenbedingungen erträglich sind, der Lehrer fachlich und methodisch qualifiziert ist und eine konstruktive Lehrer-Schüler-Beziehung besteht, werden Äußerungen und Botschaften dieser Art ihre Wirkung nicht verfehlen (vgl. auch Gordon 1977, 103 ff.).

Andernfalls werden solche „echten" Lehreräußerungen von den Schülern als Entschuldigung, fehlende Ichstärke, mangelndes Durchsetzungsvermögen, übersteigerte Sensibilität, fehlende Handlungskompetenz oder mangelndes Einfühlungsvermögen gewertet. Sie verlieren ihre Wirkung, und die Schüler denken sich dann: „Wir sind schließlich nicht dafür verantwortlich, wie sich Herr T. fühlt. Wir müssen uns mit den Verhältnissen abfinden. Außerdem erwartet man von uns, daß wir bestimmte Leistungsanforderungen erfüllen, auch wenn das manchmal nicht ganz einfach ist. Gleiches können wir von Herrn T. verlangen." Das häufige Verbalisieren der Gefühle wirkt auf viele Schüler lächerlich, mitunter auch peinlich, weil distanzlos.

Ein anderes Beispiel mag dies verdeutlichen: Wenn ein Therapeut oder der Leiter einer gruppendynamischen Veranstaltung einen Teilnehmer freudig begrüßt, ihm das „Du" anbietet und ihn umarmt, ohne ihn jemals gesehen, geschweige denn kennengelernt zu haben, hat dieses „echte Therapeutenverhalten" eine ganz ähnliche Wirkung. Es wirkt unecht und ist dem Aufbau einer Beziehung und einer Begegnung von Person zu Person eher hinderlich als förderlich.

Äußerungen, denen es an Echtheit mangelt, können durchaus klug sein und den Schülern dienen: Ein Lehrer bemerkt auf dem Weg zur Schule, daß er ein besonders wichtiges Arbeitsblatt liegengelassen hat. Eine Umkehr ist nicht möglich, die Verschiebung des geplanten Unterrichts wenig sinnvoll. Nun kann er den Schülern „echt" begegnen, seine Gefühle äußern, ihnen sagen, wie mißlich er es findet, daß das Blatt vergessen worden ist – er kann aber auch Zurückhaltung wahren, gedanklich umdisponieren, den Lerninhalt auf andere Weise vermitteln und das Arbeitsblatt am nächsten Tag zur Aktualisierung der erworbenen Kenntnisse einsetzen. Mit einer echten Entschuldigung wäre kaum etwas gewonnen: denn die Schüler denken sich nur: „Er verlangt von uns, daß wir immer alles dabeihaben, er hätte an das Blatt denken sollen, sein Fehler."

Eine Lehrerin hat am Freitag in der 6. Stunde schlechte Erfahrungen gesammelt. Lehren und Lernen war praktisch nicht mehr möglich. Lehrer und Schüler waren froh, als der Gong ertönte. Doch hatten sich einige Schüler in besonderer Weise hervorgetan und die Lehrerin faßte deshalb den Entschluß, die zahlreichen konfliktträchtigen Ereignisse nicht einfach auf sich beruhen zu lassen. Nun hat sie mehrere Möglichkeiten, die Lerngruppe am Sonnabendmorgen anzusprechen. Sie kann sagen: „Gestern habe ich mich in der letzten Stunde fürchterlich geärgert, ich war ganz fertig, als ich nach Hause kam!" – Eine zweifellos echte Äußerung. Sie hat aber auch die Möglichkeit, sich zurückzuhalten und eine Aussprache mit den Sätzen einzuleiten: „Gestern, in der letzten Stunde, lief einiges schief. Ich möchte mit Euch darüber nachdenken, wie es dazu kam und was wir tun können, damit sich so etwas möglichst nicht wiederholt." Indem sie nicht ihrem Ärger Luft macht, eröffnet sie den Schülern die Möglichkeit, eigenständig die Ereignisse zu analysieren und auch Kritik am Lehrerverhalten zu üben. „Unechte" Äußerungen können mitunter recht klug sein und ein überlegtes pädagogisches Handeln beinhalten.

Den Schülern offen begegnen – und manchmal besser schweigen

Lehrer A. verfügte im „Knoblauch-Beispiel" über jene innere Freiheit, die Schüler offen anzusprechen (Interview, Z 128–137), während sich Lehrer P. zu dieser Offenheit nicht durchringen konnte (138–144). Die gleiche innere Freiheit zeigte Herr A. beim Auftauchen des Porno-Posters (208–218), wo hingegen Herr K. den mißglückten Versuch unternahm, das Poster zu ignorieren. – Mangelnde Offenheit führt zu Verkrampfungen, zu Spannungen oder läßt den Lehrer lächerlich erscheinen. Zumindest trägt mangelnde Offenheit nicht zu einer Verbesserung der Lehrer-Schüler-Beziehung bei.

Offenheit gegenüber den Schülern setzt die offene Auseinandersetzung mit dem eigenen Erleben voraus und den Mut zur Selbstkonfrontation. Nach Tausch/Tausch (1979) führt ein offener Umgang mit sich selbst, mit den eigenen Gefühlen, Gedanken und Erfahrungen zu mehr Selbständigkeit, zu eigenständiger Wertebildung und zu mehr innerer Freiheit:

„Offensein und aktives Auseinandersetzen mit dem Selbst und dem eigenen Erleben ist wesentlich Bestimmung über das Selbst und Leben von innerer Freiheit“ (a.a.O., 83). Offenheit sich selbst gegenüber ist die Voraussetzung für ein echtes Verhalten und für ein positives Selbstkonzept.

Offenheit im Umgang mit Schülern, Kollegen, Vorgesetzten und Eltern kann mehrere Vorteile mit sich bringen. Einmal hat sie eine kathartische Wirkung, wenn es dem Lehrer gelingt, mit einem Ansprechpartner offen über das zu sprechen, was er in der Schule erlebt hat. Latent vorhandene Auseinandersetzungen, Belastungen und Schwierigkeiten werden nicht verdrängt oder „unter den Teppich gefegt“, sondern manifest, sichtbar für eine Schlichtung, Entlastung oder Bewältigung. Werden Konflikte von Lehrern und Schülern offen angesprochen und aufgearbeitet – soweit dies möglich ist –, sind günstige Auswirkungen auf das Lern- und Gruppenklima zu erwarten. Wenn es Lehrern und Schülern gelingt, offen die Erwartungshaltungen zu formulieren, werden alle Beteiligten im Hinblick auf die nachfolgenden Lehr-Lern-Prozesse emotional stabilisiert, weil sie wissen, was sie voneinander zu halten haben (vgl. 160/161). Zuneigung, gegenseitiges Vertrauen und das Gefühl, sich aufeinander verlassen zu können, sind ohne Offenheit auf beiden Seiten nicht möglich.

Offenheit sollte auf Gegenseitigkeit beruhen. So erscheint es erstrebenswert, daß sich Lehrer und Schüler hin und wieder offen zu verstehen geben, was sie voneinander halten. Ein solches offenes Lehrer-Schüler-Feedback setzt beim Lehrer die Bereitschaft zur Selbstkonfrontation und zur Selbstkritik voraus, also die schon erwähnte Offenheit sich selbst gegenüber. Und die Schüler werden in solchen Feedback-Phasen in ihrer Offenheit manchmal etwas zu weit gehen; doch bieten solche Situationen Gelegenheiten zum sozialen Lernen.

So positiv auch die offene Auseinandersetzung mit dem eigenen Erleben und dem des Klienten in der Therapiesituation sein mag, so muß das Prinzip der Offenheit im Hinblick auf Lehr-Lern-Prozesse eine Einschränkung erfahren. Unterricht in Gruppen an öffentlichen Schulen ist nur möglich, wenn Schüler und Lehrer ihre ganz persönlichen Bedürfnisse, Gefühle, Gedanken, Erlebnisse einschränken oder vorübergehend zurückstellen, um sich auf die Lehr-Lern-Ziele zu konzentrieren. Anders läßt sich die für das Lehren und Lernen erforderliche soziale Ordnung kaum herstellen bzw. aufrechterhalten. Deshalb muß das nachstehende Zitat etwas kritisch betrachtet werden: „Schüler und Studierende unterdrücken über Jahre hindurch ihr Fühlen beim Lernen: Ihre Langeweile, ihren Ärger, ihre Gefühle von Angst oder Unsicherheit vor dem Lehrer, vor Benotungen, vor ihrer eigenen Unzulänglichkeit. Häufig fühlen sie beim Lernen nur Sinnlosigkeit, Müdigkeit oder innere Spannung. Viele suchen dann dieses Fühlen zu vernachlässigen, zu ignorieren, sich nicht damit auseinanderzusetzen. Wenn sie innerlich gefühllos sind, können sie eher mit diesem Lernmaterial und ihrem eigenen Lernen fertig werden" (Tausch/Tausch 1979, 91).

Kann Unterricht überhaupt noch stattfinden, wenn die Schüler ihre Gefühle zeigen, ihre Langeweile zum Ausdruck bringen, ihrem Ärger Luft machen, über ihre Ängste, Unsicherheiten und Unzulänglichkeiten reden? Interessant erscheint hier die Frage, in welchen Fällen es gerechtfertigt erscheint, Gefühle nicht zu unterdrücken und wie oft eigene Bedürfnisse in den Lehr-Lern-Prozeß eingebracht werden können. Sicher werden Personen, die jahrelang ihre Gefühle unterdrücken, „gefühlsmäßig amputiert" (a.a.O.).

Offenheit im Schulalltag darf nicht zur Verletzung des pädagogischen Takts, zum Vertrauensbruch oder zum Bloßstellen einzelner Schüler führen. Wenn Schüler dem Lehrer in ihrer kindlichen Naivität Informationen anvertrauen, die ganz persönlicher Art sind oder die Familienverhältnisse betreffen, dann ist nicht Offenheit, sondern Verschwiegenheit gefragt. Auseinandersetzungen und Schwierigkeiten, die zwischen dem Lehrer und einem Schüler auftreten, unterliegen ebenfalls häufig diesem Gebot. Sie brauchen nicht in die Lerngruppe hineingetragen zu werden, sie eignen sich nicht zur Schlichtung oder Bewältigung in der Gruppe. Offenheit im Sinne eines Weitertragens von Informationen wäre nur fehl am Platz.

Auch gibt es Informationen, die nur in die betreffende Lerngruppe gehören, die nicht unbedingt weitergetragen werden sollten. Wenn z.B. der Lehrer S. beim Elternabend darauf verzichtet, sich über die undisziplinierten Schüler zu beschweren und statt dessen nur anmerkt, daß es sich um „eine sehr lebhafte Klasse" (81–84) handele, dann liegt hier kein Mangel an Offenheit vor, sondern ein solidarisches Verhalten des Lehrers gegenüber der Gruppe.

Die Institution Schule verhindert allerdings auch manchmal ein offenes Miteinander-Umgehen. Dazu ein Beispiel: Drei

Tage vor den großen Ferien sind Lehrer und Schüler ziemlich abgespannt und kaum motiviert, die im Plan vorgesehenen Lern-Ziele anzusteuern, andererseits lassen sich diese Tage nicht ohne weiteres sinnvoll mit anderen Aktivitäten füllen. Wenn nun der Lehrer seinen Schülern gegenüber offen sagen würde: „Ich habe keine Lust", dann könnten die Schüler ihm nur erwidern: „Wir auch nicht, also gehen wir nach Hause." Und gerade das ist in einem staatlichen Schulsystem mit Schulpflicht und Dienstpflicht nicht möglich. Zwar können Lehrer und Schüler gemeinsam nach Lehr-Lern-Aktivitäten suchen, die ihnen interessant und lohnenswert erscheinen, aber der Unterricht muß stattfinden, und da der Lehrer diese Bedingung kennt, wird er nicht immer offen über seine Gefühle reden.

So wie es Informationen gibt, die der Lehrer besser für sich behält oder die er nur mit einem Schüler, einer Kleingruppe oder mit der Lerngruppe teilt, weil sie nicht offengelegt werden sollten, so gibt es auch institutionsspezifische Informationen, die nur die Mitglieder der betreffenden Schule etwas angehen. – Jeder Betriebsleiter verlangt von seinen Betriebsangehörigen eine gewisse Zurückhaltung beim Umgang mit betriebsfremden Personen oder sogar die Nicht-Weitergabe von bestimmten Informationen.

Mangelnde Offenheit ist auf ein Mißtrauen zurückzuführen, daß Informationen weitergegeben oder fehlinterpretiert werden könnten. Und ein solches Mißtrauen ist durchaus begründet. Welcher Referendar weiß denn schon, ob bestimmte Aussagen, die er einem Mentor, Dozent oder Schulrat gegenüber macht, nicht doch eines Tages gegen ihn verwendet werden? – Wenn z.B. ein Mentor in den Augen des Referendars unqualifiziert lehrt, ist es ein Gebot der Klugheit, keine offene Kritik zu üben, solange das Gutachten nicht geschrieben ist, um so die eigene Existenz nicht zu gefährden. Dieses Beispiel soll nicht als Aufforderung zur Unaufrichtigkeit mißverstanden werden; doch Personen, die sich in jeder Alltagssituation offen aussprechen, laufen oftmals in ein „offenes Messer".

Ganz ähnlich stellt sich die Situation in den Auswertungsphasen nach Lehrproben dar. Auf die Standardfrage: „Nun erzählen Sie uns erst einmal, was Sie von den zurückliegenden Stunden halten? Uns interessiert Ihr Eindruck sehr," - empfiehlt sich nicht unbedingt eine offene Antwort. Spricht der Kandidat einige Punkte an, die ihm erfreulich erscheinen, besteht die Gefahr, in den Augen der Beurteiler als überheblich zu gelten, redet er über negative Aspekte, dann macht er vielleicht die Beurteiler auf Punkte aufmerksam, die diese übersehen haben und drückt so seine Note.

So wünschenswert der offene Umgang zwischen Lehrern, Schülern, Kollegen, Vorgesetzten und Eltern auch sein mag, so bleibt für den einzelnen Lehrer in der konkreten Situation die Aufgabe, über das wünschenswerte Maß an Offenheit nachzudenken und gegebenenfalls zu schweigen.

Mit den Schülern natürlich umgehen – und die erforderliche Distanz wahren

Jeder Schüler möchte einen natürlichen Umgang mit seinem Lehrer pflegen, von ihm zuerst einmal als Person akzeptiert werden, als Individuum mit besonderen Voraussetzungen, Stärken und Schwächen. Der Schüler erwartet vom Lehrer in erster Linie, daß er ihm bei seinen Lernbemühungen hilft. Und umgekehrt ist es die vorrangige Aufgabe eines Lehrers, dem Schüler beim Lernen zu helfen. Dabei muß der Lehrer von den gegebenen Lernvoraussetzungen ausgehen und fehlende Voraussetzungen als solche hinnehmen.

Bestehende Unterschiede, die durch den Alters-, Kenntnis- und Erfahrungsvorsprung des Lehrers bedingt sind, sind natürlicher Bestandteil kommunikativer Prozesse im Unterricht. Sie dürfen weder verwischt noch über Gebühr betont werden. Lehrer sind nun einmal meist älter als ihre Schüler – von wenigen Lehrern an berufsbildenden Schulen oder Abendschulen einmal abgesehen. – Sie haben jahrelang studiert und sich Fach- und Methodenkenntnisse erworben. Häufig verfügen sie über eine mehrjährige Lehrerfahrung. Dieser Vorsprung in den verschiedenen Bereichen ist ganz natürlich. Er ist nicht ihr persönlicher Verdienst, denn es handelt sich nur um einen Vorsprung auf Zeit. Aber das meist bestehende Informationsgefälle läßt sich nicht leugnen, und es wird auch von den Schülern anerkannt.

Wer sich nun als Lehrer mit den Schülern auf eine Stufe begeben möchte, wer sich als Gleicher unter Gleichen sieht, als Suchender unter Suchenden, wie das z.B. G. Wyneken zur Zeit der Pädagogischen Reformbewegung getan hat, der ist zum

Scheitern verurteilt, weil er einen unnatürlichen Umgang zwischen Lehrern und Schülern konstruiert. Ausgebildete Lehrer verfügen über einen Informationsvorsprung, den sie an ihre Schüler weitergeben, sie sind methodenkompetent und können deshalb den Schülern beim Lernen helfen. Sie sollten konfliktkompetent sein und den Schülern in kritischen Situationen raten können. Lehrer und Schüler sind als Personen gleichwertig, doch haben sie im Lehr-Lern-Prozeß ganz unterschiedliche Funktionen zu erfüllen.

Unter diesem Gesichtspunkt ist auch der Aspekt der sozialen Reversibilität im Umgang mit den Schülern neu zu durchdenken (vgl. Tausch/Tausch 1979). Abgesehen davon, daß viele Schüler gar nicht auf die Idee kommen, sich reversibel zu verhalten, bedingt der oftmals große Altersunterschied ein Verhalten, das den bekannten Konventionen entspricht. Wenn ein Schulanfänger von einem älteren Herrn unterrichtet wird, betrachtet er diesen eher als eine Art Respektsperson. Und wenn dieser Lehrer fragt: „Warum kommst Du zu spät?“ – antwortet der Schüler am nächsten Tag nicht mit einer gleichen Frage. Und wenn die Schüler nach den Ferien über ihre Erlebnisse berichten sollen, dann fordern sie nicht den alten Herrn auf, erst die eigenen Erlebnisse preiszugeben, obgleich dies vielleicht ganz lustig wäre. Ein natürlicher Umgang erfordert auch, daß natürliche Unterschiede respektiert werden. Doch über die Frage, wie sich soziale Reversibilität im Umgang mit den Schülern äußern soll, läßt sich lange diskutieren und trefflich streiten.

Der Schüler S. spricht mit Hochachtung von Lehrern, welche die Schüler „wie normale Menschen behandeln“ (Interview, Z 18/19) und sie für voll nehmen (113). Seinen Äußerungen zufolge muß es also Lehrer geben, welche die Schüler nicht wie normale Menschen behandeln und sie nicht für voll nehmen, Lehrer, die ihre Schüler als kleine, unwissende, lernbedürftige Menschlein betrachten. Schüler spüren sofort, ob sie von ihren Lehrern als Person akzeptiert und respektiert werden oder ob sie nur über ihre schulischen Leistungen Anerkennung finden.

Wie äußert sich aber Normalität im Umgang mit den Schülern? Offensichtlich doch so, daß bestehende Unterschiede nicht geleugnet werden und die natürliche Distanz gewahrt bleibt. Wenn Praktikanten oder Referendare älteren Schülern plötzlich das „Du“ anbieten, um auf diese Weise die sonst übliche Distanz zwischen Lehrer und Schüler zu verringern, reagieren die Schüler häufig mit Unverständnis. Sie empfinden ein solches Angebot als unnatürlich, wehren sich dagegen und bringen den Anbieter in Schwierigkeiten (vgl. Becker 1983a, 346).

Ganz ähnlich äußert sich der Schüler S. über einen Lehrer, der auf seine Weise versucht, die Distanz zwischen sich und den Schülern zu verringern: „Erst haben wir über den Blödsinn gelacht, doch dann hat sich jeder gesagt: Was will denn der, das macht der doch bloß, weil er um uns rumschleimen will, rumschleimen, weil er sich bei uns beliebt machen will" (Interview, Z 175–179).

Ein natürlicher Umgang zwischen einem Lehrer und seinen Schülern muß wachsen, der Aufbau einer Lehrer-Schüler-Beziehung erfordert Zeit, die bestehenden Unterschiede sind ebenfalls ganz natürlich, und offensichtlich ist es gar nicht so einfach, die erforderliche Distanz zu wahren, die einen natürlichen Umgang kennzeichnet. – Dabei handelt es sich vor allem für die Schüler um einen sozialen Lernprozeß, weil auf der Suche nach einem natürlichen Umgang immer wieder Lernschwierigkeiten auftreten müssen.

Den Umgang mit den Schülern entritualisieren – und förderliche Konventionen beibehalten

Jedes soziale System, das über längere Zeit hinweg besteht, unterliegt der Gefahr einer Erstarrung. Das gilt auch für das traditionsbeladene Schulsystem, in dem der Umgang zwischen Lehrern und Schülern oft durch fragwürdige Rituale belastet wird. Im Rahmen dieses Beitrags unterscheiden wir zwischen einem „Ritual" und einer „Konvention". Ein Ritual wird von den Beteiligten nicht mehr hinterfragt, ganz einfach praktiziert oder zelebriert, es formalisiert den Umgang und wirkt sinnentleert. Eine Konvention hingegen ist eine Übereinkunft oder Vereinbarung, die beibehalten wird, weil die beteiligten Personen sie für sinnvoll erachten. Konventionen können den Lehr-Lern-Prozeß fördern, die Lehrer-Schüler-Beziehung sogar intensivieren, die Lehr-Lern-Leistungen steigern. Sie sind immer wieder zu hinterfragen und nach sorgfältiger Beratung in der bisherigen Form beizubehalten oder zu verändern. Rituale erscheinen überflüssig, und so fordert z.B. Fellsches (1978) eine Entritualisierung der Schule.

Die hier getroffene Unterscheidung soll nun an einem Beispiel erläutert werden: Morgens müssen die Schüler auch im Winter auf dem Schulhof warten, bis das erste Klingelzeichen ertönt. Dann dürfen sie vom Schulhof aus durch die Hintertür das Schulgebäude betreten. Sie haben sofort das Klassenzimmer aufzusuchen und ruhig zu warten, bis der Lehrer erscheint. – Die Lehrer hingegen betreten das Schulgebäude über das Hauptportal, wann es ihnen beliebt. Beim zweiten Klingelzeichen haben alle Schüler in ihren Klassenzimmern zu sein, die Lehrer suchen diese mit einigen Minuten Verspätung auf. Sobald sie das Klassenzimmer betreten, erheben sich die Schüler unverzüglich von ihren Stühlen und rufen gemeinsam: „Grüß Gott, Herr Leeeeerer!" – Dieses langgezogene Wort ist durch das Chorsprechen bedingt. – Dann folgt ein Schulgebet, ein Lied. – (Ein Theologiedozent bezeichnete einmal das Schulgebet als „den größten Märtyrer aller Zeiten".) – Schüler, die etwas sagen möchten, haben sich zu melden, zu warten, bis sie aufgerufen werden, haben dann aufzustehen und zu sprechen ...

Der Leser wird in diesem Beispiel zahlreiche fragwürdige Rituale entdeckt haben, die überflüssig erscheinen und deshalb im Umgang zwischen Lehrern und Schülern keinen Platz haben sollten. Auch ist anzunehmen, daß der Leser aus seiner eigenen Schulzeit oder aus dem laufenden Schulbetrieb einige Rituale kennt, die ihm nun fragwürdig erscheinen. Doch die Entscheidung – überflüssiges Ritual oder förderliche Konvention – ist nicht immer ganz einfach zu treffen. Was auf den ersten Blick als Ritual erscheint, entpuppt sich oft bei näherer Betrachtung als förderliche Konvention. Zurück zu unserem Beispiel:

Selbstverständlich sollten die Schüler vor Schulbeginn auch über das Hauptportal ihre Schule betreten dürfen, auch dann, wenn es noch nicht geklingelt hat. – Hier wäre eine entsprechende Vereinbarung mit dem Hausmeister zu treffen. – Daß Schüler ihr Klassenzimmer aufsuchen und sich dort ruhig verhalten, bis der Unterricht beginnt, erscheint als sinnvolle Konvention. Oder soll etwa der Lehrer die Lerngruppe zusammensuchen? Daß sich die Schüler sofort erheben, wenn der Lehrer das Zimmer betritt, um diesen zu begrüßen, ist sicher ein fragwürdiges Ritual. Doch kann von den Schülern erwartet werden, daß sie ihre Unterhaltungen beenden und sich dem Lehrer zuwenden, damit dieser sie begrüßen kann – eine förderliche Konvention. Daß jeder Unterricht mit einem Gebet und einem Lied eingeleitet wird, muß wohl als fragwürdiges Ritual bezeichnet werden. Doch wenn der Religionslehrer ein Morgengebet spricht oder die Schüler den Vorschlag machen, ein Morgenlied zu singen, dann handelt es sich um Konventionen, die beibehalten werden sollten. Daß Schüler ein Zeichen geben, wenn sie etwas sagen möchten, ist in größeren Lerngruppen eine sinnvolle Konvention, das Aufstehen hingegen ein fragwürdiges Ritual.

Schließlich läßt sich auch über fragwürdige Rituale und förderliche Konventionen oder Umgangsformen lange diskutieren und streiten. Was für einen Lehrer, der dreißig Dienstjahre hinter sich hat, als förderliche Konvention gilt, ist für einen Referendar oft ein fragwürdiges Ritual. Damit soll nicht gesagt sein, daß es nicht auch junge Lehrer gibt, die genüßlich Rituale zelebrieren (vgl. Adorno 1965).

Den Schülern mit Geduld begegnen – und sagen, wo die Geduld endet

Der Schüler S. stimmt generell der Auffassung zu, nach der „Geduld" eine wünschenswerte Eigenschaft des Lehrers sei (Interview, Z 158–161), doch relativiert er diese Aussage, indem er anmerkt: „Der hat zuviel Geduld."

Im Hinblick auf andere Berufe könnte man die Meinung vertreten, Geduld sei nun einmal eine persönlichkeitsabhängige Variable, über die der eine in reichem und der andere in geringem Maße verfügt. Doch so einfach liegen die Dinge nicht; denn wenn wir typische Lehr-Lern-Situationen oder Konfliktsituationen analysieren, gelangen wir bald zu der Auffassung, daß die Geduld eine wünschenswerte, fast unentbehrliche Eigenschaft eines Lehrers im Umgang mit den Schülern darstellt.

Leistungsschwächeren Schülern gegenüber benötigen Lehrer besonders viel Geduld, wenn es diesen Schülern nicht ohne weiteres gelingt, die Frage- oder Problemstellung aufzufassen, es nicht gelingt, Lernschwierigkeiten zu überwinden, wenn sie ein Mehr an Lernhilfen benötigen oder längere Wartezeiten in Anspruch nehmen müssen. Ungeduldige Lehrer mindern die Lernchancen leistungsschwächerer Schüler, indem sie diese unter Druck setzen und dadurch Blockierungen bewirken.

Geduld ist auch beim Zuhören erforderlich, beim Eingehen auf Schülerbeiträge und bei der Beantwortung von Fragen.

Ungeduldige Lehrer lassen leistungsschwächere Schüler gar nicht erst zu Wort kommen oder lassen sie nicht ausreden.

Geduld wird auch im Umgang mit einzelnen schwierigen Schülern gefordert, die z.B. fortwährend auffälliges Verhalten realisieren, den Lehr-Lern-Prozeß stören und so zu einem Problem werden. Lehrer und Mitschüler sind diesen Schülern gegenüber oft zu ungeduldig. Dabei zeichnet sich schon ein Erfolg ab, wenn ein solcher Schüler nach Wochen weniger häufig stört, nach Monaten kaum noch stört, dann schließlich nicht mehr stört und zuletzt aktiv mitarbeitet. Lehrer können nicht davon ausgehen, daß sich das Verhalten von Problemschülern von einem Tag auf den anderen grundlegend ändert.

Geduld benötigen Lehrer auch gegenüber Lerngruppen, die eine geringe Anstrengungsbereitschaft zeigen oder eine Arbeitshaltung, die nicht toleriert werden kann. Wenn z.B. notwendig werdende Hausaufgaben gar nicht oder nur von einem Teil der Klasse bearbeitet werden, dann erfordert es viel Geduld, die Anstrengungsbereitschaft zu fördern und eine sachangemessene Arbeitshaltung zu etablieren. In solchen Fällen liegen auch meist Versäumnisse von Kollegen aus zurückliegenden Schuljahren vor.

Weiterhin gibt es Gruppen, in denen sich Lehrer immer wieder mit viel Geduld um die Aufrechterhaltung oder Wiederherstellung der für das Lehren und Lernen erforderlichen sozialen Ordnung (Disziplin) bemühen müssen.

Ob nun ältere und erfahrenere Lehrer geduldiger sind als jüngere und weniger erfahrene, läßt sich zwar vermuten, nicht aber ohne weiteres belegen. Auf jeden Fall ist die Fähigkeit, Geduld zu üben, auch erheblichen Schwankungen ausgesetzt. Ausgeruhte und emotional ausgeglichene Lehrer sind geduldiger als ermüdete und unausgeglichene, d.h. Lehrer werden am Dienstag in der 2. Stunde zumeist geduldiger sein als am Freitag in der 6., es sei denn, sie sind schon apathisch geworden, lassen alles über sich ergehen und zeigen „zuviel Geduld“, was dann von den Schülern als Schwäche vermerkt wird.

Während bei vorliegender Anstrengungsbereitschaft leistungsschwache Schüler in jedem Fall Anspruch auf Geduld haben, weil sie schließlich nicht für ihre Leistungsschwäche voll verantwortlich gemacht werden können, findet Geduld gegenüber Vielrednern, Problemschülern und Problemgruppen bald ihre Grenzen. Allerdings müssen auch hier die besonderen familialen und sozialen Lernvoraussetzungen in den Blick genommen und berücksichtigt werden. In solchen Fällen können die von Gordon (1977, 114 ff.) empfohlenen Ich-Botschaften hilfreich sein, indem der Lehrer das unerwünschte Schülerverhalten offen anspricht, die Konsequenzen aufzeigt, die sich aus einem Andauern des Verhaltens ergeben können, und seine eigenen Gefühle zum Ausdruck bringt.

Den Schülern Verständnis entgegenbringen – und ihnen die Grenzen aufzeigen

Lehrer haben von Amts wegen ihren Schülern Verständnis entgegenzubringen, d.h. sich in die Lage der Schüler zu versetzen, deren Motive, Gefühle und Gedanken ansatzweise nachzuvollziehen und deren Handlungen zu tolerieren – soweit sie tolerierbar sind. Verständnis läßt sich entwickeln; auch hier bedarf es eines aktiven Bemühens, der Bereitschaft, den Schülern zuzuhören, auf sie einzugehen, an ihren Aktivitäten teilzunehmen, sie kennenzulernen. Sensibilität für besonders schwierige Situationen, in denen sich Schüler zuweilen befinden, aber auch die Bereitschaft, besonderen Wünschen oder Bedürfnissen entgegenzukommen, sind wichtige Voraussetzungen für das Verständnis gegenüber den Schülern.

Verständnis – wofür? – An dieser Stelle kann kein vollständiger Überblick hinsichtlich all jener Situationen geliefert werden, in denen von seiten des Lehrers Verständnis angebracht erscheint. Doch die Problematik läßt sich an einigen typischen Fällen aus dem Schulalltag verdeutlichen:

Schulanfängern fällt es besonders schwer, stundenlang stillsitzen zu müssen. Deshalb hat eine Lehrerin Verständnis dafür, wenn ein Schüler spontan aufspringt, im Klassenzimmer herumläuft und nach einiger Zeit an seinen Platz zurückkehrt, während seine Mitschüler dasitzen und arbeiten. Die Lehrerin wird versuchen, den Unterrricht durch kleine Bewegungsspiele aufzulockern, um ihn so erträglicher zu gestalten.

Grundschüler – und nicht nur diese – möchten gerne spielen, nicht nur so ernsthafte Dinge tun wie Lesen, Schreiben und Rechnen. Ihr Spieltrieb, der in der Vorschulzeit noch weitgehend ausgelebt werden konnte, wird nun stark eingeschränkt. Eine Schülerin spielt mit ihren Rechenklötzchen, ist ganz in ihr Spiel vertieft und überhört den Arbeitsauftrag des

Lehrers. Dieser beobachtet die Schülerin und läßt sie weiterspielen.

Schüler – aber auch Studenten – möchten wenigstens einmal am Tag richtig lachen können. Und so denken sich die Schüler allerhand lustige Dinge aus, verstecken oder verkleiden sich, treffen Absprachen, um den Lehrer zu irritieren, heften ihm einen Zettel an den Rock, wässern die Kreide, lassen einen Wecker läuten, die Aktentasche des Lehrers verschwinden (vgl. Becker 1983, 61 ff.), erfüllen das Klassenzimmer mit Knoblauchduft oder unternehmen den Versuch, ihre Lehrer mit einem Porno-Poster zu schockieren (Interview, Z 119–137, 207–230). Verständnisvolle Lehrer werden mitmachen, schmunzeln oder mitlachen.

Jüngere Schüler pflegen in einem bestimmten Alter wie junge Kampfhähne ihre Kräfte zu messen. In der großen Pause kommt es auf dem Schulhof immer wieder zu Ringkämpfen, die sich nach dem gleichen Muster abspielen. Zwei Schüler balgen sich, viele Mitschüler bilden einen Kreis und feuern ihre Favoriten an. Die beiden Gladiatoren genießen es, im Mittelpunkt zu stehen. Ein erfahrener Lehrer überblickt die Situation und läßt die beiden meist weiterkämpfen. Lehrer, die voreilig eingreifen, werden häufig als Spielverderber betrachtet.

Der erste Schnee übt immer wieder seine Faszination aus. Zwar steht in der Schulordnung, daß das Werfen mit Schneebällen verboten sei, doch ein verständnisvoller Lehrer führt doch mit seiner Klasse eine schöne Schneeballschlacht durch, läßt zwei wurfgleiche Mannschaften wählen, sucht einen Platz auf, der vom Rektorat aus nicht einzusehen ist, legt einen Sicherheitsabstand fest und läßt zwei Linien ziehen, die nicht überschritten werden dürfen, und dann kann es losgehen.

Ältere Schüler distanzieren sich gerne von den Erwachsenen, und sie möchten ihre Zugehörigkeit zur eigenen Gruppe, ihr Anderssein, dokumentieren. So tauchen mitunter bei mehreren Schülern extravagante Kleidungsstücke auf oder ungewöhnlicher Schmuck, z.B. Nasenringe, oder es kommt zu leicht abweichenden Handlungen, die von verständnisvollen Lehrern zu tolerieren sind.

Schüler, die sich in einem Reifungs- und Ablösungsprozeß befinden, zeichnen sich häufig durch eine bemerkenswerte Diskussionsfreudigkeit aus, machen den Lehrer auf inkonsequentes Verhalten der Erwachsenen aufmerksam, stellen ihm Fangfragen und versuchen immer wieder, dem Lehrer zu beweisen, daß er sich im Unrecht befindet. Verständnisvolle Lehrer wissen um die Notwendigkeit solcher Diskussionen, beantworten geduldig die Fragen, gehen auf die Beiträge ein und begegnen ihnen, so gut sie es können.

Schüler testen gerne im Umgang mit Lehrern und Erwachsenen die Grenzen, probieren aus, wie weit sie gehen können, was noch erlaubt und was nicht mehr erlaubt ist. Dabei kommt es manchmal vor, daß die zwischen Erwachsenen üblichen Grenzen überschritten werden, Schüler ihren Lehrern unhöflich oder aggressiv begegnen. Verständnisvolle Lehrer werden Nachsicht üben, die Schüler auf die Grenzüberschreitung aufmerksam machen, sie letztlich aber doch tolerieren, weil ihnen bewußt ist, wie wichtig solche „Entgleisungen" auf dem Weg zur Emanzipation sind.

Werden vorstehende Beispiele weitergeführt, läßt sich aufzeigen, wo generell die Grenzen liegen und es nicht mehr möglich ist, den Schülern Verständnis entgegenzubringen. Wenn der Schüler im ersten Beispiel, von starker motorischer Unruhe getrieben, immer wieder aufspringt und die Mitschüler bei der Arbeit stört, dann hört das Verständnis auf. Die Lehrerin kann zwar das Verhalten des Schülers verstehen, kann es aber nicht mehr tolerieren. Sondert sich die Schülerin im zweiten Beispiel laufend von der Gruppe ab, ist sie weder bereit noch in der Lage, den Anweisungen des Lehrers zu folgen, dann wird auch sie zu einem Problem. Wenn sich Schülerspäße häufen, sie nicht besonders originell sind, eine aggressive Komponente enthalten und immer wieder wertvolle Unterrichtszeit verlorengeht, kann der Lehrer schließlich nicht mehr mitlachen. Auf dem Schulhof wird er den kämpfenden Schülern gegenüber eine „Ringrichter-Funktion" ausüben und die beiden aus dem Kampf nehmen müssen, wenn aus dem Spaß blutiger Ernst wird. Halten die Schüler den Sicherheitsabstand nicht ein, muß auch die Schneeballschlacht ein rasches Ende finden. – Schließlich gibt es auch Grenzen der Diskussionsbereitschaft, wo Kritik nur noch um der Kritik willen geübt wird, Schüler ausfallend werden oder persönliche Angriffe starten. In solchen Fällen ist im Gespräch zu klären, wo die Toleranzgrenze überschritten wird und daß nun nicht mehr mit Verständnis zu rechnen sei.

Sich solidarisch zeigen – und die Grenzen deutlich machen

Das „Lernziel Solidarität" ist spätestens seit der Veröffentlichung des gleichnamigen Buches von Richter (1974) in aller Munde und sollte nicht so schnell in Vergessenheit geraten. Schüler S. bemerkt anerkennend: „... der hat uns nicht verpfiffen und das haben wir ihm unheimlich hoch angerechnet" (Interview, Z 83/84). Und an anderer Stelle heißt es: „... hat uns aber nicht verpfiffen, hat nichts gemacht, und sowas kommt an" (214/215).

Im ersten Beispiel hielt der Lehrer auf einem Elternabend zu den Schülern, indem er das Verhalten der Gruppe beschönigte. Nun mag der Lehrer das Gefühl gehabt haben, daß ihn wohl eine erhebliche Mitschuld trifft, wenn es manchmal in der Klasse drunter und drüber geht; doch ein anderer Kollege schwärzte die Schüler bei ihren Eltern an.

Im zweiten Beispiel geht es um ein Porno-Poster, das laut Erlaß, Verordnung oder Verfügung gar nicht in der Schule auftauchen darf, nun aber doch auf einmal aufgetaucht ist. Lehrer A. macht seine Schüler lediglich auf diesen rechtswidrigen Zustand aufmerksam, warnt noch vor Kollegen, verhält sich aber ansonsten den Schülern gegenüber solidarisch. Lehrer K. erstattet dem Schulleiter Bericht, übt sich in Solidarität gegenüber seiner vorgesetzten Behörde und rückt so von den Schülern ab (224/230).

Warum kam das Handeln der Lehrer in den vom Schüler S. genannten Beispielen so gut an? Offensichtlich haben Schüler gerade auch in der Schule eine Sehnsucht nach Geborgenheit, Sicherheit und Verläßlichkeit, Bedürfnisse, die leider außerhalb der Schule oft nicht hinreichend befriedigt werden können. Sie möchten im Getriebe des Schulalltags wenigstens eine Person haben, die zu ihnen hält. Und von bestimmten Lehrern erwarten und erfahren sie, daß diese ihren Wünschen und Bedürfnissen entgegenkommen. Auf diese Weise entwickelt sich unter Einbeziehung des Lehrers in der Lerngruppe ein Gruppenklima, das durch ein Zusammengehörigkeitsgefühl, durch Übereinstimmung und Gemeinsinn gekennzeichnet ist. Die Schüler erwarten nun von dem betreffenden Lehrer, daß er sie unterstützt, sich für sie einsetzt und sie vor Übergriffen anderer Schüler, Lehrer oder Dritter schützt. Umgekehrt sind sie durchaus bereit, für einen solchen Lehrer, der sich für sie eingesetzt und mehrmals solidarisch gehandelt hat, auf die Straße zu gehen. Die Lehrer in den vom Schüler S. genannten Beispielen kamen zum Teil den Schülererwartungen entgegen, und sie kamen bei den Schülern entsprechend „an".

Wenn im Unterricht übergeordnete Ziele wie „Kompetenz, Autonomie und Solidarität" (Schulz 1980, 83) oder „Gemeinsinn" angestrebt werden sollen, dann müssen sich Lehrer in vielen Fällen ihren Schülern gegenüber solidarisch zeigen, weil jeder Lehrer auch hier eine Modellfunktion ausübt, und weil auch ein Füreinander-Einstehen gelernt werden muß. So hat der Lehrer S. den Schülern in vorbildlicher Weise gezeigt, wie man solidarisch handeln kann, ohne die Eltern zu belügen (81–83).

Auch solidarisches Handeln den Mitschülern gegenüber ist ein soziales Lernziel, das unbedingt zu verfolgen ist. Wenn sich ein Lehrer dem stotternden Schüler oder dem zu dick geratenen gegenüber solidarisch verhält, hat dies eine Signalfunktion für das Verhalten der Schüler untereinander. Gegenseitig helfen, aufeinander warten, sich schützend vor den Mitschüler stellen, ihn vor Gefahren bewahren – alle diese Ziele lassen sich besser anstreben, wenn ihnen ein Lehrervorbild zugrundeliegt.

Da nun jeder Lehrer nicht nur den Schülern, sondern auch den Kollegen, Vorgesetzten und Eltern verpflichtet ist, können Rollen- oder Solidaritätskonflikte gar nicht ausbleiben. In allen vorgenannten Beispielen muß dem Handeln des Lehrers eine Wertabschätzung vorausgehen, d.h. er muß sich die Frage vorlegen, ob er die Interessen und Sympathien der einen oder der anderen Gruppe vertreten bzw. bewahren soll. In dieser Wertabschätzung, der wiederum übergeordnete Normen zugrundeliegen, besteht die eigentliche Schwierigkeit solidarischer Entscheidungen und solidarischen Handelns.

Letzteres wird zweifellos da fragwürdig, wo sie in Kumpanei, Mitwisserschaft oder Beihilfe im strafrechtlichen Sinn übergeht; denn auch eine Verbrecherbande verhält sich ihren Gruppenmitgliedern gegenüber solidarisch (vgl. Schulz 1980, 50). – Sozialarbeiter stehen häufiger als Lehrer vor einem moralischen Dilemma, wenn sie entscheiden müssen, ob sie den elften Einbruch, der Jahre zurückliegt und den ihnen der Klient gerade gestanden hat, der Strafverfolgungsbehörde zur Kenntnis bringen sollen, wo diese über die zehn anderen ohnehin Bescheid weiß. Die Solidarität mit dem Klienten bringt sie rechtlich gesehen in eine prekäre Situation, die Solidarität mit der Polizei gefährdet die gesamte Arbeit und den sich vielleicht abzeichnenden Resozialisierungserfolg.

Bei dieser Wertabschätzung, die übrigens keinem Lehrer abgenommen werden kann, vermag die vom Autor getroffene Unterscheidung zwischen Schein- und Randkonflikten einerseits sowie Zentral- und Extremkonflikten andererseits hilfreich sein (Becker 1983a, 40 ff.). Im weiten Feld der Randkonflikte kann von den Lehrern Solidarität mit den Schülern verlangt werden, bei zentralen und extremen Konflikten ist in jedem Einzelfall zu prüfen, ob die Handlungen des Schülers oder der Schülergruppe noch mitgetragen werden können. Die Entscheidung wäre den Schülern – gleichgültig wie sie nun ausfällt – sorgfältig zu begründen. Wenn Lehrer ihren Schülern zu verstehen geben, daß sie sich diese Entscheidung nicht leicht gemacht haben, nun aber bestimmte Ereignisse, z.B. strafbare Handlungen, nicht mehr decken können, wird wohl in den meisten Fällen eine solche Entscheidung auch akzeptiert.

Humorvoll reagieren – sofern das noch möglich ist

Aus der Sicht der Schüler ist Humor eine wünschenswerte Eigenschaft, über die ein Lehrer verfügen sollte. So äußert sich der Schüler S.: „Dann war er für ziemlich viel Blödsinn zu haben“ (Interview, Z 113/114). Oder: „Der konnte das ganz locker machen“ (135). Oder: „Der sollte das lieber über das Ulkige abmachen ...“ (143). Oder: „Zunächst sollten sie einmal nicht stur sein“ (202). Alle diese Äußerungen deuten darauf hin, daß sich der Schüler S. einen schlagfertigen und humorvollen Lehrer wünscht. – Auf die Frage, was Humor sei, antwortete eine 10jährige Schülerin: „Ein Lehrer ist dann humorvoll, wenn er zwischen dem trockenen Lernstoff auch kleine Scherze einlegt und nicht gleich zu schreien anfängt, wenn einer mal Niespulver aufs Pult gestreut hat“ (Baumgärtner 1969, 13). Und ein 15jähriger erwartet von einem humorvollen Lehrer, daß er „bei einem Schülerstreich mitlacht und den Unterricht nicht so trocken gestaltet, nicht alles tierisch ernst nimmt, aber trotzdem der Klasse Herr wird.“ – Und ein 18jähriger Schüler meint dazu: „Ein humorvoller Lehrer steht über der Sache, ohne dabei den tierischen Ernst herauszukehren. Er weiß Kritik zu üben, ohne zu verletzen, und sie auch selbst hinzunehmen" (Baumgärtner, a.a.O).

„Humor (lat. humor = Feuchtigkeit), im allgemeinen Sinne gute Stimmung, gute Laune. Diese Wertbedeutung geht auf die aus der Antike stammende Ansicht zurück, daß vom richtigen Verhältnis der im menschlichen Körper enthaltenen Feuchtigkeiten das Befinden des Menschen abhängig sei. Der Humor zeigt am Ernsten und Großen das Unbedeutende und Kleine. Am Widrigen und Schlimmen hebt er das Belanglose hervor und nimmt ihm so die Schärfe. Er verdammt und vernichtet es nicht wie das Satirische, zieht es nicht in völlige Lächerlichkeit wie das Ironische, sondern fühlt es tief und mildert es nur. Zum Humor gehört nicht bloße Lustigkeit, sondern Ernst, Achtung, Liebe, Freiheit des Geistes. Das Unglück wird vom Humor nicht angetastet, wohl aber Witz, Ironie, Satire ... Humor an sich selbst geübt enthält Freude über die eigene Überlegenheit und Traurigkeit über die eigene Beschränktheit, Anerkennung der eigenen Bedeutung und zugleich der Bedeutungslosigkeit ..." (Brockhaus 1931).

Offensichtlich gibt es einige bedeutsame Voraussetzungen, die erfüllt sein müssen, damit eine Person Humor aufbringen kann: Überblick und emotionale Ausgeglichenheit, Distanz zum Alltagsgeschehen und Fähigkeit zur Selbstkritik, die Fähigkeit, das Tragische und Komische zugleich wahrzunehmen sowie die Bereitschaft, sich selbst und andere nie aufzugeben. – Wer Humor aufbringen kann, verfügt über eine positive Einstellung zum Leben, über Erfahrungen und Souveränität. Humorvolle Menschen sehen die Fragwürdigkeit menschlicher Existenz und gesellschaftlicher Verhältnisse, und doch sind sie bereit und in der Lage, die vielen Widerwärtigkeiten des Alltags gelassen zu ertragen und ihren Mitmenschen mit Verständnis und Wärme zu begegnen. Wer über Humor verfügt, lacht gerne mit und lacht auch über sich selbst, ohne andere zu verletzen oder sich ganz in Frage zu stellen. Da sich ein humorvoller Mensch durchaus der vielen Schwierigkeiten und Unzulänglichkeiten bewußt ist, benötigt er für eine solche Haltung Willensstärke, was O.J. Bierbaum mit seinem Ausspruch – „Humor ist, wenn man trotzdem lacht," – zum Ausdruck bringt.

Warum ist Humor im Unterricht so gefragt? In erster Linie wohl deshalb, weil Unterricht nahezu niemals reibungslos ablaufen kann, weil sich die vielen kleinen Auseinandersetzungen, Belastungen und Schwierigkeiten gar nicht vermeiden lassen: Ein Schüler kommt zu spät, zwei unterhalten sich, ein Stuhl fällt um, ein Medienträger ist nicht einsatzbereit, der Rektor bringt eine Durchsage über die Sprechanlage, ein Hubschrauber fliegt vorbei etc. – Lehrer, denen es nicht gelingt, diese Widerwärtigkeiten des Schulalltags gelassen und humorvoll zu ertragen, machen sich und den Schülern das Leben sehr schwer.

Wenn sich jedoch die Randkonflikte häufen, Zentral- oder Extremkonflikte auftreten (Becker 1983a), sind Lehrer bald so stark betroffen und beeinträchtigt, daß humorvolle Reaktionen nicht mehr möglich sind. Die Schüler wissen auch über diese Grenzen Bescheid, indem sie nicht generell einen humorvollen Lehrer fordern, sondern sich wünschen, er möge „hin und wieder“ Humor zeigen oder „auch“ humorvoll reagieren können. Wenn das Klassenbuch verschwindet (a.a.O., 94), ein Lehrer durch anonyme Anrufe belästigt wird (105), es drunter und drüber geht, so daß Lehren und Lernen nicht mehr möglich sind (109), es zu Körperverletzungen kommt (133), Schüler ihre Mitschüler terrorisieren (157), dann wirken humorvolle Reaktionen des Lehrers unecht. Humor wird in solchen Fällen zum Schwarzen Humor oder zum Galgenhumor (358).

Den Schülern ist weiterhin bewußt, daß 30 quicklebendige Kinder, die mit ihren Sorgen und Nöten in die Schule kommen, nicht immer im Sinne eines vorgefaßten Planes „funktionieren“ können. Wenn nun einmal jemand die Vokabeln nicht gelernt, sein Heft „vergessen“ oder eine Schulstunde „versäumt“ hat, dann ist dies in den Augen der Schüler etwas Natürliches, worüber sich der Lehrer bitte nicht aufregen möge. Lehrer, die solche kleinen Pannen nicht auch mal hinnehmen können, verhalten sich in den Augen der Schüler tierisch ernst, also nicht menschlich.

Humor erleichtert zweifellos den Umgang mit Problemschülern und -gruppen, trägt zur Verbesserung der Beziehungen bei, fördert ein konstruktives Lern- und Gruppenklima. Die positive Grundhaltung des Lehrers – mit eine Voraussetzung für Humor – überträgt sich auf die Schüler und schafft Vertrauen. Schüler wenden sich lieber an einen Lehrer, von dem sie wissen, daß er auch mal über Unstimmigkeiten und Ungereimtheiten hinwegsehen kann, und sie meiden jene trockenen, humorlosen, pedantischen Lehrer, die nur ihre Prinzipien kennen.

Wenn also Humor wünschenswert und dem Unterricht

förderlich ist, dann stellt sich die Frage, ob er als unveränderliche Größe bezeichnet werden muß, über die der eine Lehrer verfügt, der andere nicht verfügt, oder ob sich Humor nicht auch in gewissem Umfang erwerben läßt. Sicherlich läßt sich Humor nicht wie andere Lehrfertigkeiten antrainieren, er setzt eine Einstellungs- und Bewußtseinsänderung sowie spezifische Persönlichkeitsmerkmale voraus, die nur über ein zeitintensives und aktives Bemühen erzielt bzw. verändert werden können.

Aufgrund vorstehender Überlegungen wird deutlich, daß es Referendare besonders schwer haben, Humor aufzubringen. Einerseits haben sie den Vorteil der Jugend mit ihrer Flexibilität für sich, andererseits fehlt ihnen jener fachliche Überblick, der auch eine fachliche Sicherheit bietet. Dann verfügen Referendare noch nicht über das breite methodische Repertoire, das erfahrene Lehrer jederzeit abrufen können. Die im Unterricht auftretenden Konflikte sind für sie zwar nicht neu, doch erleben sie diese erstmals aus der Perspektive des Lehrers, werden von ihnen überrascht, fühlen sich oft persönlich angegriffen, wo dies gar nicht der Fall ist, und können schon aus diesem Grunde nicht humorvoll reagieren. Und schließlich fehlt angehenden Lehrern die existentielle Absicherung, um gelassen, locker und voller Humor handeln zu können.

Es ist zu bedauern, daß diese Dimension des Lehrerverhaltens in den letzten Jahren vernachlässigt worden ist. Die wenigen Publikationen zu diesem Thema (Baumgärtner 1969, März 1967) werden dieser Variable nicht gerecht. G. Kerschensteiner wußte um die Bedeutung des Humors, als er die Auffassung vertrat, ein humorloser Lehrer möge „das pädagogische Amt am besten niederlegen" (März, a.a.O., 104). Schließlich haben Schüler unter humorlosen Lehrern zu leiden, sie können für sie zu einer Qual werden. – Engländer empfinden Humorlosigkeit „als einen geistigen Mangel, fast als eine Art Schwachsinn. Wie der Schwachsinnige kommt auch der Humorlose mit dem Leben nicht zurecht" (Bourke 1965, 15). Ein humorloser Lehrer ist ein „Mängelwesen", er wird im Umgang mit Schülern, Kollegen, Vorgesetzten und Eltern Schwierigkeiten haben, die bei anderen Lehrern gar nicht erst auftreten.

Kempowskis (1979) „Unser Herr Böckelmann" ist ein Plädoyer für einen Lehrer, dessen Beziehungen zu seinen Schülern durch Wärme, Anteilnahme, Ernst, gelassene Heiterkeit und Humor bestimmt sind.

Die Sprachebene der Schüler berücksichtigen – ohne sich ganz auf diese Ebene zu begeben

Beim Umgang mit den Schülern spielt die Sprachebene eine bedeutsame Rolle. Nur dann, wenn Lehrer und Schüler einen annähernd gleichen Code sprechen und über einen hohen gemeinsamen Zeichenvorrat verfügen, können sie sich im Gespräch treffen und einander gut verstehen. Nun werden Schüler zumeist ziemlich unreflektiert jenen Code verwenden, über den sie gerade verfügen. Ein Lehrer hingegen darf dies nicht; denn würde er ebenfalls jenen Code benutzen, der ihm im Umgang mit Erwachsenen, Freunden und Kollegen geläufig ist, käme es zu erheblichen Verständigungsschwierigkeiten. Für den Lehrer besteht also die Aufgabe darin, sich dem Code der jeweiligen Lerngruppe anzunähern.

Wichtig erscheint die Feststellung, daß es keinen einheitlichen Code für Schüler eines bestimmten Alters gibt. Der Sprachcode variiert oft sehr stark. Das Einzugsgebiet der Schüler, ihr familialer Hintergrund, der Kenntnisstand in einem Fach oder eine spezifische Berufsausbildung beeinflussen das Sprachvermögen und das Sprachverhalten der Schüler erheblich. – Natürlich sind Grundschullehrer in besonderer Weise gefordert. Sie müssen ihren Sprachcode, den sie als Erwachsene pflegen, weitgehend ablegen und sich jener Begriffe und Sprachmuster bedienen, die Schulanfängern geläufig sind. Wer noch nie Schulanfänger unterrichtet hat und keine eigenen Kinder in diesem Alter hat, muß in den ersten Wochen und Monaten eine erhebliche Übersetzungsarbeit leisten, also die Erwachsenensprache in die Kindersprache transformieren, um dann später mit den Kindern in ihrer Sprache denken, fühlen und erleben zu können. – Und dann steht der Lehrer vor der Aufgabe, das Sprachniveau anzuheben, damit seine Grundschüler allmählich den Code der Erwachsenen verstehen lernen und in ihn hineinwachsen können.

So wie es für einzelne Berufsgruppen eingeführte Fachsprachen gibt, so lassen sich auch für die einzelnen Schulfächer entsprechende Fachsprachen nachweisen. Ganz deutlich wird dies natürlich im Bereich des Fremdsprachenunterrichts, wo sich der Code einer Lerngruppe von Lektion zu Lektion verändert. Wer als Nicht-Mathematiker den Leistungskurs einer Oberprima im Fach Mathematik besucht, versteht wenig oder nichts, allein schon deshalb, weil Lehrer und Schüler mit einem Zeichenvorrat umgehen, über den der Hospitant nicht verfügt.

Die Frage des Zeichenvorrats und der Sprachebene ist im Bereich der beruflichen Bildung stets aktuell. Im ersten Ausbildungsjahr werden die Schüler von ihren Lehrern noch allgemeinverständlich angesprochen, sie nehmen Rücksicht, definieren neue Begriffe, erklären unbekannte Sachverhalte. Später werden sie zumeist mit einem elaborierten Fachjargon konfrontiert, und sie haben erhebliche Decodierungsschwierigkeiten zu bewältigen.

Lehranfänger, aber auch erfahrene Lehrer und Hochschullehrer, nähern sich manchmal der Sprachebene der Schüler oder Studenten bewußt nicht an, indem sie sich sagen: „Ich steige doch nicht auf ein solches Niveau herab!“ Oder: „Ich spreche einfach drauflos, dann müssen die Schüler schon aufmerksam sein, wenn sie mir folgen wollen.“ Oder: „Ich verwende die korrekte Fachsprache, irgendwann werden die Studenten schon erleuchtet werden!“ Und ein erfahrener Kommilitone aus einem höheren Semester sagt tröstend: „Warte nur ein Weilchen, bald verstehst auch Du etwas!“ Oder eine andere Überlegung: „Ich drücke mich möglichst gewählt und anspruchsvoll aus, dann wirke ich gelehrt und die Studenten zollen mir Beifall, auch wenn sie nichts verstanden haben.“ Oder: „Ich bestrafe die Schüler für ihr undiszipliniertes Verhalten, indem ich heute auch keine Rücksicht nehme.“

Die negativen Auswirkungen solcher Fehlüberlegungen sind hinreichend bekannt. Schüler oder Studenten können dem Lehr-Lern-Prozeß bald nicht mehr folgen, sie „schalten ab“, „treten aus dem Feld“, tun so, als würden sie etwas verstehen, indem sie interessierte Mienen aufsetzen, beschäftigen sich mit anderen Dingen, verhalten sich in den Augen des Lehrers undiszipliniert oder werden aggressiv.

Fragwürdig sind aber ebenfalls die Versuche, sich direkt auf die Sprachebene der Schüler einzupendeln, wie dies einige Grundschullehrer mit Erfolg tun. Sie verlernen dann bald auch die Sprache der Erwachsenen, sprechen im Freundes- und Bekanntenkreis wie Schulanfänger und sind aufgrund dieser beruflichen Deformation auch von Außenstehenden sofort als Lehrer zu identifizieren.

Damit ist die Problematik umrissen. Es kann also weder darum gehen, sich von der Sprachebene der Schüler zu weit abzuheben, noch darum, sich direkt auf die Sprachebene der

Schüler zu begeben. Die „annähernd gleiche Verwendung des verfügbaren Codes bedeutet, daß sich der Lehrer möglichst unmittelbar über der Sprachebene der Schüler bewegen sollte, damit diese am Sprachvorbild lernen und wachsen können. Da es innerhalb einer jeden Lerngruppe beträchtliche interindividuelle Differenzen gibt, läßt sich dieser Anspruch im Hinblick auf jeden einzelnen Schüler ohnehin nicht erfüllen.

Ganz ähnlich verhält es sich mit der Forderung nach Verständlichkeit im Unterricht. Was z.B. einen Text oder eine Erklärung verständlich werden läßt, ist uns aufgrund der Forschungsarbeiten von Groeben (1982), Miltz (1972) und Rosenshine (1968) in etwa bekannt. Doch die bedeutsamen Variablen – Einfachheit, Kürze, Gliederung und Stimulanz – müssen immer wieder neu auf die Sprachebene einer bestimmten Lerngruppe und auf deren Sprachvermögen bezogen werden, eine Aufgabe, die nicht ohne weiteres gelöst werden kann.

In stark heterogenen Lerngruppen besteht die Schwierigkeit für den Lehrer darin, einen Code zu finden, der allen Schülern gerecht wird. Der Autor unterrichtete jahrelang an einer wenig gegliederten Landschule in stark heterogenen Lerngruppen. Einige dieser Schüler hätten das Gymnasium besuchen können, andere Schüler waren sonderschulbedürftig, doch es gab weit und breit keine Sonderschule für sie. Eine etwas anspruchsvollere Formulierung wurde von den leistungsschwachen Schülern nicht verstanden, aber mit derselben Formulierung fühlten sich die leistungsstarken Schüler der Lerngruppe schon unterfordert.

Trotz der vorstehenden Beispiele und der aufgezeigten Schwierigkeiten muß an jeden Lehrer die Aufforderung gerichtet werden, sich der Sprachebene der Schüler anzunähern, auch wenn er dieser Aufforderung nicht immer nachkommen kann.

Sich um ein korrektes Sprachverhalten bemühen – und den Eigenwert von Mundarten anerkennen

Dialekte und Mundarten haben ihren eigenen Wert, beleben die Sprachszene und werden durch Vereine zur Pflege der Mundart gefördert. Mundarten sind aus bestimmten Gebieten gar nicht wegzudenken. Was wäre der Freistaat Bayern ohne das Bayrische, Franken ohne das Fränkische, Südbaden ohne das Alemannische, Schwaben ohne das Schwäbische oder die Pfalz ohne das Pfälzische? Schüler und Lehrer, Eltern und Schulaufsichtsbeamte, sie alle sprechen in diesen Regionen mundartlich gefärbt, wer die Landessprache überhaupt nicht beherrscht, fällt auf oder wird sogar zum Außenseiter. Ein solcher Lehrer gehört nicht ganz zu den Menschen der Region, kann sich nicht mit ihnen in ihrer Sprache verständigen – ein Nachteil also.

Unser Schüler S. sieht das offensichtlich etwas anders. Auch er beherrscht die Umgangssprache der Region perfekt, daneben allerdings auch das Hochdeutsche, mit leichtem Akzent. Schüler S. ist „zweisprachig" und kann sich nach Belieben der einen oder der anderen Sprache bedienen. An seinem Physiklehrer moniert er den „Wahnsinns-Dialekt" (Interview, Z 42). Ihn stört die starke mundartliche Färbung, mit der dieser Lehrer spricht. Offensichtlich ist dieser Physikleher nur einsprachig, beherrscht nur seinen Dialekt, oder er verzichtet darauf, die Schüler hochdeutsch anzusprechen. Gehen wir der Frage nach, inwieweit die Kritik des Schülers S. gerechtfertigt erscheint.

Viele Lehrerstudenten, vor allem aus ländlichen Gebieten, haben häufig große Schwierigkeiten mit der Hochsprache, und sie empfinden ihren Dialekt oder die starke mundartliche Färbung tatsächlich als Mangel. Doch sollten wir vielleicht doch differenzieren und nicht jeden Dialekt sofort verdammen. Sicher werden Sprachlehrer, die ein urbayrisches Englisch sprechen oder nur ein schwäbisches Hochdeutsch beherrschen, ihrem Lehrauftrag nicht voll gerecht, weil sie die von ihnen zu fordernde Modellfunktion nicht übernehmen können. Auch Grundschullehrer, die ihren Schülern das Lesen und Schreiben zu vermitteln haben, sollten sich im Interesse der zu unterrichtenden Schüler des Hochdeutschen bedienen, weil sie sonst die ohnehin großen Lernschwierigkeiten noch verstärken. Sprachlehrer, die im Prozeß der Sprachvermittlung ihren Dialekt nicht weitgehend eliminieren können, werden häufig von den Schülern nachgeahmt und zu einer steten Quelle des Vergnügens. Wer als Sprachlehrer tätig sein will, dem bleibt wohl nur das Bemühen um die vorerwähnte „Zweisprachigkeit", der muß so lange üben, bis er beide Sprachen perfekt beherrscht.

Etwas anders sieht es wohl bei jenen Lehrern aus, die keine Sprache zu vermitteln haben, bei den Lehrern der naturwissenschaftlichen Fächer, den Mathematiklehrern, den Kunst- und Leibeserziehern. Warum sollen sie nicht Dialekt sprechen, warum sollten wir nicht eine starke mundartliche Färbung tolerieren? Wenn alle anderen in diesem Buch angesprochenen

Punkte vom Lehrer weitgehend erfüllt und berücksichtigt werden, kann der Mathematikunterricht auf Schwäbisch ein ausgezeichneter Unterricht sein.

Dialekte haben auch gewisse Vorteile, vor allem in jenen Situationen, in denen es um die Bewältigung sozialer Konflikte geht. Wenn sich z.B. zwei Schüler auf dem Schulhof schlagen und kaum zu trennen sind, weil sie sich affektgeladen von ihren Emotionen tragen lassen, kann eine Ansprache im Schülerdialekt hilfreich sein. Eine solche Ansprache wirkt unvermittelter, und der Lehrer gibt den Schülern indirekt zu verstehen, daß er sich in ihre Lage versetzen kann, ansatzweise mit ihnen denkt und fühlt. Ein Dialekt vermittelt oft emotionale Wärme, während das Hochdeutsche abweisend und kühl wirken kann.

Zu einem korrekten Sprachverhalten gehören jedoch noch grundlegende rhetorische Fähigkeiten. Letztere können erworben werden, und die Leiter von Rhetorikkursen haben z.Zt. in der Bundesrepublik Hochkonjunktur. Lesern, die sich auf diesem Gebiet schulen möchten, sei das Buch von Geißner (1978) empfohlen. Doch im Lehr-Lern-Prozeß sind Fähigkeiten gefragt, die von der geschliffenen Rede eines geschulten Rhetorikers noch weit entfernt sind, so z.B. die Fähigkeit, die Lautstärke zu variieren und so laut zu sprechen, daß die Stimme den Raum ausfüllt und sich alle Schüler angesprochen fühlen, die Fähigkeit, das Sprechtempo dem jeweiligen Inhalt anzupassen – also bei hohem Schwierigkeitsgrad der Aussagen das Tempo zu reduzieren, damit die Schüler folgen können –, die Modulation oder Stimmführung, die der Stimme erst einen Ausdruck verleiht, die Fähigkeit, bestimmte Aspekte stimmlich hervorzuheben sowie der gezielte Einsatz des Schweigens, das im Lehr-Lern-Prozeß oft dem Verarbeiten oder Überdenken dient. Zu einem sinnvollen Sprechen gehört vor allem aber auch die nonverbale Komponente der Kommunikation, Mimik und Blickkontakt, Gestik, Kopf- und Körperbewegung, interpersonale Distanz und räumliche Orientierung.

Schließlich ist noch ein physiologisch möglichst richtiges und ökonomisches Sprechen anzustreben. Dieser Gesichtspunkt ist vor allem für Lehrer hochbedeutsam, die einen hohen Sprechanteil übernehmen müssen, für Sprachlehrer, Geschichts- und Sozialkundelehrer. Durch physiologisch falsches Sprechen werden typische Berufskrankheiten wie Heiserkeit oder Stimmausfall verursacht oder verstärkt. In vielen Fällen kann die Zusammenarbeit mit einem Logopäden hilfreich sein.

5 Handlungskompetenzen

5.1 Prozeßbegleitende Wahrnehmungsleistungen

Im Lehr-Lern-Prozeß sind von einem Lehrer immer wieder besondere Perzeptionsleistungen zu erbringen. So benötigt er eine besondere Sensibilität für die Bedürfnisse einzelner Schüler, aber auch eine Sensibilität für gruppendynamische Ereignisse und für die Belange der Lerngruppe. Immer wieder wird die Fähigkeit von ihm verlangt, bestimmte Ereignisse und Abläufe gezielt zu beobachten und den Schülern aktiv zuzuhören. Lehrer, die nicht merken, was um sie herum geschieht, werden von ihren Schülern belächelt und bedauert und verlieren an Autorität.

Sensibilität anstreben – und handlungsfähig bleiben

Es gibt ein Zauberwort mit einem schillernden Bedeutungsinhalt, das heißt „Sensibilität", eine Empfänglichkeit und eine Empfindsamkeit gegenüber Reizen jeder Art, wobei die Sensitivität eine besondere Empfindsamkeit auch gegenüber Reizen von geringer Intensität darstellt. Wenn im Hinblick auf die Durchführung des Unterrichts von Sensibilität gesprochen wird, kommen ganz verschiedene Bedeutungsinhalte zum Tragen. Da heißt es z.B., Lehrer A verfüge über eine hohe Sensibilität im Umgang mit den Schülern – die Lehrer B abgesprochen wird –, oder es komme allein auf die Sensibilität im Umgang mit den Schülern an, oder Lehrer B sei zu sensibel, um den Schulalltag ertragen zu können – was vielleicht auf mangelnde Ichstärke und auf ein negatives Selbstkonzept hindeutet –, oder es wird einfach die Behauptung in den Raum gestellt, die Sensibilität sei wichtiger als die anzustellenden Überlegungen – wodurch sich Diskussionsteilnehmer von weiteren Überlegungen entlasten.

Ein sensibler Lehrer verfügt über eine gesteigerte, überdurchschnittliche Wahrnehmungsfähigkeit in allen Sinnesbereichen, er ist aufgeschlossen, empfänglich, empfindsam und empfindlich, was nicht ausbleiben kann. Er hat ein feines Gespür für die Bedürfnisse und Wünsche seiner Schüler. Er fühlt mit ihnen und leidet mit ihnen, entwickelt also Mitgefühl und Mitleid. Ihm entgehen selten die Nuancen verbaler und nichtverbaler Kommunikation, er spürt einen Mangel an Echtheit, merkt sofort, ob ihm die Gruppe freudig, gleichgültig oder feindselig begegnet. Sensible Lehrer haben ein Gespür für das Atmosphärische, für das Lern- und Gruppenklima und für die Befindlichkeit einzelner Schüler. Diese weit überdurchschnittliche Wahrnehmungsfähigkeit fordert den betreffenden Lehrer sehr stark, weil er alle diese Eindrücke zu verarbeiten hat. So ist es anstrengend, sensibel zu sein, manchmal eine Last, in vielen Fällen ein Luxus, und doch eröffnet eine hohe Sensibilität Erlebnisdimensionen, über die andere Personen nicht verfügen.

Sensibilität im Umgang mit anderen Personen und Schülern läßt sich bis zu einem gewissen Grad auch erlernen. Es gibt zahlreiche gruppendynamische Übungen, die zur Aufgeschlossenheit und zur Entwicklung eines Gespürs für die Gefühle und Bedürfnisse anderer Menschen beitragen können. Und dieses Mitempfinden und Mitfühlen läßt sich bis zu jenem Punkt steigern, wo die sensibilisierte Person sich mit anderen Personen weitgehend identifiziert, sich selbst teilweise aufgibt und in anderen Personen aufgeht.

Aufgrund der überdurchschnittlichen Wahrnehmungsfähigkeit erkennen sensible Lehrer bedrohliche Situationen eher als weniger sensible, sie können mögliche negative Entwicklungen besser voraussagen, sie erleben die Nöte und Ängste ihrer Schüler mit, fühlen sich mitbelastet und -befreit. Vor allem sind es Einzelschicksale, die den sensiblen Lehrer immer wieder betroffen machen, das Schicksal jener Kinder, die aus zerrütteten Familien kommen, das Schicksal der Kinder aus Gastarbeiterfamilien, die zwischen den Kulturen stehen und immer wieder mit Identitätsschwierigkeiten zu kämpfen haben, jener Kinder, die aus einem sozial schwachen Milieu kommen, die nur unzureichend versorgt werden und kein richtiges Zuhause haben.

Die Schüler spüren ihrerseits, daß sich ein sensibler Lehrer mit ihren Sorgen, Nöten, Bedürfnissen und Wünschen auseinandersetzt. Sie gehen auf den sensiblen Lehrer zu und suchen Zuwendung und emotionale Wärme, die ihnen woanders versagt wird. Und die sensible Lehrerin merkt auf einmal, daß sie Aufgaben wahrnimmt, die eigentlich einem Elternteil zukommen würden. Dies erfolgt unbewußt, dann bewußter, und dann kommen Zweifel, inwieweit diese Aufgaben übernommen werden können. Die Übernahme solcher Ersatzfunktionen durch den Lehrer tritt besonders stark hervor, wenn sich der Schüler in einer Krisensituation befindet. Dann nämlich wird oft erst deutlich, wie sehr dem Schüler ein Ansprechpartner fehlt, ein Lehrer, der nicht nur Lernleistungen abverlangt, sondern der ihn versteht und ihm beisteht.

Die hier angesprochenen Aufgaben der Lehrer variieren von Schulart zu Schulart beträchtlich. Aufgabenschwerpunkte liegen sicher in der Grund-, Sonder- und Hauptschule; doch werden heute alle Lehrer – sofern sie sensibel sind und solche Aufgaben überhaupt wahrnehmen wollen – in dieser Weise gefordert. – Ein Klassenlehrer kann in seiner Lerngruppe für einen oder für zwei Schüler diese Ersatzfunktionen wahrnehmen, ein Fachlehrer ist hier gänzlich überfordert, doch wenn jeder zweite Schüler einer Lerngruppe kein richtiges Zuhause hat, wie dies in einigen Lerngruppen der Fall ist, dann bleibt auch bei einem sensiblen und sozial engagierten Lehrer Ratlosigkeit zurück.

Schüler, die sich nicht angenommen und nicht geliebt fühlen, die kein richtiges Zuhause haben, werden meist in irgendeiner Weise auffällig und zu Problemschülern. Kommen mehrere dieser Schüler in einer Lerngruppe zusammen, wird diese zu einer Problemklasse, die jeden Lehrer stark fordert und oft auch überfordert. Und an dieser Stelle taucht eine schwierige Frage auf, die sich nicht ohne weiteres beantworten läßt: Wie soll sich ein Lehrer mehreren Problemschülern gegenüber verhalten, die alle Aufmerksamkeit verlangen, Zuwendung benötigen und die meist den Lehr-Lern-Prozeß in seinem Ablauf stören?

Zuerst erscheint es einmal wichtig, die Schüler mit ihrem individuellen und sozialen Hintergrund, mit den vorhandenen bzw. fehlenden Lernvoraussetzungen zu akzeptieren, sie so zu nehmen, wie sie nun einmal sind, auf das Vorhandene aufzubauen. Leistungsanforderungen sollten nicht voreilig reduziert werden, denn durch eine solche Maßnahme können

Problemschüler noch mehr ins Abseits geraten. In begründeten Ausnahmefällen wäre den Mitschülern zu erklären, warum eine reduzierte Leistungsanforderung gerechtfertigt ist. In direkten Kontakten zu den verantwortlichen Personen – Erziehungsberechtigten, Sozialpädagogen oder Personen, die im außerschulischen Bereich den Schüler versorgen – muß versucht werden, wenigstens die äußeren Voraussetzungen für einen geregelten Schulbesuch (z.B. Hefte, Zeichenmaterial, Sportkleidung, Geldmittel für den Landschulheimaufenthalt) sicherzustellen.

Jeder Lehrer engagiert sich wahrscheinlich am wirksamsten für seine Problemschüler, indem er diesen beim Lernen hilft, lerndiagnostisch verfährt, Vorkenntnislücken eruiert, Lernaufgaben stellt, um die Lücken zu schließen, Lernhilfen gibt und Lernfortschritte anerkennt. In jenen Fällen, in denen kaum Fortschritte zu verzeichnen sind, kann immer noch das Bemühen anerkannt werden.

Ob und in welchem Umfang Lehrer sozialpädagogische Aufgaben wahrnehmen können und sollten, läßt sich nicht ohne weiteres beantworten (vgl. Mann 1979). Für eine qualifizierte Elternarbeit sind Lehrer meist nicht ausreichend geschult, eine solche Arbeit fordert viel Zeit und Kraft, sie ist kaum neben 28 Wochenstunden zu leisten. Allerdings können die fehlenden Qualifikationen erworben werden. Die Entscheidung über eine Arbeit mit den Eltern muß von den besonderen Verhältnissen, dem Einzugsgebiet und der Zusammensetzung der Lerngruppe abhängig gemacht werden.

Sensibilität darf nicht zur Handlungsunfähigkeit führen. So gibt es Lehrer, die äußerst sensibel sind, sich überaus stark betroffen zeigen, ihre Betroffenheit immer wieder anderen Personen „signalisieren", sich umgekehrt auch deren Betroffenheit „signalisieren" lassen. Sie beklagen die vielen Unzulänglichkeiten, stellen die politischen und gesellschaftlichen Verhältnisse grundsätzlich in Frage und durchleben depressive Phasen. Ihnen fehlt die Kraft, sich gründlich auf den Unterricht vorzubereiten. Sie sind nicht in der Lage, den Schülern jene konstruktive Haltung zu vermitteln, die sie für ihre Entwicklung und für das erfolgreiche Durchlaufen der Lernprozesse benötigen. In jenen Fällen, in denen Sensibilität mit Handlungsunfähigkeit zusammenfällt, bedarf es auch der Desensibilität, um handlungsfähig zu bleiben.

Die Schüler beobachten – ohne sie einer permanenten Kontrolle zu unterwerfen

Schüler belächeln jene Lehrer, die bedeutsame Ereignisse im Lehr-Lern-Prozeß nicht wahrnehmen und die nicht merken, was sie durch ihr Verhalten auslösen. Schüleräußerungen wie: „Der merkt das nicht einmal," oder: „Die übersieht das einfach," oder: „Der merkt nicht, was um ihn herum geschieht," – sind bedauernd und abwertend gemeint (vgl. Interview, Z 169).

Mit diesen Äußerungen werden auch die Fähigkeiten angesprochen, die Schüler und das eigene Verhalten annähernd realistisch wahrzunehmen, die Schüler zu beobachten und ihnen zu zeigen, daß man als Lehrer über ihr Verhalten informiert ist (Kounin 1976, 117 ff.), die eigenen Handlungen selbstkritisch wahrzunehmen, um dann in Teilbereichen eine Bewußtseins- und Verhaltensänderung einzuleiten. Lehrer sind von Berufs wegen verpflichtet, ihre Schüler laufend beim Lernen zu beobachten, das Lernverhalten zu analysieren, Fehler zu erkennen, Lernhilfen zu geben, um so zu einer Fehlerkorrektur anzuleiten. Das gilt insbesondere für den Bereich des sozialen Lernens und für alle Lernaufgaben, die schwerpunktmäßig im psychomotorischen Bereich angesiedelt sind.

Ein Lehrer beobachtet im Unterricht unter stark erschwerten Bedingungen. Wir können davon ausgehen, daß er immer nur einen Bruchteil dessen beobachten kann, was sich tatsächlich abspielt. Der Lehrer verfolgt eine Lehrspur, er greift Schülerbeiträge auf, integriert sie in den Lehr-Lern-Prozeß oder ändert die Ziele den Beiträgen entsprechend. Diese überaus komplizierte Tätigkeit absorbiert einen Teil seiner Kräfte. Viele Schülerhandlungen laufen auch noch parallel oder heimlich ab: Zwei Schüler unterhalten sich, zwei andere streiten sich, zwei weitere spielen unter dem Tisch Karten, ein Zettel wird weitergereicht ...

Sollen mehr zufällige Wahrnehmungen in systematischere Beobachtungen übergehen, ist der Lehrer in gleicher Weise überfordert. Die Beobachtungsergebnisse müssen oft fragwürdig oder stark verzerrt sein. So beobachtet der Lehrer verständlicherweise in erster Linie das auffällige Schülerverhalten, nicht aber jene Schüler, die gehemmt oder verängstigt sind und nicht auffallen. Streß, Zeit- und Handlungsdruck lassen eine sorgfältige Beobachtung der Ereignisse durch den unterrichtenden Lehrer gar nicht zu. Kommt es aufgrund einer Auseinandersetzung, Belastung oder Schwierigkeit zu einer starken emotionalen Betroffenheit, wird die Perzeptionsfähigkeit erheblich eingeschränkt. So ist es für Interaktionsanalytiker und Unterrichtswissenschaftler ein leichtes, jedem Lehrer Wahrnehmungs-, Beobachtungs- und Beurteilungsfehler nachzuweisen. (Vgl. Brophy/Good 1976, Preiser 1979)

Wenden wir uns noch einmal den eingangs erwähnten Schüleräußerungen zu, denen zufolge jene Lehrer bedauert und belächelt werden, die über eine mangelnde Beobachtungsgabe bzw. -fähigkeit verfügen, dann werden umgekehrt jene bestaunt und bewundert, die realistisch wahrnehmen und beobachten können, denen es gelingt, Eindrücke rasch aufzufassen, zu verarbeiten und angemessene Entscheidungen zu treffen.

Wenn es Lehrern gelingt, ihre Schüler zu beobachten, und sie ihnen zu verstehen geben, daß sie über ihr Verhalten informiert sind, fordern sie die Schüler zu erhöhter Aufmerksamkeit auf und tragen dazu bei, daß die für das Lehren und Lernen erforderliche soziale Ordnung in der Gruppe aufrechterhalten wird (vgl. Kounin 1976). Doch dieses Beobachten widerspricht demokratischen Einsichten. Ständige Beobachtung bedeutet auch ständige Kontrolle durch den Lehrer. Allgemeine Lehr- und Erziehungsziele wie Eigenständigkeit, Selbständigkeit oder Mündigkeit können nur begrenzt in einer Lernatmosphäre angestrebt werden, in der sich die Schüler permanent beobachtet und kontrolliert fühlen.

Allerdings gibt es auch ein methodisches Fehlverhalten, das angesprochen werden muß. Sobald sich ein Lehrer für längere Zeit nur einem Schüler oder einer Kleingruppe zuwendet und die anderen aus dem Blick verliert, ohne ihnen einen Arbeitsauftrag zu erteilen, fühlen sich diese Schüler vernachlässigt und stören den Unterricht. In einer solchen Lehr-Lern-Situation dokumentiert der Lehrer mangelnden Überblick, und es liegt ein methodisches Fehlverhalten vor.

Grundschullehrer, aber auch einige Lehrer an weiterführenden Schulen, die um die hier angesprochene Problematik wissen, üben mit ihren Schülern das „unbeobachtete Lernen“, das Lernen ohne direkte Kontrolle des Lehrers, indem sie den Schülern einen Arbeitsauftrag erteilen und ihnen mitteilen, daß sie nun von ihnen erwarten, auch in Abwesenheit des Lehrers weiterzuarbeiten. Übungen dieser Art sind im Hinblick auf die vorstehend genannten übergeordneten Lehr- und Erziehungsziele zu begrüßen, doch sie alleine führen noch nicht zur Zielerreichung.

Lehranfänger nehmen wahrscheinlich weniger wahr als erfahrene Lehrer. Für Praktikanten oder Referendare verfliegt die erste Unterrichtsstunde wie in einem Rausch. Nebensächlichkeiten werden registriert, bedeutsame Ereignisse übersehen, die Lerngruppe gerät oft aus dem Blick.

Die Fähigkeit, das eigene Handeln realistischer wahrzunehmen und die Auswirkungen eigenen Handelns gezielter zu beobachten, läßt sich üben oder trainieren. Dabei werden Selbstbeobachtung, Selbsteinschätzung und Selbstkritik durch den Umstand erschwert, daß Beobachter und Beobachtungsobjekt zusammenfallen. Als Hilfen bieten sich deshalb Techniken der Selbstkonfrontation an, z.B. Tonband- oder Videoaufzeichnungen, welche die im Lehr-Lern-Prozeß zu verzeichnenden Handlungen in Ausschnitten einigermaßen realistisch wiedergeben. Und dann empfiehlt es sich, Kollegen, Mentoren oder auch Schüler zu bitten, die Beobachterrolle zu übernehmen, um die Eigenbeobachtung durch Daten der Fremdbeobachtung zu stützen und so die Diskrepanz zwischen beiden zu vermindern.

Das Problem als solches bleibt bestehen. Lehrer müssen davon ausgehen, daß sie immer nur einen Teil der Lehr-Lern-Handlungen beobachten können. Beobachtungsfehler lassen sich nicht vermeiden. Umso wichtiger erscheint deshalb schon während des Studiums und in der Ausbildung ein gezieltes Beobachtungstraining, um im Lehr-Lern-Prozeß die Quote der Beobachtungsfehler zu reduzieren.

Den Schülern zuhören – sofern dies möglich ist

Lehrer, die nicht bereit sind, ihren Schülern zuzuhören, haben ihren Beruf verfehlt. Aktives Zuhören ist eine Voraussetzung für erfolgreiche Lehr-Lern-Prozesse. Nur wenn Lehrer ihren Schülern zuhören und umgekehrt, Schüler ihren Lehrern, sind Interaktion und Kommunikation möglich.

Lehrer, die ihren Schülern nicht zuhören, nehmen sie nicht ernst und achten deren Beiträge gering. Die Schüler fühlen sich ihrerseits weder akzeptiert noch respektiert, sie fühlen sich als

Person abgewertet. Der Aufbau einer konstruktiven Lehrer-Schüler-Beziehung ist nicht möglich, und Beziehungsstörungen müssen die Folge sein.

Lehrer, die ihren Schülern nicht zuhören, können auch nicht deren Sorgen und Nöte, Bedürfnisse, Interessen und Wünsche in Erfahrung bringen. Nur über ein aktives Zuhören läßt sich der Erlebnis- und Erfahrungshorizont der Schüler erkennen, nur dann ist es möglich, den Schülern gerecht zu werden und für ihre Belange einzutreten.

Wenn Lehrer ihren Schülern nicht zuhören, können sie viele zentrale Lehrfunktionen gar nicht wahrnehmen. Sie sind nicht in der Lage, auf Schülerbeiträge einzugehen und die Interessen der Schüler zu berücksichtigen, sie können Lernschwierigkeiten oft nicht erkennen, keine angemessenen Lernhilfen geben, und sie sind nicht in der Lage, den Schülern Auskunft über ihren Lernerfolg zu geben. Lehrer, die nicht zuhören, unterrichten meist über die Köpfe der Schüler hinweg.

Wenn soziale Konflikte die Lerngruppe beeinträchtigen, wenn Auseinandersetzungen, Belastungen oder Schwierigkeiten das Lern- und Gruppenklima stören, ist die Fähigkeit des Zuhörens entscheidend für die Konfliktauffassung. Wenn Lehrer nicht richtig zuhören, sind alle nachfolgenden Bemühungen der Konfliktbewältigung oder -analyse in Frage gestellt.

Zuhören findet im Unterricht unter stark erschwerten Bedingungen statt. Lehrer sehen sich fast immer vielen Schülern einer Lerngruppe gegenüber, und wenn Gespräche oder Diskussionen für die Schüler interessant werden, ist es selbstverständlich, wenn sie zeitweise durcheinandersprechen. In solchen Fällen steht der Lehrer einem akustischen Wirrwarr gegenüber und ist genötigt, sich jene Beiträge herauszufischen, die ihm interessant und konstruktiv erscheinen und die den Prozeß weiterführen können.

Auch in vielen anderen Lehr-Lern-Situationen laufen Sprachhandlungen der Schüler häufig parallel, indem sie mit ihren Tischnachbarn flüstern oder ein Gespräch führen. Vom Lehrer initiiert werden solche Gespräche während der Partner- und Kleingruppenarbeit. Der Lehrer kann diese Schülergespräche nur bruchstückhaft auffassen, ist aber dennoch genötigt, sich möglichst schnell in ein Gespräch einzudenken, wenn es um die Erteilung von Lernhilfen oder um die Bewältigung sozialer Konflikte geht.

Durch die zahlreichen Auseinandersetzungen, Belastungen

und Schwierigkeiten wird der Lehrer im Zuhören gestört. Aggressive Handlungen, motorische Unruhe, Störungen, die von außen ins Klassenzimmer hineingetragen werden, lenken ihn immer wieder von seinem Bemühen ab. Die begrenzt zur Verfügung stehende Unterrichtszeit nötigt schließlich den Lehrer, an bestimmten Stellen den Redefluß der Schüler zu unterbrechen, ein Gespräch oder eine Diskussion vorerst zu beenden. Dieser Zeitdruck verhindert häufig ein Zuhören auch dann, wenn Schülerbeiträge besonders wertvoll erscheinen. Der 45-Minuten-Takt der üblichen Unterrichtsstunden läßt ein vertiefendes Nachdenken und Weiterdenken oftmals nicht zu.

Lehrer müssen sich im Unterricht immer wieder auf wechselnde Kommunikationspartner einstellen, auf die unterschiedlichen Lernvoraussetzungen, das unterschiedliche Sprachvermögen, um dann laufend einen Perspektivenwechsel zu vollziehen, möchten sie beim Zuhören die Beiträge einzelner Schüler angemessen würdigen und in den Prozeß integrieren. Lehrer sind auch dann noch aufgefordert, ihren Schülern zuzuhören, wenn ungünstige Rahmenbedingungen Ermüdungserscheinungen hervorrufen und die Konzentrationsfähigkeit nachläßt. Und diese Aufforderung wird auch dann gestellt, wenn Lehrer mit existentiellen Problemen belastet sind, Auseinandersetzungen mit Vorgesetzten, Kollegen oder Eltern stattgefunden haben, sie an ganz andere Dinge denken möchten und eigentlich weder bereit noch in der Lage sind, den Schülern zuzuhören. Lehrer hören vermutlich bestimmten Schülern lieber zu als anderen. Natürlich sind es vor allem jene Schüler, die dem Lehrer sympathisch sind. Schüler haben ein sehr feines Gespür dafür, ob ihnen der Lehrer gerne zuhört oder ob die Beziehung leicht gestört ist. Dieses latent vorhandene Sympathiegefüge besteht nun einmal in jeder Lerngruppe, es läßt sich nicht wegdiskutieren und auch nicht ohne weiteres durch den Versuch einer Bewußtseinserweiterung eliminieren. Wirklich hilfreich sind hier wohl nur Tonband- oder Videoaufzeichnungen, die realistisch wiedergeben, welche Schüler wie oft drankommen und wie der Lehrer diesen Schülern zuhört.

Weiterhin hören Lehrer besonders jenen Schülern gerne zu, die qualifizierte Beiträge leisten und den Lehr-Lern-Prozeß voranbringen. Das ist verständlich, weil sich Lehrer durch diese Schüler in ihrer Arbeit bestätigt sehen. Wenn bestimmte Schüler Beiträge leisten wollen, geht manchmal ein Stöhnen durch die Lerngruppe, was ja soviel bedeutet wie: „Bitte, fasse

Dich kurz, verschone uns mit Deinem Beitrag!" Schließlich läßt sich auch der Nachweis führen, daß bestimmte Schüler, die zufällig im Blickfeld des Lehrers sitzen, häufiger drankommen werden als andere. Wem Lehrer zuhören, ist also mit von so banalen Dingen wie der Sitzordnung abhängig (vgl. Brophy/Good 1976).

Zuhören erscheint einerseits recht einfach, andererseits wird auch von der Kunst des Zuhörens gesprochen, über die einige Menschen in besonderer Weise verfügen. Zuhören läßt sich aber auch wie jede andere Fähigkeit bis zu einem gewissen Grad erlernen. Die nachstehenden Anregungen und Empfehlungen sind den Publikationen von Clark (1972), Dresel (1980) und Gordon (1977) entnommen:

Mögliche Handlungsindikatoren

H-1: *Sich dem sprechenden Schüler zuwenden.*
Blickkontakt, Kopf- und Körperbewegungen zeigen dem Schüler an, daß sich der Lehrer für seine Aussagen interessiert. Auch besteht die Möglichkeit, auf den Sprechenden zuzugehen.

H-2: *Sich auf den sprechenden Schüler konzentrieren.*
Häufig wird der Fehler gemacht, daß der Lehrer nur das aufnimmt, was er gerne hören möchte und nicht das, was der Schüler wirklich sagt. Die Konzentration auf den sprechenden Schüler wird aber auch zusätzlich durch die vielen parallel laufenden Handlungen erschwert.

H-3: *Auf die nichtverbalen Zeichen achten.*
Entscheidend ist nun einmal nicht nur, was der Schüler sagt, sondern wie er es sagt und welche nichtverbalen Ausdrucksformen die Aussagen begleiten. Nur wenn die verbalen und nichtverbalen Zeichen aufgefaßt werden, erscheint eine angemessene Interpretation des Aussagegehalts möglich.

H-4: *Den Schüler ausreden lassen.*
Dies ist eigentlich ein Gebot der Höflichkeit. Viele Schülerbeiträge in der Form von Einwortsätzen werden durch die Ungeduld des Lehrers provoziert.

Handlungsstruktur – Zuhören

Formblatt zum Training des Lehrverhaltens,
zur Beobachtung
und zur Handlungsanalyse.

Mögliche Handlungsindikatoren:

H-1: Sich dem sprechenden Schüler zuwenden.
H-2: Sich auf den sprechenden Schüler konzentrieren.
H-3: Auf die nichtverbalen Zeichen achten.
H-4: Den Schüler ausreden lassen.
H-5: Den sprechenden Schüler ermutigen.
H-6: Weiterführende Beiträge durch „Türöffner“ anregen.
H-7: Bedeutsame Aussagen durch Schlüsselbegriffe profilieren und sich diese merken.
H-8: Sich vergewissern, ob man den Schüler verstanden hat.
H-9: Den Schüler abblocken, ohne ihn zu verärgern.

Weitere Indikatoren ? . . .

Anmerkung: Eine Handlungsstruktur besteht aus mehreren Handlungsindikatoren, die miteinander in Beziehung stehen. In der konkreten Lehr-Lern-Situation müssen nicht immer alle Indikatoren zum Tragen kommen.

H-5: *Den sprechenden Schüler ermutigen.*
Dies kann verbal und/oder nichtverbal, durch kleine Bestätigungen wie „ja“, „genau“, „aha“ etc. oder durch Nicken und Lächeln geschehen. Zu vermeiden sind auf jeden Fall stereotype Ermutigungsformen.

H-6: *Weiterführende Beiträge durch „Türöffner“ anregen.*
Dieser Begriff stammt von Gordon (1977) und bezeichnet eine Redewendung, mit der ein Lehrer ausdrücklich sein Interesse dokumentiert: „Nein, so etwas!“ „Ungeheuerlich!“ „Das ist

aber spannend, wie geht es wohl weiter?" „Stimmt das wirklich, so wie Du das gesagt hast?" ...

H-7: *Bedeutsame Aussagen durch Schlüsselbegriffe profilieren und sich diese merken.*
Bei längeren Ausführungen ist es erforderlich, bedeutsam erscheinende Aussagen von weniger bedeutsamen zu trennen. Die Entscheidung, welche der Aussagen nun „bedeutsam" sind, wird nicht immer ganz einfach sein. Diese bedeutsamen Aussagen sind in einem Schlüsselbegriff zusammenzufassen und sich zu merken. Mehrere dieser Schlüsselbegriffe, die einen Aussagekontext repräsentieren, können abgespeichert und später wieder in das Gespräch eingebracht werden.

H-8: *Sich vergewissern, ob man den Schüler verstanden hat.*
Dies kann nun durch Zwischen- oder Rückfragen geschehen, durch Umschreibungen oder durch ein „Verbalisieren emotionaler Erlebnisinhalte" (Tausch 1970), wobei die Schlüsselbegriffe verwendet werden.

H-9: *Den Schüler abblocken, ohne ihn zu verärgern.*
Es gibt mehrere Gründe, die ein solches Vorgehen rechtfertigen: Wenn Schüler die Lehr-Lern-Situation zur Selbstdarstellung mißbrauchen, sich also gerne reden hören, dann besteht die Möglichkeit, auf das Rederecht der Mitschüler aufmerksam zu machen. Und wenn die Aussagen ganz vom Lerninhalt wegführen, kann eine diesbezügliche Frage den Sprechenden nachdenklich stimmen: „Kannst Du mir den Zusammenhang zu unserem Thema erklären?" – Manchmal kommt es vor, daß Schüler die sonst üblichen Umgangsformen erheblich verletzen, z.B. in aggressiver Form Kritik üben, Lehrer oder Mitschüler beleidigen. – Auch fordert die begrenzt zur Verfügung stehende Unterrichtszeit manchmal ein vorläufiges Ende der Ausführungen. Und schließlich ist es denkbar, daß der Lehrer trotz genereller Bereitschaft nicht mehr in der Lage ist, einem Schüler zuzuhören. In solchen Fällen wird eine offene und echte Aussage wie: „Du, ich muß jetzt in die andere Klasse, ich kann Dir nicht mehr zuhören. Morgen früh sprechen wir weiter darüber", meist akzeptiert.

Weitere Indikatoren?...

Genau so wichtig wie das Zuhören des Lehrers ist die Fähigkeit und Bereitschaft der Schüler, dem Lehrer und den Mitschülern zuzuhören. Da es viele Erwachsene gibt, die weder bereit noch in der Lage sind, einander zuzuhören, handelt es sich hier offensichtlich um einen mühsamen lebenslangen Lernprozeß.

5.2 Prozeßleitende Handlungen

Alle Lehr-Lern-Prozesse nehmen ihren Ausgang bei den Schülern und ihren Lernvoraussetzungen und finden ihren vorläufigen Abschluß mit den erzielten Lernergebnissen. So betrachtet bewegen sich alle Prozesse zwischen Ist- und Sollwerten. Aufgabe eines Lehrers ist es nun, die Lernvoraussetzungen seiner Schüler einzuschätzen, die Vorkenntnisse zu aktualisieren, Lernprozesse anzuregen, in Gang zu halten, auf Ziele hinzulenken und Erfolgskontrollen durchzuführen. Dieser Prozeß ist im Interesse aller Beteiligten möglichst vollständig zu durchlaufen, damit den Schülern bewußt wird, was sie gelernt haben und damit auch der Lehrer durch Lehrerfolge bestätigt wird.

Vorkenntnisse aktualisieren – und um die Vorkenntnislücken einiger Schüler wissen

Lehrer stehen immer wieder vor der Aufgabe, die Vorkenntnisse der Schüler zu aktualisieren, ein Lernplateau zu schaffen, das als Ausgangsbasis für den nachfolgenden Lehr-Lern-Prozeß dienen kann. Vorkenntnisse sind jene spezifischen Informationen, die ein Schüler benötigt, um mit Erfolg am Lehr-Lern-Prozeß teilnehmen zu können.

Vorkenntnisse werden meist zu Beginn einer Unterrichtsstunde oder -einheit aktualisiert. Mit diesem Bemühen werden also zahlreiche Lehr-Lern-Prozesse eingeleitet. Diese prozeßleitenden Handlungen sind häufiger zu verzeichnen und wohl auch bedeutsamer als das Bemühen, die Schüler an einen neuen Lerngegenstand heranzuführen. Außerdem werden auch im Prozeßverlauf Vorkenntnislücken offenbar, die unbedingt geschlossen werden müssen. Typisch für jene Lehr-Lern-Situationen sind Äußerungen wie: „Davon haben wir noch nie etwas gehört!“ – oder: „Das haben wir noch nicht gehabt!“ Erfahrene Lehrer nehmen solche Schüleräußerungen ungläubig und seufzend zur Kenntnis – und beginnen mit der Aktualisierung der Vorkenntnisse. Der Lehr-Lern-Prozeß wird nun an einem anderen Punkt wieder aufgenommen, es folgt eine Wiederholung, die manchmal in einen Exkurs übergeht.

Der Begriff der „Vorkenntnisse“ ist dem umfassenderen

Begriff der „Lernvoraussetzungen“ unterzuordnen. Die allgemeinen Lernvoraussetzungen lassen sich in familiale, besondere individuelle, kulturelle, motivationale, soziale und gruppale Voraussetzungen untergliedern, in sprachliche, kognitive, emotionale, psychomotorische, arbeitstechnische und sachstrukturelle (vgl. Bd. I der handlungsorientierten Didaktik). Je nach Art der Lernaufgabe kommen verschiedene Voraussetzungsfaktoren ins Spiel und erfahren eine unterschiedliche Gewichtung. So betrachtet ist der Begriff der „Vorkenntnisse“ etwas irreführend – weil er einseitig kognitiv akzentuiert erscheint. Nun hat sich der Begriff eingebürgert, und wenn nachfolgend von „Vorkenntnissen“ die Rede ist, soll der Begriff umfassend im Hinblick auf jede nur denkbare Lernaufgabe gesehen werden.

Während sich die Lernvoraussetzungen nur einschätzen lassen, können die Vorkenntnisse meist näher bestimmt werden. Zwar verfügt der Lehrer zu Beginn einer Unterrichtseinheit über keine spezifischen Informationen, doch im Verlauf derselben vermag er ziemlich genau zu sagen, wo die Schüler stehen und über welche Vorkenntnisse die Lerngruppe verfügt. Ein Grundschullehrer am Ende des ersten Schuljahres kennt den aktiven Wortschatz der Schüler recht genau, weiß, welche Wörter fehlerfrei geschrieben bzw. noch nicht geschrieben werden können. Ein Englischlehrer, der die Lektion 17 in Angriff nimmt, baut auf dem Wortschatz der vorangegangenen Lektionen auf. Ein Mathematiklehrer, der seinen Schülern das Bruchrechnen beibringt, läßt die Brüche dividieren, nachdem die anderen Rechenarten durchdacht und geübt worden sind. Dennoch kommt es hinsichtlich der Vorkenntnisse zu erheblichen interindividuellen Schwierigkeiten, die im Lehr-Lern-Prozeß aufzufangen sind.

Leistungsschwache Schüler haben häufig erhebliche Vorkenntnisdefizite. Können sie aufgrund fehlender Vorkenntnisse dem Lehr-Lern-Prozeß nicht richtig folgen, vergrößern sich die Vorkenntnislücken von Stunde zu Stunde. Aufgrund kumulierter Vorkenntnisdefizite profitieren sie vom Unterricht wenig oder nichts, während jene Schüler, die über die erforderlichen Vorkenntnisse verfügen, gute Lernfortschritte zu verzeichnen haben. Die Leistungen dieser beiden Gruppen klaffen bald immer weiter auseinander (vgl. Weinert/Zielinski 1977).

Zeigt z.B. ein Schüler im Fach Mathematik zu Beginn eines Schuljahres mangelhafte oder ungenügende Leistungen in den ersten Klassenarbeiten, können fast immer erhebliche Vorkenntnisdefizite vermutet werden. Für diesen Schüler ist es wenig ergiebig, dem Unterricht beizuwohnen, in dem er nur einen Bruchteil dessen versteht, was dort erarbeitet wird. Auch kann er nicht hoffen, daß sich die Vorkenntnislücken durch diesen Unterricht, der ihn offensichtlich stark überfordert, eines Tages schließen werden. Dieser Schüler braucht einen qualifizierten Nachhilfeunterricht, damit die Vorkenntnislücken diagnostiziert werden und er über ein lückenschließendes Lernen den Anschluß findet. (vgl. Eigler/Straka 1978). Ein Fachlehrer, der in 7 Lerngruppen 213 Schüler zu betreuen hat, kann während des Unterrichts diese Arbeit nicht leisten.

Je länger ein Unterricht zurückliegt, desto schwieriger wird es im allgemeinen, die Vorkenntnisse zu aktualisieren. Nach 24 Stunden gelingt dies meist mühelos, nach einer Woche stellen sich oft erhebliche Schwierigkeiten ein. Zwischenzeitlich haben die Schüler in anderen Fächern zahlreiche Lernprozesse durchlaufen, die sich auf den erneut in Gang zu setzenden Prozeß störend auswirken können. Eine Wochenstunde pro Fach sollte in einem Stundenplan keinen Platz haben. Die Zeit und Kraft, die zur Aktualisierung der erforderlichen Vorkenntnisse investiert werden muß, steht in keinem Verhältnis zu den meist geringen Lehr-Lern-Erfolgen.

Betrachten wir außerdem die Art und Weise, wie Vorkenntnisse aktualisiert werden, dann wird diese Lehr-Lern-Situation zu einem echten Problem. Typisch für sie ist die Frage: „Was haben wir das letzte Mal gemacht?" Aus ihr geht allerdings nicht eindeutig hervor, ob der Lehrer selbst nicht mehr genau weiß, was vor einer Woche erarbeitet worden ist und er deshalb erinnert werden möchte, oder ob er durch diese Frage die Vorkenntnisse aktualisieren will. Die Schüler empfinden eine solche Frage, sofern sie des öfteren auftritt, als ausgesprochen lästig. Nun müssen sie sich mühsam an die Fakten erinnern, einige gähnen, für andere ist die Stunde schon gelaufen. –

Eine weitere höchst fragwürdige Art, die Vorkenntnisse zu aktualisieren, besteht in einem zähen Frage- und Antwort-Spiel. Der Lehrer fragt, die Schüler antworten nicht. Der Lehrer fragt erneut und bietet eine Lernhilfe an, die Schüler bringen eine unzureichende Antwort. Der Lehrer fragt zum dritten Mal und schiebt eine weitere Lernhilfe nach, und nun erhält er endlich die von ihm gewünschte Antwort. Solche Gespräche sind wenig motivierend, sie sind zeitaufwendig und widersprechen grundlegenden Einsichten der Lehr-Lern-Ökonomie. – Deshalb wird im folgenden der Versuch unternommen, Handlungsmöglichkeiten aufzuzeigen, die geeignet erscheinen, Vorkenntnisse auf angemessene Art zu aktualisieren.

Mögliche Handlungsindikatoren

H-1: *Die benötigten Vorkenntnisse selbst darstellen.*
Diese Form einer Aktualisierung ist zwar „lehrerzentriert", doch bietet sie zahlreiche Vorteile, weil die Darstellung sachlich richtig und der Lernaufgabe entsprechend akzentuiert ist. Eine solche Darstellung erfordert wenig Zeit und kann verständlich formuliert sein (vgl. Grell/Grell 1979, 134 ff.).

H-2: *Eine Lernhilfe vorausschicken.*
Sie kann in einer Strukturierungshilfe bestehen (advanced organizer), indem sich der Lehrer überlegt, welche Strukturen bei den Schülern vorausgesetzt werden können und welche sie benötigen, um die Lernaufgabe erfolgreich zu bewältigen (vgl. Ausubel 1974). Doch sind auch ganz andere Hilfen denkbar, so z.B. zur Arbeitstechnik, zum Umgang mit einem Material oder zum Sozialverhalten.

H-3: *Eine Standortbestimmung vornehmen.*
Hier erinnert der Lehrer an den zurückliegenden Lehr-Lern-Prozeß, erwähnt jene Kenntnisse, die zur Weiterarbeit benötigt werden, umschreibt die Ziele der betreffenden Stunde und des nachfolgenden Unterrichts. Auf diese Weise fühlen sich die Schüler informiert und einbezogen.

H-4: *Schüler mit der Aktualisierung der Vorkenntnisse betrauen.*
Für diese Aufgabe benötigen die Schüler die Hilfe des Lehrers. Es muß ihnen erklärt werden, warum gerade diese Kenntnisse zu aktualisieren sind und der Lehrer diese Aufgabe nicht selbst übernehmen möchte.

H-5: *Partner- oder Kleingruppengespräche anregen.*
Die an die Schüler gerichtete Aufforderung, sich für wenige Minuten über eine Frage- oder Problemstellung auszutauschen, welche die erforderlichen Vorkenntnisse impliziert, ist meist ergiebiger als das sonst übliche mühsame Frage- und Antwort-Spiel.

Handlungsspektrum – Vorkenntnisse aktualisieren

Formblatt zum Training des Lehrverhaltens,
zur Beobachtung
und zur Handlungsanalyse.

Mögliche Handlungsindikatoren:

H-1: Die benötigten Vorkenntnisse selbst darstellen.
H-2: Eine Lernhilfe vorausschicken.
H-3: Eine Standortbestimmung vornehmen.
H-4: Schüler mit der Aktualisierung der Vorkenntnisse betrauen.
H-5: Partner- oder Kleingruppengespräche anregen.
H-6: Aufzeichnungen überfliegen lassen.
H-7: Einen Text einbringen und lesen lassen.
H-8: Ein Medium wiederholt präsentieren.
H-9: Die Vorkenntnisse durch eine Aufgabenstellung aktualisieren.
H-10: Die Vorkenntnisse spielerisch aktualisieren.
H-11: Die Vorkenntnisse im Gespräch erheben.

Weitere Indikatoren ? . . .

Anmerkungen: Ein Handlungsspektrum soll den Blick für die zur Verfügung stehenden Handlungsmöglichkeiten öffnen. Es besteht aus verschiedenen Lehrfertigkeiten oder Skills mit vergleichbarem Handlungsziel. Lehrer werden aufgefordert, das individuelle Handlungsspektrum auszuweiten, um die einzelnen Handlungsindikatoren variabel und flexibel einsetzen zu können.

H-6: *Aufzeichnungen überfliegen lassen.*
Sofern Aufzeichnungen aus der letzten Stunde vorliegen, welche die erforderlichen Vorkenntnisse enthalten, kann schon ein Überfliegen derselben für eine Aktualisierung genügen.

H-7: *Einen Text einbringen und lesen lassen.*
Dabei kann es sich entweder um einen Text handeln, den der Lehrer im Hinblick auf die nachfolgende Lernaufgabe selbst erstellt hat, oder um einen vorliegenden Abschnitt aus einem Buch, der die benötigten Vorkenntnisse enthält.

H-8: *Ein Medium wiederholt präsentieren.*
Neben den schriftlichen Unterlagen können z.B. eine Zeichnung, die noch vom Vortag an der Tafel steht, eine Overhead-Folie, die schnell noch einmal aufgelegt wird, ein Bild oder ein Ausschnitt aus einem Film zur Aktualisierung der Vorkenntnisse geeignet sein.

H-9: *Die Vorkenntnisse durch eine Aufgabenstellung aktualisieren.*
In Verbindung mit diesem Indikator legt sich der Lehrer drei Fragen vor, 1., welche Aufgabe geeignet ist, um die benötigten Vorkenntnisse zu bieten, 2., wie sie formuliert und 3., in welcher Form sie gelöst werden soll, z.B. gemeinsam an der Tafel, in Einzel-, Partner- oder Kleingruppenarbeit.

H-10: *Die Vorkenntnisse spielerisch aktualisieren.*
Diese Form erfordert meist etwas mehr Zeit, macht den Schülern dafür aber Spaß. Ein Quiz oder ein Ratespiel kann auf die erforderlichen Vorkenntnisse ausgerichtet sein und den Lehr-Lern-Prozeß auflockern.

H-11: *Die Vorkenntnisse im Gespräch erheben.*
Der Lehrer nennt das Thema, bittet die Schüler um Beiträge (steuert das Gespräch überwiegend nichtverbal), sammelt die Beiträge an der Tafel (vgl. S. 182 ff.), läßt sie ordnen und bezieht die Vorkenntnisse in den nachfolgenden Prozeß ein. – Greift der Lehrer nicht auf die Gesprächsergebnisse zurück, wird das Gespräch fragwürdig. Auch besteht die Gefahr, daß sich ein solches Gespräch zu sehr in die Länge zieht.

Es wurde schon darauf hingewiesen, daß insbesondere ein Fachlehrer, der ungünstige Rahmenbedingungen in Kauf nehmen muß, nicht in der Lage ist, all jene Vorkenntnisse zu aktualisieren, die leistungsschwache Schüler benötigen, um vom Lehr-Lern-Prozeß in der Weise zu profitieren, wie dies wünschenswert wäre. Der Aufforderung, die erforderlichen Vorkenntnisse zu aktualisieren, kann er immer nur mit

Einschränkungen nachkommen, aber die Aufforderung muß als solche bestehen bleiben.

Weitere Indikatoren?...

Zum Lernen motivieren – sofern dies möglich ist

Maßnahmen der Lernmotivierung sind alle jene Handlungen des Lehrers, die das Ziel verfolgen, bei den Schülern Lernprozesse anzuregen, aufrechtzuerhalten und auf ein Ziel hinzulenken (vgl. Aschersleben/Hohmann 1979, 158). Wir konzentrieren uns in diesem Abschnitt auf den ersten Maßnahmenbereich, auf das Anregen der Lernprozesse. Zwar wäre es wünschenswert, wenn Schüler von sich aus lernen würden – also durch ein internes System motiviert sich eigenständig mit den Lerninhalten auseinandersetzen würden – und der Lehrer auf besondere Maßnahmen der Lernmotivierung verzichten könnte, doch im Normalbetrieb einer öffentlichen Schule kann eine solche Lernhaltung nicht vorausgesetzt werden.

Also ist es eine selbstverständliche Aufgabe des Lehrers, mit Hilfe motivierender Maßnahmen Lernprozesse einzuleiten. Diese Aufgabe stellt sich für ihn zu Beginn einer Unterrichtseinheit oder immer dann, wenn neue Lerninhalte angesprochen und neue Lernziele angesteuert werden sollen. So betrachtet können wir diese Maßnahmen der Lernmotivierung als prozeßinitiierend oder prozeßeinleitend bezeichnen.

Im Schulalltag wird allerdings kaum eine Unterrichtsstunde durch Maßnahmen der Lernmotivierung eingeleitet. Statt dessen werden Hausaufgaben kontrolliert, erforderliche Vorkenntnisse aktualisiert, oder Lehrer und Schüler arbeiten einfach da weiter, wo sie in der letzten Stunde aufgehört haben. Dennoch ist die Meinung weit verbreitet, jede Unterrichtsstunde müsse mit besonderen Maßnahmen der Lernmotivierung beginnen. Diese Auffassung ist aus der Hochschul- und Lehrprobensituation zu verstehen. Der Lehramtskandidat bekommt ein Thema gestellt, das in der Lerngruppe noch nicht behandelt worden ist, und nun muß er sich überlegen, wie er in möglichst kurzer Zeit die Schüler an das Thema heranführt. In diesem Fall sind besondere Maßnahmen der Lernmotivierung gefragt, um eine Anfangsmotivation zu erzeugen, welche die Stunde trägt.

Im Hinblick auf den Schulalltag erscheint auch die Auffassung fragwürdig, nach der möglichst schnell ein hohes Motivationsniveau, eine Anfangsmotivation, anzustreben sei. Die Tatsache, daß nahezu jedes Artikulationsschema mit einer Phase der Motivation beginnt, zeigt nur die mangelnde Praxisrelevanz dieser Schemata auf (vgl. Keck 1983). Wenn die Schüler im Fach Kunsterziehung mit einem neuen Material arbeiten sollen, das keine besonderen Lernanreize bietet, dann zögern sie zu Beginn der Stunde, sich mit diesem Material zu befassen, allmählich werden sie im Umgang mit ihm vertrauter, einige Schüler beginnen mit dem Gestalten, und nach etwa einer halben Stunde sind alle mit Eifer dabei. – Oder die Schüler einer Grundschulklasse planen ein Rollenspiel, einige Schüler erscheinen motiviert, andere nehmen eine abwartende Haltung ein. Die Stunde verläuft anfangs schleppend, weil sich die Gruppe nicht auf die Rollenverteilung einigen kann. Schwierigkeiten bereiten auch die Spielregeln. Doch gegen Ende der Stunde sind alle Schüler in das Spiel vertieft. – Ein ähnliches Beispiel aus dem Fach Physik: Die Schüler erhalten den Auftrag zu experimentieren. Den schriftlichen Experimentalanleitungen können sie Einzelheiten zur Planung und Durchführung entnehmen. Sie bilden Kleingruppen, suchen die erforderlichen Geräte und Materialien zusammen und beginnen zögernd mit dem Versuchsaufbau. Bis zu diesem Zeitpunkt erscheinen sie nicht sonderlich motiviert, doch bei der Durchführung wird es auf einmal lebendig. Die Schüler sind voll konzentriert, überhören das Klingelzeichen, bitten den Lehrer, die Experimente weiterführen zu dürfen. – In allen Beispielen ist die Anfangsmotivation verhältnismäßig gering, die Motivation im weiteren Prozeßverlauf hingegen hoch.

Was einen Schüler letztlich veranlaßt, auf Maßnahmen der Lernmotivierung positiv bzw. negativ zu antworten, läßt sich nicht immer erkennen. Einmal gibt es Schüler, bei denen eine generelle Leistungsbereitschaft, das Leistungsmotiv, besonders stark ausgeprägt ist. Sie erscheinen wach, aktiv, lernbereit und folgen nahezu jeder Anregung des Lehrers. Dann kann eine besondere Begabung oder ein Interesse für das betreffende Fach oder für den Lerninhalt vorherrschen. Verfügt ein Schüler z.B. über ein absolutes Gehör und kann er einige Beethoven-Sonaten auswendig spielen, bedarf es von seiten des Musikerziehers wohl kaum besonderer Maßnahmen der Lernmotivierung, um mit ihm verschiedene Beethoven-Interpretationen zu vergleichen. – Des weiteren folgen Schüler den Anregungen, weil sie an sich selbst einen hohen Anspruch stellen oder den Ansprüchen und Erwartungshaltungen der Lehrer, Mitschüler oder Eltern gerecht werden möchten. Schließlich können die Versuche des Lehrers, einen Lernprozeß einzuleiten, erfolgreich sein, weil die Frage- oder Problemstellung einen Schwierigkeitsgrad oder Aufgabenanreiz bietet, welcher dem Schüler entspricht (vgl. Heckhausen 1969).

Umgekehrt sehen sich einige Schüler veranlaßt, den Lernprozeß gar nicht erst aufzunehmen, weil ihr Leistungsmotiv schwach ausgeprägt ist, sie sich für das Fach und den Lerninhalt überhaupt nicht interessieren, keinerlei Ambitionen auf diesem Gebiet entwickelt haben, sie den Lehrer nicht leiden können, es ihnen gleichgültig ist, was andere Personen von ihren Lernleistungen in dem betreffenden Fach halten. Und schließlich ist es auch denkbar, daß sie gar nicht erst mit dem Lernen beginnen, weil ihnen die Aufgabe zu schwierig oder zu leicht erscheint oder weil sie aufgrund ungünstiger Rahmenbedingungen ganz einfach müde sind. In solchen Stunden versagen alle erdenklichen Maßnahmen der Lernmotivierung.

In der konkreten Lehr-Lern-Situation kommt im einzelnen Schüler ein ganzes Motivbündel zum Tragen. Ein Fachlehrer, der 233 Schüler in 8 verschiedenen Klassen zu instruieren hat, kann unmöglich über die Motive seiner Schüler Bescheid wissen. Auch ist es ihm nicht möglich, seine Maßnahmen der Lernmotivierung auf die individuellen motivationalen Voraussetzungen abzustimmen.

Welche Maßnahmen der Lernmotivierung stehen einem Lehrer zur Verfügung? Ganz allgemein lassen sich zwei Maßnahmenbereiche unterscheiden, sachbezogene Maßnahmen und sachfremde. Sachbezogene Maßnahmen rücken den Lerninhalt in den Mittelpunkt, indem der Lehrer seine Bedeutung umreißt, Besonderheiten hervorhebt, den Lerninhalt fragwürdig werden läßt etc. Sachfremde Maßnahmen sind z.B. Hinweise auf die nächste Klassenarbeit, das Zeugnis oder die Abschlußprüfung, in welcher der Lerninhalt gefragt sein kann.

Nun herrscht die Meinung vor, der Lehrer möge sachbezogene Maßnahmen ergreifen und auf die sachfremden verzichten. Sicher ist es sinnvoll, die sachbezogenen Möglichkeiten erst einmal auszuschöpfen, bevor sachfremde ergriffen werden, doch kann kein Lehrer im Unterricht an einer öffentlichen

Schule ganz auf sachfremde Maßnahmen der Lernmotivierung verzichten. Wenn z.B. ein Lehrer den Unterricht mit den Worten beginnt: ,,Übermorgen schreiben wir eine Klassenarbeit. Ich möchte gerne, daß sie mindestens so gut wie die letzte ausfällt. Deshalb rechnen wir in dieser Stunde noch ein paar Aufgaben durch, damit sich jeder sicher fühlt," – dann motiviert er zwar überwiegend sachfremd und die Schüler erscheinen ebenfalls überwiegend extrinsisch motiviert, indem sie gerade eine Note haben möchten, die den eigenen Erwartungen und denen des Lehrers entspricht; aber ein solches Vorgehen des Lehrers muß wohl akzeptiert werden, und es wird erfahrungsgemäß auch von den Schülern anerkannt. Im Hinblick auf die Lehr-Lern-Situation selbst, in der nun gerechnet wird, läßt sich die getroffene Unterscheidung schon nicht mehr aufrechterhalten. Wer wollte entscheiden, ob die Schüler nur der Note wegen eifrig rechnen oder ob sie nicht doch den Aufgaben einiges abgewinnen können, also nach wenigen Minuten überwiegend intrinsisch motiviert sind?

Wenn im folgenden einige Handlungsindikatoren zusammengestellt werden, die für die Einleitung der Lehr-Lern-Prozesse herangezogen werden können, dann erfolgt eine Beschränkung auf den sachbezogenen Maßnahmenbereich, während die nichtsachbezogenen Maßnahmen im nächsten Abschnitt – ,,Die Schüler zum Weiterlernen ermutigen" – zur Sprache kommen.

Mögliche Handlungsindikatoren

H-1: *Die Bedeutung des Lerninhaltes hervorheben.*
Dies kann z.B. geschehen, indem der Lehrer auf die Relevanz für derzeitige und künftige Lebens- oder Berufssituationen aufmerksam macht.

H-2: *Die Lernziele umschreiben.*
Sofern die Schüler die Lernziele ansatzweise kennen, können sie einsichtiger lernen und aktiver an der Zielerreichung mitarbeiten. Für leistungsschwache Schüler besteht die Gefahr, durch zahlreiche anspruchsvolle Ziele entmutigt zu werden. – Zielangaben können allerdings den vorhandenen Neuigkeitsgehalt vorzeitig abbauen, und deshalb ist diese Empfehlung zu relativieren.

Handlungsspektrum – Motivieren

Formblatt zum Training des Lehrverhaltens,
zur Beobachtung
und zur Handlungsanalyse.

Mögliche Handlungsindikatoren:

H-1: Die Bedeutung des Lerninhaltes hervorheben.
H-2: Die Lernziele umschreiben.
H-3: Das Vorgehen diskutieren.
H-4: Von Erfahrungen der Schüler ausgehen.
H-5: Einen persönlichen Bezug sichtbar werden lassen.
H-6: Mit einer Schilderung, einem Bericht oder einer Erzählung beginnen.
H-7: Auf aktuelle Ereignisse Bezug nehmen.
H-8: Etwas vormachen, demonstrieren oder vorzeichnen.
H-9: Ein geeignetes Medium einsetzen.

Weitere Indikatoren ? . . .

H-3: *Das Vorgehen diskutieren.*
In Kenntnis der Ziele kann mit den Schülern über das Vorgehen gesprochen werden. Die Schüler werden so zu Beginn des Lernprozesses aktiviert und fühlen sich für dessen Verlauf mitverantwortlich. Die gemeinsame Planung kostet Zeit, und die Beteiligungsspielräume sind begrenzt (vgl. S. 217 ff.).

H-4: *Von Erfahrungen der Schüler ausgehen.*
Liegen im Hinblick auf den betreffenden Lerninhalt Schülererfahrungen vor, sollten diese auch angesprochen werden, denn es gelingt ihnen so eher, die neuen Inhalte in schon bekannte Strukturen zu integrieren (vgl. Ausubel 1974).

H-5: *Einen persönlichen Bezug sichtbar werden lassen.*
Für die Schüler ist es fast immer von Interesse zu erfahren, welchen Bezug der Lehrer zu dem betreffenden Lerninhalt hat,

wie er z.B. als Kind die Währungsreform erlebte, wie er als Tourist oder Transitreisender Spanien oder die Deutsche Demokratische Republik kennengelernt hat oder welchen politischen Standpunkt er zu einer politischen Tagesfrage einnimmt.

H-6: *Mit einer Schilderung, einem Bericht oder einer Erzählung beginnen.*
Dieser Indikator schließt sich an den vorgenannten an, nur daß jetzt der persönliche Bezug fehlt. Die Reisebeschreibung eines Entdeckers, der Bericht eines Journalisten oder die Erzählung eines Autors vermag – auch in Ausschnitten gebracht – den Lernprozeß einzuleiten.

H-7: *Auf aktuelle Ereignisse Bezug nehmen.*
Eine Rundfunkmeldung, eine Nachricht aus der Tagesschau oder eine Pressenotiz führt oftmals direkt auf den Lerninhalt zu und kann so als Aufhänger dienen.

H-8: *Etwas vormachen, demonstrieren oder vorzeichnen.*
Sobald der Lehrer eine Übung vorturnt, einen Sachverhalt demonstriert oder zeichnet und er dabei auf den hohen Schwierigkeitsgrad aufmerksam macht, kann er sich stets der Aufmerksamkeit seiner Schüler gewiß sein. Häufig ist er genötigt, das Lehrtempo drastisch zu reduzieren, und deshalb wittern auch leistungsschwache Schüler eine Chance, dem Lehr-Lern-Prozeß zu folgen. Oder es sind alle Schüler gespannt, ob dem Lehrer ein Fehler unterläuft.

H-9: *Ein geeignetes Medium einsetzen.*
Von einigen Medien geht ein hoher motivationaler Anreiz aus, perfekt erscheinende oder zu häufig eingesetzte Medien bieten oft geringe Anreize oder führen zu einer Medienmonotonie. Der motivationale Gehalt kann durch einen Hinweis auf die Bedeutung des Lerninhaltes (vgl. H-1) verstärkt werden.

Weitere Indikatoren?...

Neben dem hier aufgezeigten Spektrum gibt es eine Vielzahl weiterer Handlungsindikatoren, die teilweise auch in den anderen Kapiteln ausformuliert sind und die einen Lehr-Lern-Prozeß einleiten können. So sollen durch den „Aufbau einer

Fragehaltung" (vgl. S. 172 ff.) ebenfalls Lernprozesse angeregt werden. Auch ist es denkbar, den Prozeß mit einem bestimmten Gespräch oder einem interessanten Arbeitsauftrag einzuleiten.

Mitunter erzeugen Lehrer durch Maßnahmen der Lernmotivierung eine „Übermotivation", welche andere Lehr-Lern-Prozesse stört oder die intendierten Prozesse gar nicht in Gang kommen läßt. Teilt z.B. ein Grundschullehrer Material aus, das einen hohen Lernanreiz bietet, ohne zuvor den Arbeitsauftrag erteilt und besprochen zu haben, kann es passieren, daß die Schüler zwar von dem Material voll in Anspruch genommen werden, den nachfolgenden Auftrag jedoch überhören. – Ähnliches vermag die Ankündigung „Morgen machen wir einen Ausflug" auszulösen. Die Schüler freuen sich, jubeln, denken im Verlauf des Vormittags immer wieder an den morgigen Tag, und die Lernbereitschaft und Konzentrationsfähigkeit lassen erheblich nach.

Lehr-Lern-Prozesse sollten nicht stereotyp eingeleitet werden. Schließlich bietet sich ein breites Spektrum von geeigneten Maßnahmen an. Aufgabe eines Lehrers ist es nun, in Kenntnis des Handlungsspektrums eine begründete Auswahl zu treffen und die zahlreichen Möglichkeiten variabel zu verwenden.

Zur Weiterarbeit anregen – was nicht immer gelingen wird

Für jeden Lehrer ist die mangelnde Mitarbeit der Schüler ein Problem, mit dem er täglich konfrontiert wird. Fragen wir nach den Ursachen mangelnder Mitarbeit, müssen wir feststellen, daß Schüler zahlreiche gute Gründe haben, nicht mitzumachen. So sind Schüler nicht zur Mitarbeit bereit, weil

- bei ihnen eine allgemeine Schulmüdigkeit vorherrscht, sie im Schulbesuch keinen Sinn erkennen können und die „Null-Bock-Haltung" dominiert;
- sie sich für das betreffende Fach, das Lerngebiet, die Unterrichtseinheit oder das Thema nicht interessieren;
- sie den Anforderungen nicht gerecht werden können, sie sich durch zu hoch gesteckte Lernziele permanent überfordert fühlen;
- die Beziehungen zum Lehrer gestört sind, sei es aufgrund einer allgemeinen Abneigung oder aufgrund vorausgegangener sozialer Konflikte;

- ihnen die Art des Unterrichts langweilig erscheint, der Unterricht immer nach dem gleichen Schema abläuft und sie sich unterfordert fühlen;
- sie dem Lehrer anmerken, daß auch er keinen Spaß am Unterricht hat;
- sie zu ihren Mitschülern ein gestörtes Verhältnis haben und sich vor ihnen nicht blamieren möchten;
- die psychomotorischen Bedürfnisse nicht ausreichend berücksichtigt werden, es ihnen einfach nicht gelingt, so lange stillzusitzen;
- sie aufgrund ungünstiger Rahmenbedingungen, z.B. vorangegangener Unterrichtsstunden, schon müde sind;
- sie durch aktuelle Ereignisse, z.B. durch den ersten Schnee, Fluglärm, die Durchsage des Schulleiters, abgelenkt werden;
- sie an andere Personen oder Ereignisse denken, an den Freund oder die Freundin, die Eltern, den Rock-Star, die Disco, das Mofa, oder weil sie Liebeskummer haben;
- andere außerschulische Einflüsse und Aktivitäten, z.B. hohe Umweltbelastungen oder ein übermäßiger Fernsehkonsum, die Konzentrations- und Leistungsfähigkeit drastisch reduzieren. Überblicken wir die vorstehenden Variablen, dann ist es eigentlich erstaunlich, daß Schüler doch manchmal mitarbeiten und vom Unterricht profitieren.

Die Art und Weise, wie Lehrer auf mangelnde Mitarbeit ihrer Schüler antworten, ist oft wenig professionell. Manchmal wird einfach weiterunterrichtet, die Stunde „durchgezogen“, obgleich die mangelnde Mitarbeit offensichtlich ist. Oder die Schüler werden immer wieder stereotyp ermahnt, Aufforderungen, die ungehört verhallen. Die dritte Möglichkeit liegt im Einsatz der bekannten Disziplinierungstechniken – Klassenbucheinträge, Strafarbeiten, vor die Tür schicken, zum Klassenlehrer oder Rektor schicken –, Techniken, die kaum geeignet sind, die Mitarbeit anzuregen.

Welche Handlungsmöglichkeiten gibt es nun, auf Anzeichen mangelnder Mitarbeit angemessen zu reagieren?

Mögliche Handlungsindikatoren

H-1: *Mit den Schülern über die Ursachen mangelnder Mitarbeit sprechen.*
Arbeiten die Schüler mehrheitlich nicht mehr mit und sind die Ursachen nicht ohne weiteres einsehbar, muß der Prozeß unterbrochen werden und ein metaunterrichtliches Bemühen einsetzen, d.h. ein Unterricht über Unterricht stattfinden, in dessen Verlauf die Ursachen genannt werden und sich Lehrer und Schüler gemeinsam überlegen, wie es nun weitergehen soll (vgl. S. 217 ff.).

H-2: *Emotionen verbalisieren oder verbalisieren lassen.*
Beziehungsstörungen oder soziale Konflikte lassen sich meist nur bewältigen, sofern die Beteiligten über ihre negativen Gefühle sprechen. Wenn Schüler z.B. nicht mitarbeiten, weil sie sich ungerecht behandelt, überfordert oder abgewertet fühlen, müssen sie Gelegenheit erhalten, dies offen zu sagen.

H-3: *Andere Lerninhalte einbringen und Lernziele ändern.*
Lerninhalte können auf mangelndes Interesse stoßen, die Lernziele können die Schüler über- oder unterfordern. Manchmal besteht die Möglichkeit, andere Inhalte einzubringen oder die Zielrichtung zu ändern.

H-4: *Die Methode wechseln.*
Häufig genügt schon der Übergang zu einer anderen Lehr-Lern-Situation, ein Medieneinsatz oder ein Wechsel der Sozialform, um die Schüler wieder zur Mitarbeit anzuregen.

H-5: *Das Lehr-Lern-Tempo variieren.*
Darunter ist der bewußte Versuch des Lehrers zu verstehen, langsamer oder schneller vorzugehen, um so das Lehrtempo dem Lernvermögen der Schüler anzupassen.

H-6: *Differenzierungsmöglichkeiten nutzen.*
Sofern leistungsschwache Schüler dem Unterricht nicht mehr folgen können, sind Möglichkeiten der Binnendifferenzierung zu nutzen, indem verschiedene Schülergruppen Lernaufgaben gestellt bekommen, die ihrem Lernvermögen entsprechen.

Handlungsspektrum – Zur Weiterarbeit anregen

Formblatt zum Training des Lehrverhaltens,
zur Beobachtung
und zur Handlungsanalyse.

Mögliche Handlungsindikatoren:

H-1: Mit den Schülern über die Ursachen mangelnder Mitarbeit sprechen.
H-2: Emotionen verbalisieren oder verbalisieren lassen.
H-3: Andere Lerninhalte einbringen und Lernziele ändern.
H-4: Die Methode wechseln.
H-5: Das Lehr-Lern-Tempo variieren.
H-6: Differenzierungsmöglichkeiten nutzen.
H-7: Auflockernde Lernaktivitäten initiieren.
H-8: Wettbewerbssituationen schaffen.
H-9: Eine Anekdote oder einen Witz erzählen.
H-10: Den psychomotorischen Bedürfnissen entgegenkommen.
H-11: Auf die schon geleistete bzw. noch zu leistende Arbeit hinweisen.
H-12: Auf das Stundenende aufmerksam machen.
H-13: Eine Belohnung in Aussicht stellen.
H-14: Eine Pause einlegen.
H-15: Auf eine bevorstehende Leistungsmessung aufmerksam machen.
H-16: Die Rahmenbedingungen verändern.
H-17: Den Unterricht abbrechen und verlegen.

Weitere Indikatoren ? . . .

H-7: *Auflockernde Lernaktivitäten initiieren.*
Diese Möglichkeit haben vor allem Grundschullehrer, indem sie nach Phasen der Konzentration, in denen z.B. geschrieben oder gerechnet worden ist, Lernaktivitäten initiieren, die den Unterricht auflockern, wie Singen, Spielen, Malen, Kneten, Basteln, Bauen etc.

H-8: *Wettbewerbssituationen schaffen.*
Kleine Wettbewerbe machen vor allem jüngeren Schülern Spaß, sie erhöhen die Anstrengungsbereitschaft und fördern den Leistungsvergleich. Sofern darauf geachtet wird, daß nicht immer bestimmte Schüler gewinnen bzw. verlieren, müssen Wettbewerbe nicht in einen Konkurrenzkampf ausarten und die Schüler unter Leistungsdruck setzen.

H-9: *Eine Anekdote oder einen Witz erzählen.*
Für diese Art der Auflockerung sind vor allem ältere Schüler dankbar. Einlagen dieser Art haben zwar nichts mit dem Lerninhalt zu tun, doch zeigen sie den Schülern, daß der Lehrer nicht alles tierisch ernst nimmt – auch nicht die mangelnde Mitarbeit. – Allerdings besteht die Gefahr, daß die Schüler im weiteren Verlauf nur noch an den Witz und nicht mehr an den Lerninhalt denken.

H-10: *Den psychomotorischen Bedürfnissen entgegenkommen.*
Einige Lockerungsübungen bei geöffneten Fenstern, ein Bewegungsspiel oder eine Runde um das Schulgebäude können dem Bewegungsdrang Rechnung tragen.

H-11: *Auf die schon geleistete bzw. noch zu leistende Arbeit hinweisen.*
Der Hinweis auf schon vorliegende befriedigende Lernergebnisse kann Ansporn sein, ein letztes wichtiges Lernziel anzusteuern.

H-12: *Auf das Stundenende aufmerksam machen.*
Eine Zeitangabe, der Hinweis auf das Ende der Stunde oder des Schulvormittags, vermag nochmals die Konzentrationsfähigkeit zu steigern und die Anstrengungsbereitschaft zu erhöhen. Dieser Effekt ist in der Arbeitswissenschaft als „Endantrieb" bekannt.

H-13: *Eine Belohnung in Aussicht stellen.*
Die Aussicht, fünf Minuten früher den Unterricht beenden zu können oder keine Hausaufgaben erledigen zu müssen, kann die Schüler zur weiteren Mitarbeit bewegen.

H-14: *Eine Pause einlegen.*
Von dieser Möglichkeit wird zu wenig Gebrauch gemacht.

Wenn die Konzentrationsfähigkeit erlahmt und die Lernbereitschaft stark nachläßt, erscheint eine kurze Pause sinnvoller als der vergebliche Versuch, sich weiter durch die Stunde zu quälen.

H-15: *Auf eine bevorstehende Leistungsmessung aufmerksam machen.*
Ein solcher Hinweis sollte mit der Bemerkung des Lehrers verbunden werden, daß auch er am Lernfortschritt eines jeden Schülers interessiert ist und ein starkes Interesse an zufriedenstellenden Lernleistungen hat.

H-16: *Die Rahmenbedingungen verändern.*
Manchmal sind es nur Kleinigkeiten, wie die klimatischen, optischen oder akustischen Verhältnisse, die zu einer mangelnden Mitarbeit führen.

H-17: *Den Unterricht abbrechen und verlegen.*
Eine solche Maßnahme kommt in Betracht, wenn alle vorstehenden Handlungsindikatoren versagen und es sich um eine Randstunde handelt. Allerdings sollten Schüler und Lehrer die Unterrichtszeit „nachspielen". Auch muß eine solche außergewöhnliche Maßnahme in Absprache mit dem Schulleiter erfolgen.

Weitere Indikatoren?...

Schon der letzte Indikator hat die Grenzen des Bemühens, die Schüler mittels pädagogischer Maßnahmen wieder an den Lerninhalt heranzuführen, deutlich gemacht. So wird es immer wieder vorkommen, daß sich Lehrer und Schüler in bestimmten Stunden „über die Runden quälen", und der Lehrer zu den verpönten Disziplinierungsmitteln greift, die in ihrer Wirksamkeit fragwürdig bleiben.

Lehr-Lern-Erfolge kontrollieren – soweit sie sich kontrollieren lassen

Wer das Wort „Kontrolle" liest, fühlt sich vielleicht abgeschreckt, denkt an die eigene Schulzeit zurück und an die unliebsamen Kontrollen der Hausaufgaben. Welcher Mensch möchte schon gerne kontrolliert werden, und welcher humane Lehrer, der seinen Schülern freundlich gesinnt ist, kontrolliert sie schon gerne?

In diesem Abschnitt soll von der Kontrolle der Lehr-Lern-Erfolge die Rede sein. Wir gehen davon aus, daß jeder Schüler, seinem unterschiedlichen Lernvermögen entsprechend, Erfolge zu verzeichnen hat. Desgleichen können Lehrer im Verlauf der Lehr-Lern-Prozesse auf Lehrerfolge zurückblicken. Wer erfolgreich ist, gewinnt an Selbstbewußtsein, wird emotional stabilisiert. Und wenn Lehrer und Schüler gleichermaßen erfolgreich sind, so hat dies positive Auswirkungen auf das Lern- und Gruppenklima. Erfolgskontrollen können – wenn sie nicht immer mit dem Notenbüchlein in der Hand vorgenommen werden – Lehrern und Schülern Spaß machen.

Die Kontrolle der Lehr-Lern-Erfolge hat so betrachtet wenig mit den bekannten Formen der Leistungsmessung zu tun, bei denen Lehrer ihre Schüler häufig unter Druck setzen, das abfragen oder abverlangen, was sie noch nicht wissen können, bei denen die Schüler Leistungs- und Prüfungsängste durchleben und die zur Vergiftung der Atmosphäre und zur Belastung der Lehrer-Schüler-Beziehung beitragen.

Kontrollen der Lehr-Lern-Erfolge werden prozeßbegleitend erforderlich, sobald vermutet werden kann, daß die Schüler einen bedeutenden Lernschritt getan oder ein wichtiges Lernziel erreicht haben. Sofern aus dem Lernverhalten der Schüler zweifelsfrei zu entnehmen ist, daß das betreffende Ziel auch wirklich erreicht worden ist, kann eine Kontrolle entfallen. Doch in jedem Fall sollten die Erfolgskontrollen eine prozeßleitende Funktion haben, indem sie den Abschluß einer Unterrichtseinheit bilden, Lehrern und Schülern Gelegenheit bieten, darüber nachzudenken, was gelehrt und gelernt worden ist und wie das Gelernte künftig verwendet werden kann.

Wer als Lehrer seine Schüler keiner Erfolgskontrolle aussetzt, tut ihnen keinen Gefallen. Unerfahrene Lehrer unterrichten manchmal engagiert drauflos, nehmen sich für die Erfolgskontrollen keine Zeit, erteilen Hausaufgaben, ohne diese zu kontrollieren, sind dann ganz erstaunt, wenn in der Klassenarbeit die Lernergebnisse weit hinter ihren Erwartungen zurückbleiben und die Schüler von sich aus auf die Erledigung der Hausaufgaben verzichten.

Eine Kontrolle der Lehr-Lern-Erfolge ist für Lehrer und Schüler aus mehreren Gründen unerläßlich. Nur wenn sich der

Lehrer im Lehr-Lern-Prozeß laufend Rückmeldungen verschafft, ahnt er, wo die Schüler stehen und kann dann das Lehrtempo weitgehend nach dem Lerntempo der Schüler ausrichten. Nur wenn er Informationen darüber einholt, welche der angestrebten Lernziele die Schüler nun tatsächlich voll erreicht haben, welche teilweise erreicht bzw. nicht erreicht worden sind, vermag er wichtige Entscheidungen bezüglich weiterer Übungen, Wiederholungen etc. zu treffen. Eigentlich benötigt er auch Informationen über den Leistungsstand eines jeden Schülers, um Schüler in ihren Lernbemühungen individuell stützen zu können. Schließlich ist es für jeden Lehrer unbefriedigend, längere Zeit zu unterrichten, ohne Auskunft über die erzielten Lehrleistungen zu bekommen. Lehrer brauchen die Bestätigung, ob ihre Lehrbemühungen erfolgreich waren.

Die Schüler möchten ebenfalls Auskunft über den Erfolg ihrer Lernbemühungen haben, und der Lehrer ist die einzige Person, die im Hinblick auf den durchlaufenen Lehr-Lern-Prozeß in kompetenter Weise Auskünfte erteilen kann. Die Schüler möchten gerne erfahren, was sie denn nun eigentlich gelernt haben, ob der Lehrer mit ihnen zufrieden ist und wo sie in der Gruppe stehen. Natürlich wünschen sie sich, daß ihre Lernbemühungen durch Lernerfolge belohnt werden. Sie möchten aber auch konkrete Anhaltspunkte, warum sie weniger erfolgreich gewesen sind.

Wenn Schüler im Anschluß an einen Unterrichtsvormittag aus der Schule kommen und keine Auskunft geben können, was sie denn nun eigentlich gelernt haben, ist dies mit ein Indiz dafür, daß die Lehrer auf die so notwendigen Erfolgskontrollen verzichtet haben. Für einen Schüler ist das Gefühl besonders lähmend, wieder einmal einen sonnigen Vormittag in der Schule vertan zu haben.

Mögliche Handlungsindikatoren

H-1: *Die Schüler auffordern, sich gegenseitig Fragen bzw. Aufgaben zu stellen.*

Die Art der Frage- bzw. Aufgabenstellungen zeigt dem Lehrer recht deutlich, wo die Schüler stehen, welche Antworten korrekturbedürftig sind und welche Lösungen noch erarbeitet werden müssen.

Handlungsspektrum – Erfolgskontrolle

Formblatt zum Training des Lehrverhaltens,
zur Beobachtung
und zur Handlungsanalyse.

Mögliche Handlungsindikatoren:

H-1: Die Schüler auffordern, sich gegenseitig Fragen bzw. Aufgaben zu stellen.
H-2: Ein Arbeitsblatt austeilen, das wichtige Fragen bzw. Aufgaben enthält.
H-3: Nach den interessantesten oder wichtigsten Punkten fragen.
H-4: Nach offengebliebenen Frage- oder Problemstellungen fragen.
H-5: Nach nicht verstandenen Punkten fragen.
H-6: Die Schüler auffordern, zu Hause Wiederholungsfragen zu formulieren.
H-7: Einen Schüler oder eine Schülergruppe beauftragen, die Mitschüler in der nächsten Stunde abzufragen.
H-8: Die Schüler auffordern, den Lehrer im betreffenden Lerngebiet zu prüfen.
H-9: Ein Ergebnisprotokoll erstellen und überprüfen lassen.
H-10: Fragekarten vorbereiten oder vorbereiten lassen.
H-11: Hausaufgaben kontrollieren.
H-12: Ausnahmsweise auch mit dem Notenbüchlein in der Hand mündlich abfragen.

Weitere Indikatoren ? . . .

H-2: *Ein Arbeitsblatt austeilen, das wichtige Fragen bzw. Aufgaben enthält.*

Dieses Blatt kann einzeln, in Partner- oder Kleingruppen bearbeitet werden. Eine Gruppe schreibt ihre Ergebnisse auf eine Folie, damit nach der Arbeitsphase die Korrektur mühelos erfolgen kann.

H-3: *Nach den interessantesten oder wichtigsten Punkten fragen.*

Die an die Schüler gerichtete Aufforderung, jene Punkte zu nennen, die für sie besonders interessant oder wichtig gewesen sind, gibt Aufschluß über die Art der Informationsaufnahme und -verarbeitung. Aufgrund der Schülerantworten wird deutlich, welche Ziele sie tatsächlich angestrebt haben.

H-4: *Nach offengebliebenen Frage- oder Problemstellungen fragen.*

Der Einsatz dieses Indikators regt die Schüler an, die Lernstrukturen und ihre Ergebnisse in den Blick zu nehmen und nach fehlenden Elementen zu suchen. Er zeigt dem Lehrer auch, welche Schüler zu selbständigem Denken fähig sind.

H-5: *Nach nicht verstandenen Punkten fragen.*

Dabei sollte die Frage: „Wer hat etwas nicht verstanden?" – möglichst unterbleiben, denn wer sich meldet, riskiert, sich zu blamieren. Statt dessen erscheint es sinnvoll, die Frage mit einer Bemerkung zu verknüpfen, die deutlich macht, daß eine Lernlücke keinesfalls zu Lasten des Schülers gehen muß, so z.B.: „Ich überlege mir, ob es immer möglich war, dem Unterricht zu folgen. Ich kann mir vorstellen, daß es noch einige Punkte zu klären gibt."

H-6: *Die Schüler auffordern, zu Hause Wiederholungsfragen zu formulieren.*

Dies hat den Vorteil, daß die Fragen sorgfältiger durchdacht werden und nicht so viel Unterrichtszeit benötigt wird. Wenn jeder Schüler eine Frage oder Aufgabe formuliert, wird meist das gesamte Spektrum abgedeckt.

H-7: *Einen Schüler oder eine Schülergruppe beauftragen, die Mitschüler in der nächsten Stunde abzufragen.*

Die Schüler spielen im allgemeinen gerne Lehrer. Letzterer kann zuhören und, falls es erforderlich wird, korrigierend eingreifen.

H-8: *Die Schüler auffordern, den Lehrer im betreffenden Lerngebiet zu prüfen.*

Dieser Rollentausch lockert die Atmosphäre auf. Die Schüler werden sich alle Mühe geben, auch knifflige Fragen oder schwierige Aufgaben zu stellen, um den Lehrer ein bißchen in Verlegenheit zu bringen.

H-9: *Ein Ergebnisprotokoll erstellen und überprüfen lassen.*
Jüngere Schüler benötigen für diese Arbeit die Unterstützung des Lehrers, indem in einem kurzen Gespräch geklärt wird, welche Ergebnisse besonders wichtig sind und referiert werden sollten. Die Richtigkeit wird dann von allen Schülern überprüft.

H-10: *Fragekarten vorbereiten oder vorbereiten lassen.*
Auf der einen Seite steht eine Frage- oder Aufgabenstellung, auf der anderen die Antwort oder Lösung. Die Fragekarten werden an die Schüler ausgeteilt, weitergereicht, bis jeder sie kennt. Zum Schluß werden die Karten eingesammelt und nur noch die Fragen an die Schüler gerichtet. Auf diese Weise läßt sich spielerisch ein Basiswissen erarbeiten.

H-11: *Hausaufgaben kontrollieren.*
Hausaufgaben werden häufig in der Absicht gestellt, die Lehr-Lern-Erfolge zu überprüfen. Hausaufgaben müssen unbedingt kontrolliert werden. Kein Schüler arbeitet gerne, ohne daß nach den Arbeitsergebnissen gefragt wird. Versäumnisse des Lehrers führen schnell zu einer laxen Arbeitshaltung.

H-12: *Ausnahmsweise auch mit dem Notenbüchlein in der Hand mündlich abfragen.*
Es gibt einige Fächer, in denen der Lehrer auf diese Art der Erfolgskontrolle nicht ganz verzichten kann. Nur sollte dies eine Möglichkeit unter vielen anderen sein.

Weitere Indikatoren?...

Die wohl wichtigsten Lehr-Lern-Erfolge lassen sich allerdings im Unterricht nicht erkennen, sie entziehen sich weitgehend einer Überprüfung durch den Lehrer. Lehr-Erfolge zeichnen sich oft erst nach Jahren ab. Erst später wird sichtbar, ob jemand bereit und in der Lage ist, seinen Beruf auszufüllen, soziale Verantwortung zu übernehmen, sich für Minderheiten einzusetzen oder gegen Gewaltanwendung und Unterdrückung aufzubegehren. Erfolge, die sich in der Art von zufriedenstellenden Lehr-Lern-Ergebnissen zeigen und kontrolliert werden können, sind meist vordergründig. Und dennoch gilt es, diese kleinen

Ergebnisse laufend zu sichten, weil sie Lehrern und Schülern Aufschluß über ihre Lehr-Lern-Bemühungen geben, den Prozeß steuern helfen und schließlich in ihrer Summation an Bedeutung gewinnen.

5.3 Prozeßbegleitende Handlungen

Es gibt Handlungen, die sich meist aus dem Lehr-Lern-Prozeß ergeben, den gesamten Prozeß begleiten, die sich selten voraussehen lassen, aber doch häufig auftreten und deshalb die Qualität der Lehr-Lern-Prozesse entscheidend beeinflussen. Solche prozeßbegleitenden Handlungen wie Fragen stellen, auf Beiträge eingehen oder Lernhilfen geben, fordern den Lehrer in seiner Sensibilität, methodischen Kreativität und Flexibilität. Ausgebildete Lehrer verfügen im Hinblick auf diese so entscheidenden Handlungen über ein breites Handlungsspektrum.

Auf Schülerbeiträge eingehen – ohne ihnen ganz gerecht werden zu können

Die Bedeutung dieser prozeßbegleitenden Handlungskompetenz läßt sich mit wenigen Sätzen umschreiben. Gelingt es einem Lehrer, auf die Beiträge seiner Schüler einzugehen, dann fühlen sich diese akzeptiert, in ihren Lernbemühungen bestätigt, sie erleben den Lehrer als hilfreich und sachkompetent und arbeiten deshalb auch meist gerne mit. Umgekehrt fühlen sie sich abgelehnt, zurückgewiesen, in ihren Lernbemühungen abgewertet, zu Objekten eines Instruktionsbemühens degradiert, und das Interesse am Unterricht erlahmt.

Die Kompetenz „Auf Schülerbeiträge eingehen“ ist eigentlich bei jeder Schüleräußerung vom Lehrer gefordert, und sie kann deshalb das gesamte „respondierende Verhalten“ des Lehrers umfassen, sofern keine Abgrenzung vorgenommen wird (vgl. FIAC, Flanders 1970, S. 34). Um das Handlungsspektrum überschaubar zu halten, beschäftigen wir uns in diesem Abschnitt nicht mit den Kompetenzen Lernhilfen geben, Schülerbeiträge bewerten und auf Schülerfragen antworten.

Schüler liefern im Lehr-Lern-Prozeß laufend Beiträge, so z.B. zum Prozeßverlauf, wenn sie mit einer Maßnahme nicht einverstanden sind, in Gesprächs- und Diskussionssituationen oder nach Präsentationen, wenn ihnen etwas vorgelesen, erzählt, vorgetragen, erklärt, demonstriert, gezeigt oder vorgeführt worden ist. Und sie leisten Beiträge zu den Aufgabe- und Problemstellungen, im Verlauf der Partner- und Kleingruppenarbeit oder beim Sichten der Arbeitsergebnisse. Da der Lehrer in den seltensten Fällen weiß, wie die Beiträge aussehen werden, ist er im gesamten Prozeß in seiner Flexibilität und methodischen Kreativität gefordert.

Die Fähigkeit des Lehrers, auf die Beiträge seiner Schüler einzugehen, setzt eigentlich die Kenntnis der Schüler voraus. Zumindest fordert sie aber prozeßbegleitende Wahrnehmungsleistungen, also eine besondere Sensibilität dem einzelnen Schüler und der Gruppe gegenüber, die Fähigkeiten des aktiven Zuhörens und des Beobachtens. Nur wenn der Lehrer auch die nichtverbalen Zeichen der Kommunikation wahrnehmen kann – Mimik, Blickkontakt, Gestik, Kopf- und Körperbewegung –, ist ein angemessenes Eingehen möglich.

Auch wenn einem Lehrer die Bedeutung dieser Kompetenz bewußt ist, er den Schülern sensibel und flexibel begegnen möchte, steht er vor zahlreichen Schwierigkeiten, die er nie ganz bewältigen kann. – Im Lehr-Lern-Prozeß muß er oft in Sekundenschnelle die Entscheidung treffen, ob er nun den Schülerbeitrag aufgreifen soll oder nicht (vgl. Shavelson 1973). Falls er sich positiv entscheidet, stellt sich für ihn die Frage nach der Art seiner Reaktion, die einmal dem Schüler gerecht werden und dem Lehr-Lern-Prozeß förderlich sein sollte. Aber was heißt das konkret?

Einmal wäre es natürlich wünschenswert, dem individuellen Lernvermögen der Schüler entsprechend zu antworten, also dem leistungsstärksten Schüler eine anspruchsvolle Antwort zu geben – die der leistungsschwächste nicht versteht –, und dem leistungsschwächsten Schüler eine ausführliche elementarisierende Antwort – bei der sich der leistungsstärkste langweilt.

Dann kommt es sicher darauf an, jene Beiträge aufzugreifen, hervorzuheben und weiterzuführen, die der Lernzielerreichung dienen; aber daneben muß wohl noch Raum für die psychosozialen und sozioemotionalen Regungen der Schüler bleiben, für deren Wünsche und Gefühle, für Witz und Humor. Auch solche Beiträge gilt es, in den Prozeß zu integrieren.

Wenn es in einem Gespräch oder einer Diskussion lebhaft zugeht und die Schüler ein bißchen durcheinanderreden – was schließlich auch bei Erwachsenen vorkommen soll –, steht der Lehrer vor einem Beitragskomplex, und er hat nun zu entscheiden, welches Stück er herausbrechen soll, um weiter an der Zielerreichung zu arbeiten. – Die gleiche Schwierigkeit ergibt sich, wenn die Schüler mehrere Beiträge nacheinander bringen, wie das bei der überwiegend nichtverbalen Gesprächssteuerung der Fall ist. Auch hier hat er die Entscheidung zu treffen, auf welchen Beitrag oder auf welche Beiträge er sich beziehen soll, während andere Beiträge in den Hintergrund rücken.

Schließlich neigen Lehrer dazu, auf jene Beiträge einzugehen, die ihnen sympathische und leistungsstarke Schüler liefern (vgl. Brophy/Good 1976, 294 ff.). Irgendwie ist das verständlich, denn durch diese Beiträge fühlt sich der Lehrer in seiner Arbeit bestätigt, und der Lehr-Lern-Prozeß wird gefördert. Dazu kommt eine positive Erwartungshaltung des Lehrers den leistungsstarken Schülern gegenüber, eine negative gegenüber den leistungsschwachen. Geht ein Lehrer unreflektiert auf die Beiträge der leistungsstarken Schüler ein, wird er auf Dauer die leistungsschwachen erheblich benachteiligen. Dabei brauchten gerade sie mehr Zeit und Zuwendung, ein verständnisvolles Eingehen auf ihre korrekturbedürftigen Beiträge.

Die oft unbeholfen vorgebrachten Beiträge leistungsschwacher Schüler verzögern den Lehr-Lern-Prozeß, gefährden die Zielerreichung und benachteiligen in gewisser Weise die leistungsstarken, motivierten Schüler, die schneller vorankommen möchten. Sie werden ungeduldig, stöhnen gelangweilt oder stören die für das Lehren und Lernen erforderliche soziale Ordnung, wenn der Lehrer mit viel Geduld auf die Beiträge der leistungsschwachen Mitschüler eingeht.

Aufgrund dieser Überlegungen wird deutlich, daß es keinem Lehrer gelingen kann, allen Schülerbeiträgen gerecht zu werden. Umso wichtiger erscheint es, sich das zur Verfügung stehende Handlungsrepertoire bewußt zu machen und den Lehr-Lern-Prozeß dahingehend zu überprüfen, wie auf die Schülerbeiträge eingegangen wird.

Mögliche Handlungsindikatoren

H-1: *Weiterführen oder weiterführen lassen.*
Greift der Lehrer einen Schülerbeitrag auf, indem er ihn in seiner Argumentation verwendet, gibt er dem Schüler zu verstehen, daß er ihn für bedeutsam hält. Dieser Indikator bietet sich immer dann an, wenn der Lehrer der Meinung ist, daß ein wertvoller gedanklicher Ansatz ausgebaut werden sollte und die Schüler voraussichtlich über weitere Informationen verfügen.

Handlungsspektrum – Auf Schülerbeiträge eingehen

Formblatt zum Training des Lehrverhaltens,
zur Beobachtung
und zur Handlungsanalyse.

Mögliche Handlungsindikatoren:

H-1: Weiterführen oder weiterführen lassen.
H-2: Präzisieren oder präzisieren lassen.
H-3: Zur Diskussion stellen.
H-4: Den Beitrag umschreiben oder umschreiben lassen.
H-5: Den Beitrag hervorheben oder hervorheben lassen.
H-6: Überdenken lassen.
H-7: Einen Bezug zum Thema herstellen lassen.
H-8: Beiträge zusammenfassen oder zusammenfassen lassen.
H-9: Beiträge abblocken oder zurückweisen.

Weitere Indikatoren ? . . .

H-2: *Präzisieren oder präzisieren lassen.*
Dieser Indikator wird vor allem dann eingesetzt, wenn Schüler vage oder korrekturbedürftige Beiträge bringen.

H-3: *Zur Diskussion stellen.*
Ist der Beitrag von allgemeinem Interesse, so daß er vertieft werden sollte, oder sind verschiedene Standpunkte oder Sichtweisen möglich, kann er zur Diskussion gestellt werden.

H-4: *Den Beitrag umschreiben oder umschreiben lassen.*
Für diesen Indikator sind Redewendungen typisch wie: „Wenn ich Dich richtig verstanden habe, wolltest Du sagen, daß . . .“ Oder: „Bist Du damit einverstanden, wenn ich festhalte, daß . . .“ – Das Umschreiben und Paraphrasieren kann ganz verschiedene Funktionen haben, z.B. einen längeren Beitrag

zusammenfassen, ihn klären oder Gefühle deutlich werden lassen (vgl. Tausch 1970, 79 ff.).

H-5: *Den Beitrag hervorheben oder hervorheben lassen.*
Das kann im Hinblick auf zentrale Beiträge, die den Lehr-Lern-Prozeß fördern, ganz unterschiedlich aussehen, indem der Beitrag z.B. wiederholt wird – ohne in das „Lehrerecho" zu verfallen –, indem der Lehrer ihn anschreibt oder anschreiben läßt, ihn zum Ausgangspunkt weiterer Frage- und Problemstellungen macht u.a.m.

H-6: *Überdenken lassen.*
Sofern Schüler unüberlegt antworten und zu erwarten ist, daß der Beitrag aufgrund eigenen Bemühens korrigiert werden kann, ist dieser Indikator angebracht. Auch wenn qualifizierte Beiträge noch weitergeführt und vertieft werden sollen, ist ein Überdenkenlassen angezeigt.

H-7: *Einen Bezug zum Thema herstellen lassen.*
Wenn Beiträge vom Thema wegführen oder kein Bezug mehr erkennbar ist, besteht die Möglichkeit, diesen Bezug durch die Schüler herstellen zu lassen. Oft ist es nämlich der Lehrer, dem es nicht sogleich gelingt, den Bezug zum Thema zu erkennen. Scheitern die Schüler in ihrem Bemühen, kann eine Richtungsänderung im Lehr-Lern-Prozeß erfolgen.

H-8: *Beiträge zusammenfassen oder zusammenfassen lassen.*
Dieser Indikator bietet sich am Ende eines Gesprächs oder einer Diskussion an. Er liefert dem Lehrer und den Schülern einen Orientierungspunkt. Lehrer und Schüler erkennen, wo sie im Lehr-Lern-Prozeß stehen und werden so frei für neue Frage- und Problemstellungen, für neue Ziele.

H-9: *Beiträge abblocken oder zurückweisen.*
Unter einem Abblocken wird hier die direkte Aufforderung des Lehrers an die Schüler verstanden, einen Beitrag nicht mehr weiterzuführen, weil er den Lehr-Lern-Prozeß stören oder die Beziehungen belasten kann. So gibt es Schüler, die alles besser wissen, sich gerne reden hören, sich nicht konzentrieren können und deshalb völlig irrelevante Beiträge liefern, Schüler, die sich in abfälliger Weise über Mitschüler oder Lehrer äußern oder Lerngruppen, die eine Diskussion nie zu Ende bringen können.

Und deshalb steht neben dem Rederecht eines jeden Schülers auch die Pflicht des Lehrers, in bestimmten Situationen Schülerbeiträge zurückzuweisen, zu unterbrechen oder ihre Weiterführung zu verbieten.

Weitere Indikatoren?...

Schülerbeiträge angemessen bewerten – was oft nicht möglich sein wird

Lehrer bewerten die Beiträge ihrer Schüler laufend im Lehr-Lern-Prozeß. Sie nicken und lächeln, schütteln den Kopf und runzeln die Stirn, loben einen Schüler oder tadeln ihn, sagen einer Lerngruppe, sie habe heute prima mitgearbeitet oder sie habe sich undiszipliniert verhalten und das könne so nicht weitergehen.

Das Bewerten der Schülerbeiträge stellt eine besondere Form des Eingehens auf Beiträge dar. Mit dem Eingehen ist jedoch häufig eine Bewertung verbunden, und deshalb lassen sich diese beiden prozeßbegleitenden Handlungskompetenzen nicht ohne weiteres voneinander trennen. Doch wir wenden uns der Frage der Bewertung in diesem besonderen Beitrag zu, weil sie für die Schüler und für den Lehr-Lern-Prozeß hochbedeutsam erscheint. Wenn sich Schüler über einen Lehrer beklagen: „Bei dem bin ich unten durch", oder: „Die kann mich nicht leiden, ich kann mich anstrengen, wie ich will, das hat bei der doch keinen Zweck!" – möchten sie zu verstehen geben, daß sie mit der Art der Bewertung durch den Lehrer nicht einverstanden sind. Indirekt werfen sie ihm ein ungerechtes Verhalten vor, Unverständnis für die Beiträge und Unvermögen, die Beiträge annähernd objektiv einzuschätzen und zu bewerten. Schüler, deren Beiträge eine unangemessene Bewertung erfahren, fühlen sich ungerecht behandelt, verlieren die Freude an dem betreffenden Fach, und die Beziehungen zu dem Lehrer sind dauerhaft belastet.

Bewertungen vollziehen sich prozeßbegleitend. Da werden z.B. Schüler gelobt, weil sie sich wichtige Lernergebnisse aus der letzten Stunde gemerkt haben, sie sich sofort an eine neue Lernaufgabe heranwagen, es ihnen gelingt, sich auf eine Aufgabe zu konzentrieren oder weil sie ein korrektes Teilergebnis vorweisen können. Sie erfahren Anerkennung, wenn ihr Gesprächs- oder Diskussionsbeitrag besonders qualifiziert erscheint. Sie werden bestätigt, wenn sie einen schwierigen Sachverhalt verständlich erklären oder wenn sie ein Gedicht eindrucksvoll vortragen können. Sie werden gelobt, wenn sie einem Mitschüler helfen, in der Kleingruppe anregend oder ausgleichend wirken, wenn sie die Vokabeln gelernt haben oder die schriftlichen Hausaufgaben besonders sorgfältig gemacht haben und vorweisen können.

Bewertungen des Lehrers haben für den Schüler die Funktion einer Rückmeldung. Der Schüler erfährt über die Bewertungen des Lehrers, ob seine Lernbemühungen erfolgreich waren. Positive Bewertungen stärken zumeist sein Selbstwertgefühl, negative führen zu dessen Minderung. Wenn Schüler immer wieder negative Bewertungen durch die Lehrer erfahren, kann dies zu einer dauerhaften Mißerfolgsorientierung führen. Positive Bewertungen führen zumeist auch zu einer Aufwertung innerhalb der Lerngruppe, negative zu einer Abwertung (vgl. Höhn 1967).

Versuchen wir, die möglichen Formen der Bewertung zu ordnen, dann können wir zunächst einmal zwischen positiven und negativen Formen unterscheiden und jenen, die weder positiv noch negativ ausfallen. Ist ein Schülerbeitrag erwünscht oder besonders qualifiziert, dann wird er positiv bewertet. Korrekturbedürftige Beiträge erfahren eine teils positive, teils negative Bewertung. – Des weiteren lassen sich verbale und nichtverbale Bewertungsformen unterscheiden, wobei in direkter Kommunikation die verbalen Bewertungen stets durch nichtverbale begleitet werden. – Es ist hinreichend bekannt, daß beide Komponenten der Kommunikation häufig auseinanderfallen, die angemessene Deutung der verbalen und nichtverbalen Zeichen erst den Sinn einer Bewertung erkennen läßt. Wenn z.B. ein Lehrer zum Schüler sagt: „Das hast Du aber wieder mal fein hingekriegt!" – und dabei der Gesichtsausdruck gequält erscheint, dann sind zum Verständnis dieser Aussage die nichtverbalen Zeichen unerläßlich. –

Formen der Bewertung können sich auf einzelne Schüler oder auf die ganze Lerngruppe beziehen. Individuelle Bewertungen bieten dem Schüler direkte Hinweise auf sein Lernverhalten, generelle Bewertungen, die an die ganze Lerngruppe gerichtet sind, bergen die Gefahr in sich, daß sie für einige Gruppenmitglieder zutreffen, für andere nicht. –

Wichtig ist die Unterscheidung zwischen differenzierten und undifferenzierten Bewertungen. Bei ersteren erfährt der Schüler genau, warum sein Beitrag eine positive bzw. negative Bewertung erhält, indem der Lehrer z.B. sagt: „Dein Beitrag führt uns einen Schritt weiter, wiederhole ihn bitte nochmal, damit ihn alle richtig auffassen können. Erst danach können wir uns der nächsten Frage zuwenden." Oder: „Deine Skizze gefällt mir. Sie enthält alle wichtigen Angaben, sie ist sorgfältig beschriftet und farbig angelegt." In beiden Fällen bekommt der Schüler konkrete Hinweise für sein Lernverhalten in künftig auftretenden vergleichbaren Lern-Situationen. Eine undifferenzierte Bewertung wäre z.B. ein „Gut" des Lehrers, nur weiß der Schüler nicht, was denn nun eigentlich am Beitrag oder an der Skizze „gut" war.

Weiterhin läßt sich zwischen aufgabenbezogenen, sozialbezogenen und materiellen Formen der Bewertung unterscheiden. Bei aufgabenbezogenen Bewertungen wird das Lernbemühen oder die Lernbereitschaft in Verbindung mit der betreffenden Lernaufgabe anerkannt bzw. kritisiert. Sozialbezogene Bewertungen umfassen den Bereich der Sozialbeziehungen, das Verhalten gegenüber Mitschülern und Lehrern, das Verhalten in der Lerngruppe. Und materielle Bewertungsformen sind zumeist nicht aufgabenbezogen und deshalb auch recht fragwürdig, wie z.B. Abziehbilder, Kalenderblätter, Sternchen, Bonbons u.dgl.m. Sie spielen bei einigen Grundschullehrern heute noch eine Rolle, und es soll auch Referendare geben, die den Schülern eine Cola versprechen, damit sie sich in der Lehrprobe erwartungsgemäß verhalten.

Schließlich erscheint die Unterscheidung zwischen spontan vorgenommenen und bewußt geplanten Bewertungen interessant. Spontane Bewertungen vollziehen sich in Sekundenbruchteilen, etwa dann, wenn der Lehrer sagt: „Fein, das wollte ich hören!" Bewußt geplante Bewertungen erfolgen aufgrund sorgfältiger Reflexion, wenn sich z.B. ein Lehrer aufgrund einer Schüleräußerung der Tatsache bewußt wird, daß er einen Problemschüler immer nur zurechtweist, ihn seit Wochen kritisiert, manchmal bestraft und sich nun entschließt, diesen Schüler in den nächsten Tagen ganz bewußt für noch nicht gezeigtes Störverhalten zu loben.

Nachdem nun verschiedene Formen der Bewertung angesprochen worden sind, gilt es, der vorherrschenden Meinung entgegenzutreten, positive Bewertungsformen seien dem Lehr-

Lern-Prozeß förderlich, negative seien ihm abträglich. Gemeinhin wird Lob als etwas Positives, Tadel als etwas Negatives betrachtet. Jeder Mensch sei auf Lob angewiesen, und deshalb müsse auch ein Lehrer seine Schüler häufig loben. Doch eine nähere Betrachtung dieser Auffassung zeigt, daß Lob sehr fragwürdig sein kann. Dies wird deutlich, wenn wir jene Situation noch einmal in den Blick nehmen, in welcher die Skizze eines Schülers eine differenzierte Bewertung erfährt. Diese positive Bewertung hat wahrscheinlich für den betreffenden Schüler auch einige positive Auswirkungen. Wahrscheinlich fühlt er sich aufgewertet, bestätigt und ist bereit, sich bei einer ähnlichen Aufgabe in gleicher Weise anzustrengen. Der Schüler kann sich aber auch, ohne daß ihm dies bewußt werden muß, vom Lehrer unter Druck gesetzt fühlen, weil er nun glaubt, immer wieder vorbildliche Skizzen abliefern zu müssen. Die positive Bewertung kann auch dazu führen, daß er weniger um der Sache willen als um des Lobes und der Zensuren willen lernt, intrinsische motivationale Faktoren durch extrinsische überlagert werden. – Voller Stolz zeigt der Schüler die Skizze seinen Eltern, und er berichtet von der positiven Bewertung durch den Lehrer. Die Eltern loben ihn nun ebenfalls, schrauben aber auch gleichzeitig ihre Erwartungshaltungen höher. Der Sohn versucht nun, den gesteigerten Erwartungen zu entsprechen, und der soziale Druck verstärkt sich.

In diesem Zusammenhang ist auch die gruppendynamische Situation von Interesse. Bei einigen Schülern erfährt der gelobte Schüler eine Aufwertung, sie bewundern seine Leistung und streben ihm nach. Bei anderen kommen Neidgefühle auf oder sie kritisieren ihn, weil er durch sein Lernverhalten die Erwartungen des Lehrers gesteigert hat. Und wenn die Bewunderer nicht eine ähnliche Leistung erbringen können, ist es nur noch ein kleiner Schritt, bis die anfängliche Aufwertung in eine Abwertung umschlägt und das Wort „Streber" fällt.

Der gelobte Schüler sieht sich nun einer völlig veränderten Situation gegenüber. Er steht vor der Frage, ob er sich weiterhin anstrengen und das Lob des Lehrers einheimsen soll, oder ob es nicht statt dessen sinnvoller und lohnenswerter ist, die Lernbemühungen drastisch zu reduzieren, auf das Lob des Lehrers zu verzichten, um sich dafür die Sympathie der Mitschüler zurückzuerobern (vgl. Becker 1981).

Bei der sich abzeichnenden hochkomplexen Problematik ist es sehr schwierig, einige Leitlinien für das Handeln zu finden.

Deshalb sind die nachstehenden Handlungsindikatoren eher als Diskussionsgrundlage und weniger als Anleitung gedacht.

Mögliche Handlungsindikatoren

H-1: *Mit Bewertungen zurückhaltend sein.*
Schüler kommen in die Schule, um etwas zu lernen, nicht aber, um vom Lehrer laufend bewertet zu werden. In einem qualifizierten Unterricht macht den Schülern das Lernen meist auch Spaß, sie erzielen Lernfortschritte und Lernerfolge, freuen sich über dieselben und bewerten sie auch. Dazu brauchen sie nicht immer den Lehrer. Zu häufige Bewertungen können in eine Lernabhängigkeit vom Lehrer führen. – Viele Grundschüler haben eine starke emotionale Bindung zu ihrem Lehrer, sie lernen dem Lehrer zuliebe, erfüllen Sonderaufgaben in der Hoffnung, gelobt zu werden und sind enttäuscht, wenn sich ihre Hoffnungen nicht erfüllen.

H-2: *Aufgabenbezogene Bewertungen bevorzugen*
Bewertungen, die auf den Lerngegenstand gerichtet sind, erscheinen sinnvoller als jene, bei denen kein unmittelbarer Zusammenhang zur Lernaufgabe besteht. Hier ergibt sich eine Parallele zu den sachbezogenen und sachfremden Formen der Lernmotivierung und zu dem Anliegen einer Erziehung zur Sachlichkeit. Wenn Schüler an einer Sache arbeiten, erfahren, was sie an ihr gelernt haben und Anhaltspunkte gewinnen, was sie an ihr lernen können, werden sie meist emotional stabilisiert, und es ergeben sich positive Rückwirkungen auf das Sozialverhalten.

H-3: *Differenzierte Bewertungen bevorzugen.*
Differenzierte Bewertungen sind für den Schüler wertvoller als undifferenzierte. Die genaue Information, was nun an dem Beitrag gut oder weniger gut war, hilft ihm weiter, weil er konkrete Hinweise für die Bewältigung ähnlicher Lernaufgaben erhält. Allerdings scheitert das Bemühen des Lehrers, den Schülern ein differenziertes Feedback zu geben, oft auch an der begrenzt zur Verfügung stehenden Zeit. Wenn ein Lehrer z.B. die schriftlichen Hausaufgaben von 36 Schülern innerhalb weniger Minuten kontrollieren möchte, ist es ihm unmöglich, jedem Schüler genau mitzuteilen, was er besonders gut und was er weniger gut gemacht hat.

Handlungsspektrum – Schülerbeiträge bewerten

Formblatt zum Training des Lehrverhaltens,
zur Beobachtung
und zur Handlungsanalyse.

Mögliche Handlungsindikatoren:

H-1: Mit Bewertungen zurückhaltend sein.
H-2: Aufgabenbezogene Bewertungen bevorzugen.
H-3: Differenzierte Bewertungen bevorzugen.
H-4: Die Bewertungsformen variieren.
H-5: Individuelle Bewertungen bevorzugen.
H-6: Einseitig negative Bewertungen vermeiden.
H-7: Materielle Bewertungsformen vermeiden.
H-8: Sich um gerechte Bewertungen bemühen.

Weitere Indikatoren? ...

H-4: *Die Bewertungsformen variieren.*
Häufig sind stereotype Formen der Bewertung zu beobachten, indem z.B. Lehrer immer wieder „genau“ oder „ok“ sagen. Und die Schüler fertigen dann eine Strichliste an, errechnen den Durchschnittswert und konstatieren im Anschluß an ihre Bemühungen: „Alle 17 Sekunden ein ok!“ – Dabei merken die unterrichtenden Lehrer nicht, daß sie das Lernverhalten der Schüler stereotyp und sinnentleert bewertet haben. In solchen Fällen kann nur die Selbstkonfrontation, die Analyse einer Aufzeichnung, hilfreich sein.

H-5: *Individuelle Bewertungen bevorzugen.*
Es erscheint wenig sinnvoll, immer wieder den Klassenbesten wegen seiner Beiträge zu loben. Statt dessen sollte der Versuch unternommen werden, die Schüler ihrem individuellen Lernvermögen entsprechend zu bewerten. Dies setzt natürlich die genaue Kenntnis des Lernvermögens bei jedem einzelnen Schüler voraus.

Ob jüngere und leistungsschwächere Schüler mehr Zuwendung benötigen und somit auch des öfteren eine Bewertung ihrer Beiträge durch den Lehrer erfahren sollten, läßt sich nicht ohne weiteres sagen. Schließlich gibt es auch jüngere Schüler, die, ihrem Entwicklungsstand entsprechend, gerne eigenständig und unabhängig arbeiten. Und es ist auch denkbar, daß leistungsschwache Schüler durch eine ständige Zuwendung und Bewertung ihrer Beiträge eher gehemmt als gefördert werden.

H-6: *Einseitig negative Bewertungen vermeiden.*
Viele Lehrer neigen dazu, Problemschüler oder -klassen ausschließlich negativ zu bewerten. Sie sehen nur die kritikwürdigen Verhaltensweisen, sprechen nur über die nicht erledigten Hausaufgaben, über Regelüberschreitungen, das Versagen bei der Klassenarbeit etc. Die Schüler werden so in eine Abwehrhaltung hineingedrängt, es kommt zu zahlreichen Auseinandersetzungen, Belastungen und Schwierigkeiten. Nun gibt es auch an jedem Problemschüler und in jeder Problemgruppe einige Beiträge, die positiv vermerkt und hervorgehoben werden können. Letztere werden dann oft übersehen, als selbstverständlich betrachtet oder nicht angesprochen. Und wenn es tatsächlich kaum positive Beiträge zu verzeichnen gibt, kann der Lehrer doch manchmal das Bemühen einiger Schüler anerkennen.

H-7: *Materielle Bewertungsformen vermeiden.*
Solche Formen der Bewertung führen von den Lerninhalten weg und erzeugen bei Grundschülern einen nicht vertretbaren Konkurrenzkampf. Der Umstand, daß z.B. 7jährige Kinder in besonderer Weise auf kleine Geschenke ansprechen, sich bemühen, die Bilder, Kärtchen oder Sternchen zu ergattern, beweist noch nicht deren sinnvollen Einsatz im Unterricht. Hat eine leistungsstarke Schülerin schon 12 Bilder gesammelt, eine andere hingegen erst 10, dann wird sie nicht ruhen, bis sie auch 2 weitere gesammelt hat. Und was geschieht mit jenem Schüler, der bislang leer ausging oder nur ein einziges Bildchen sein eigen nennen kann?

H-8: *Sich um gerechte Bewertungen bemühen*
Schüler reagieren sehr sensibel auf ungerechtfertigte Bewertungen. Dementsprechend sollten nur jene Beiträge anerkannt oder in Frage gestellt werden, die es auch verdienen. Andernfalls

verliert der Lehrer an Glaubwürdigkeit. Auf Wunsch der Schüler sollte er eigentlich jederzeit in der Lage sein, seine Bewertung zu begründen (vgl. S. 201 ff.).

Weitere Indikatoren?...

Der fachkundige Leser wird sich vielleicht die Frage gestellt haben, warum von „Bewertung“ und nicht von „Verstärkung“ die Rede ist. Eine anspruchsvolle Bewertung erfolgt in einem Prozeß, der, bewußt oder unbewußt, in drei Schritten abläuft: Das zu bewertende Ereignis ist zu sichten, es werden Bewertungskriterien gesucht, die für eine Bewertung herangezogen werden können, und schließlich wird die Bewertung vollzogen, indem das zu bewertende Ereignis an den Kriterien gemessen wird. Ein solcher Bewertungsprozeß läuft immer wieder im Lehr-Lern-Prozeß ab, und er kann als durchaus handlungsrelevant bezeichnet werden.

Für den Lehrer an einer Grund-, Haupt-, Realschule oder einem Gymnasium sind die behavioristischen Verstärkungsstrategien ohnehin handlungsirrelevant geblieben. Welcher Studienrat isoliert schon das Störverhalten eines Schülers, beobachtet die Bedingungen, unter denen es häufig bzw. weniger häufig in Erscheinung tritt, sucht dann nach einem geeigneten Verstärker, stellt einen Plan auf, der die beabsichtigten Verstärkungen ausweist, und verstärkt dann den Schüler dem Plan entsprechend? Überlegungen und Techniken dieser Art, deren experimenteller und manipulativer Charakter nicht geleugnet werden kann, haben für den Bereich der Sonderschule ihre Berechtigung, sofern sie mit der entsprechenden Sorgfalt angestellt bzw. eingesetzt werden und den unmittelbar betroffenen Schüler oder die Lerngruppe einbeziehen (vgl. Redlich/Schley 1978).

Wenn auch eine angemessene Bewertung der Ereignisse oft nicht möglich sein wird, so muß doch die Aufforderung an jeden Lehrer gerichtet werden, sich um eine angemessene Bewertung zu bemühen. Der Umstand, daß dieser Anspruch nur unvollkommen erfüllt werden kann, darf uns nicht davon abhalten, ihn zu stellen.

Anspruchsvolle Frage- und Problemstellungen einbringen – ohne die Kenntnisebene zu vernachlässigen

Lehrer stellen im Unterricht pro Stunde etwa 50 Fragen, mal mehr und mal weniger – Grund genug, sich mit dieser Handlungskompetenz näher zu befassen (vgl. Klinzing-Eurich/Klinzing 1981, 62 ff.). In einem fachpraktischen Unterricht kann die Anzahl der Fragen geringer sein, beim Kopfrechnen, Abfragen von Vokabeln oder in Wiederholungsstunden liegt die Zahl wesentlich höher. Hier gibt es große fachspezifische Unterschiede, und es erscheint unmöglich, dem Lehrer eine Empfehlung bezüglich der Anzahl zu geben. Doch läßt sich vielleicht eine wichtige Erkenntnis gewinnen, wenn wir die Lehrerfrage unter quantitativem Aspekt betrachten: Es gibt für jeden Schüler wenige und zentrale Fragen, die ihn unmittelbar betreffen, die ihn bewegen und vielleicht sogar lebenslang in ihm arbeiten, und es gibt eine Vielzahl von Fragen, die für ihn bedeutungslos bleiben.

Das Problem, ob ein Lehrer überhaupt Fragen stellen darf oder nicht, ob ein „frageloser Unterricht" wünschenswert und möglich sei, erscheint heute auf der Grundlage zahlreicher Untersuchungen absurd (vgl. u.a. Becker 1971, Becker/Hüter 1979, Claus 1979, Dubs 1978, 68 ff., Heidemann 1983, 101 ff., Sanders 1966). Lehrerfragen begleiten schließlich den gesamten Lehr-Lern-Prozeß. Sie können ihn einleiten, ein Gespräch oder eine Diskussion initiieren oder die Aussprache im Anschluß an eine Präsentationsphase eröffnen. Fragen sind im Anleitungsbereich unerläßlich, wenn es um die Frage geht, wer mit wem zusammenarbeiten möchte. Frage- und Problemstellungen sind Bestandteil der Arbeitsaufträge, und sie werden benötigt, um die Lehr-Lern-Erfolge zu überprüfen.

Die Fragen des Lehrers im Unterricht lassen sich mit Hilfe des nachstehenden kategorialen Systems recht gut erfassen. Die einzelnen Kategorien beziehen sich auf die Publikationen von Sanders (1966), Claus (1969), Berliner (1969), Bloom (1972) und Guilford (1964). Das kategoriale System hat sich in zahlreichen Kursen zum Training des Lehrverhaltens sowie in der schulpraktischen Ausbildung bewährt.

Fragen des Lehrers im Lehr-Lern-Prozeß – Fragekategorien

1. Kenntnisfragen
Sie fordern von den Schülern lediglich ein Erinnern, Erkennen oder Wiedererkennen, z.B.: „Wer kann etwas mit dem Wort ‚Smog' anfangen?"

2. Konvergierende Fragen
In Verbindung mit diesen Fragen läßt sich die Schülerantwort weitgehend voraussehen. Sie lenken das Denken der Schüler in bestimmte Bahnen, fordern von ihnen das Verstehen eines Zusammenhangs, die Übertragung oder Anwendung einer Einsicht in einen anderen Bereich, die Analyse einer Struktur oder die Verknüpfung verschiedener Ereignisse, z.B.: „Kann mir jemand erklären, wie eine Inversions-Wetterlage entsteht?"

3. Divergierende Fragen
Sie fordern vom Schüler ein Denken, das in verschiedene Richtungen fortschreitet. Auf sie gibt es viele mögliche Antworten. Divergierende Fragen appellieren an das Vorstellungsvermögen der Schüler, fordern die imaginativen Kräfte und sind eine entscheidende Voraussetzung für kreative Prozesse. Beispiele:
„Heute stirbt der Wald, doch vielleicht gibt es noch weitere negative Auswirkungen, die wir heute noch gar nicht übersehen?" Oder: „Es gibt eine Vielzahl von Möglichkeiten, eine strafbare Handlung zu ahnden. Welche Art der Bestrafung erscheint Euch für Umweltsünder angebracht?"

4. Bewertende Fragen
Zu ihrer Beantwortung sind drei Denkleistungen erforderlich, die allerdings oft stark emotional gefärbt sind: die Sichtung des Sachverhaltes, des Ereignisses oder der Person, die bewertet werden soll, die Suche nach Bewertungskriterien und schließlich die Verknüpfung mit diesen Kriterien, z.B.: „Der Staat hat zahlreiche Maßnahmen gegen die Luftverschmutzung getroffen; doch stellt sich die Frage, ob diese wohl ausreichend sein werden?"

5. Sondierungsfragen
Sie möchten die Schüler veranlassen, über den geleisteten Beitrag hinauszugehen, weiterzudenken. Sie haben meist Impulscharakter, z.B.: „Wie soll es nun weitergehen?"

6. Organisierende Fragen
Sie befassen sich mit dem Unterrichtsverlauf, seiner Gliederung, beziehen sich auf die Zusammenarbeit der Schüler, die Sitzordnung, den Medieneinsatz u.dgl.m. Beispiele:
„Wer möchte mit wem zusammenarbeiten?" Oder: „Welche Fragen sind noch offengeblieben, die unbedingt besprochen werden müssen?"

Lösen Lehrer und Schüler im Lehr-Lern-Prozeß gemeinsam ein Problem, dann können alle der hier angesprochenen Fragen relevant sein. Denn auf der Grundlage zu aktualisierender Kenntnisse vollzieht sich das Problemlösen in einem Wechsel von konvergenter und divergenter Produktion, wobei immer wieder Bewertungen vorzunehmen sind. Und der Lehrer wird häufig sondieren und organisieren müssen.

Anzusprechen ist die Tatsache, daß sich nahezu 2/3 aller Lehrerfragen auf der Kenntnisebene (Kategorie 1) bewegen. Claus (1969) hat diese Fragen als „anspruchslos" bezeichnet, Fragen der anderen Kategorien als „anspruchsvoll". Nur sollte berücksichtigt werden, daß Kenntnisse nun einmal die Voraussetzung für anspruchsvollere Denkleistungen sind. Dennoch erscheint der Anteil der Kenntnisfragen recht hoch, und Claus bildet verschiedene Hypothesen, wie es wohl dazu kommen mag. Eine Ursache könnte ihrer Meinung nach darin bestehen, daß viele Lehrer unbewußt fragen und nicht die hier vorgenommene Unterscheidung treffen können.

Dabei besteht ein unmittelbarer Zusammenhang zwischen den Lehrerfragen und den Schülerantworten bzw. den Schülerfragen. Fragen die Lehrer überwiegend anspruchsvoll, dann antworten auch die Schüler dementsprechend, und sie formulieren auch ihrerseits anspruchsvolle Fragen. Die Lehrerfrage ist also ein wirksames Mittel, das Niveau des Unterrichts zu heben – oder zu senken (vgl. Klinzing-Eurich/Klinzing 1981, 87 ff.).

Einige fragwürdige Unterscheidungen und Rezepte sollen hier kurz erwähnt werden. Gemeinhin wird die Auffassung vertreten, Fragen seien eng, Impulse weit, und der Lehrer möge mehr mit Impulsen als mit Fragen arbeiten. Nun können viele Fragen Impulscharakter haben, und umgekehrt können Impulse so gesetzt werden, daß sie von den Schülern eine ganz bestimmte Antwort verlangen.

Die Unterscheidung zwischen engen (geschlossenen) und weiten (offenen) Fragen (vgl. Dubs 1978, 76) ist sicher sinnvoll und gerechtfertigt, sie ist weitgehend identisch mit den konvergierenden und divergierenden Fragen; doch die Folgerungen, der Lehrer möge möglichst die engen Fragen vermeiden und die offenen bevorzugen, ist nicht einsehbar. Schulisches Lehren und Lernen ist überwiegend konvergent, und wenn eine bestimmte Technik exakt beherrscht, ein Handlungsablauf genau rekonstruiert oder ein Satz in seine Teile zerlegt werden soll, dann sind weite Fragen unangebracht. Richtig ist hingegen die Überlegung, divergierende Fragen nicht zu vernachlässigen, weil sie zur Förderung und Pflege des kreativen Potentials unerläßlich sind. – Warum schließlich die „W-Fragen" vermieden werden sollen, ist dem Autor nicht erklärlich (Was? Wann? Warum? Wo? Wie? ...). Fragen dieser Art können direkt und sehr indirekt formuliert werden, eng und weit, und sie können jede nur denkbare Funktion übernehmen.

Mögliche Handlungsindikatoren

H-1: *Sich auf bedeutsame Fragen konzentrieren.*
Wie schon erwähnt, gibt es hochbedeutsame Fragen, die den Schüler lebenslang beschäftigen können, so z.B. die Fragen, wie die Menschheit in einer von Umweltzerstörung, Hunger und Krieg bedrohten Welt lebenswert überleben kann. Im Lehr-Lern-Prozeß kommt es wohl darauf an, die zentrale(n) Fragestellung(en) der jeweiligen Stunde oder Unterrichtseinheit herauszuarbeiten.

H-2: *Auch anspruchsvolle Fragen einbringen.*
Ein Unterricht, der sich ausschließlich auf der Kenntnisebene bewegt, langweilt die Schüler und wird ihnen nicht gerecht. Vielleicht erinnert sich der Leser an einige Geschichtsstunden, in denen nur Fakten abgefragt wurden. – Auch leistungsschwache Schüler müssen mit anspruchsvolleren Fragestellungen konfrontiert werden, Zusammenhänge sehen lernen oder einfache Übertragungsleistungen vollbringen. Wenn sie der Lehrer nicht fordert, können sie auch nicht gefördert werden.

H-3: *Die Fragen verständlich formulieren.*
Zwar liegt auch eine Lernchance in dem Bemühen, herauszufinden, was der Lehrer gemeint haben könnte. Doch sind unverständliche Fragen vom Lehrer aufgebaute unnötige Lern-

Handlungsspektrum –
Frage- und Problemstellungen einbringen

Formblatt zum Training des Lehrverhaltens,
zur Beobachtung
und zur Handlungsanalyse.

Mögliche Handlungsindikatoren:

H-1: Sich auf bedeutsame Fragen konzentrieren.
H-2: Auch anspruchsvolle Fragen einbringen.
H-3: Die Fragen verständlich formulieren.
H-4: Fragen nacheinander stellen.
H-5: Zeit zur Beantwortung lassen.
H-6: Minimale Lernhilfen zur Beantwortung geben.
H-7: Fragen der „unechten" Bewertung vermeiden.
H-8: Kenntnisfragen nicht vernachlässigen.

Weitere Indikatoren? ...

widerstände. Solche Fragen werden den leistungsschwachen Schülern nicht gerecht, und außerdem wird durch solche Formulierungen die Ökonomie des Lehrens und Lernens in keiner Weise berücksichtigt. Verständliche Frage- und Problemstellungen sind einfach, kurz, gegliedert und anregend.

H-4: *Fragen nacheinander stellen.*
Besonders jüngere, aber auch leistungsschwache Schüler sind überfordert, wenn sie mehrere Fragen auf einmal gestellt bekommen, weil sie nicht wissen, welche Frage sie zuerst beantworten sollen.

H-5: *Zeit zur Beantwortung lassen.*
Lehranfänger begehen häufig den Fehler, daß sie unmittelbar nach der Fragestellung eine Schülerantwort erwarten. Sie durchbrechen das Schweigen gerade in dem Augenblick, wenn

ausnahmsweise alle Schüler über eine Frage- oder Problemstellung nachdenken, indem sie die Frage wiederholen, umschreiben, Zusatzinformationen anbieten u.dgl.m.

H-6: *Minimale Hilfen zur Beantwortung geben.*
Lehrerfragen sollten nur ausnahmsweise vom Lehrer selbst beantwortet werden, sonst warten die Schüler so lange, bis der betreffende Lehrer die richtige Antwort gibt. Als Hilfen zur Beantwortung bieten sich u.a. an: Die Frage umschreiben oder umschreiben lassen, einen gezielten Hinweis geben, auf eine zurückliegende Unterrichtsstunde aufmerksam machen, die Vorkenntnisse aktualisieren oder die Schüler über die Frage diskutieren lassen.

H-7: *Fragen der „unechten" Bewertung vermeiden.*
Fragen wie: „Wollt Ihr ins Schwimmbad gehen?" „Soll ich das Fenster öffnen?" „Seid Ihr damit einverstanden?" „Hat Euch die Geschichte gefallen?" – fordern von den Schülern nur ein „Ja" oder „Nein", eine Akklamation, nicht aber eine echte Bewertung. Manchmal kommt es in Verbindung mit solchen Fragen zu einem wilden Durcheinander, indem einige Schüler laut zustimmen, die anderen ebenso laut ablehnen. – Fragen dieser Art lassen sich mühelos umformulieren, z.B. so: „Heute ist es so heiß. Wir könnten eigentlich statt auf den Sportplatz ins Schwimmbad gehen, was meint Ihr dazu?" – Nun müssen die Schüler argumentieren.

H-8: *Kenntnisfragen nicht vernachlässigen.*
Mit diesem Indikator werden die Indikatoren 1 und 2 relativiert, denn bedeutsame und anspruchsvolle Frage- und Problemstellungen können schließlich ohne „banale" Kenntnisse nicht beantwortet oder bearbeitet werden. Nur gibt es auch zahlreiche andere methodische Möglichkeiten, Kenntnise zu aktualisieren. Die Lehrerfrage erscheint dafür ziemlich ungeeignet.

Weitere Indikatoren?...

Minimale Lernhilfen geben – sofern dies möglich ist

Es ist die zentrale Aufgabe eines jeden Lehrers, den Schülern beim Lernen zu helfen, und die Schüler haben einen Anspruch darauf, daß der Lehrer ihnen beim Lernen hilft. Die Art der Lernhilfen entscheidet über die Wirksamkeit der Lernprozesse, und deshalb erscheint es sinnvoll, sich mit dieser Fragestellung näher zu befassen.

Jeder Lehrer ist verpflichtet, seine Schüler laufend in „Lernschwierigkeiten" zu bringen, die sie zu bewältigen haben. Damit sind keine unüberbrückbaren Schulschwierigkeiten gemeint, sondern Lernwiderstände oder Lernbarrieren, die sich aufgrund der Frage- und Problemstellungen ergeben. Erfährt ein Schüler solche Widerstände nicht, dann lernt er auch nicht aktiv-produktiv, sondern wiederholt nur bereits Gelerntes oder folgt dem Prozeß passiv-rezeptiv. Ein aktiv-produktives Lernen, in dessen Verlauf der Schüler Lernhilfen benötigt, vollzieht sich meist in folgenden Schritten:

- Eine Frage- oder Problemstellung wird eingebracht oder taucht auf.
- Der Schüler befaßt sich mit der Frage- oder Problemstellung.
- Er erfährt eine Lernschwierigkeit, einen Lernwiderstand oder eine Lernbarriere.
- Er versucht nun, diese Schwierigkeit auszuräumen, den Widerstand oder die Barriere zu überwinden.
- Er stößt auf erhebliche Schwierigkeiten, bittet den Lehrer um eine Lernhilfe, oder der Lehrer kommt auf ihn zu und bietet ihm seine Hilfe an.
- Nun ist der Schüler in der Lage, die Lernschwierigkeit auszuräumen und die Lernbarriere zu überwinden.
- Es stellt sich ein Lernerfolg ein.

Ein solcher Lernprozeß fordert vom Schüler eine gewisse Anstrengungsbereitschaft, das Bemühen, die auftretenden Schwierigkeiten erfolgreich zu bewältigen und Widerstände zu überwinden (vgl. Becker 1982).

Schüler, die einen solchen Lernprozeß durchlaufen, gewinnen an Selbständigkeit und Eigenständigkeit, vorausgesetzt, der Lehrer ist in der Lage, die Lernhilfen so zu dosieren, daß die Lernchancen des Schülers weitgehend gewahrt bleiben. – Was wir darunter zu verstehen haben, läßt sich an einer Episode erklären: Der Dozent einer Pädagogischen Hochschule besucht eine Zahnärztin. Während der Behandlung berichtet die Ärztin über ihre beiden Töchter. Sie habe eine Pädagogikstudentin zur Hausaufgabenbetreuung engagiert. Die Studentin verfahre allerdings etwas eigenartig, indem sie den Mädchen die Mathematikaufgaben vorrechne, die beiden seien nach wenigen Minuten fertig, würden sich darüber freuen und spielen gehen. Und der Bericht endete mit der Frage: Lernen Ihre Studenten das denn so an Ihrer Hochschule? – Nun, diese Studentin hatte offensichtlich noch nie über das Erteilen von Lernhilfen nachgedacht.

Entscheidend für die Qualität einer Lernhilfe ist das Minimalprinzip oder „das Prinzip der minimalen Hilfe" (Aebli 1983, 300), d.h. eine Lernhilfe sollte nur jene Informationen enthalten, die den Schüler in die Lage versetzen, die Lernbarriere eigenständig zu überwinden. Eine qualifizierte Lernhilfe wahrt also die Lernchancen des Schülers und fordert von ihm eine Anstrengungsbereitschaft zur Überwindung der Barriere. Ein Zuviel an Hilfe mindert die Anstrengungsbereitschaft. Wissen die Schüler erst einmal aus Erfahrung, daß der Lehrer bereit ist, gestellte Fragen selbst zu beantworten oder aufgeworfene Fragen selbst zu lösen, dann werden sie sich zunehmend darauf beschränken, zu warten, bis er die Antwort oder Lösung gibt. Anstrengungs- und leistungsbereite Schüler werden durch zu weit gehende Lernhilfen unterfordert, merken, daß der Lehrer ihre Leistungsbereitschaft nicht anerkennt und berücksichtigt, sie fühlen sich „unter Wert verkauft" und verlieren die Lust am Lernen.

Wenn nun die erste vom Lehrer gegebene minimale Lernhilfe nicht ausreicht, wird er sich veranlaßt sehen, eine zweite Lernhilfe nachzuschieben, evtl. eine dritte, vierte, fünfte etc. Natürlich wird durch die Lernhilfen der Schwierigkeitsgrad einer Aufgabe reduziert, denn je mehr Informationen zur Lösung einer Aufgabe bereitgestellt werden, desto leichter wird in der Regel die Lösung sein. In jedem Fall kommt es auf die dem Schüler angemessene Dosierung an.

Werden wir nun konkret und analysieren jene Situation, in der die Schüler in Einzelarbeit eine komplizierte Textaufgabe aus dem Mathematikbuch lösen sollen. Die Schüler beginnen mit der Arbeit, ein Schüler meldet sich nach etwa 3 Minuten und bittet den Lehrer um Hilfe. Der Lehrer sucht den betreffenden Schüler an dessen Platz auf, setzt sich neben ihn, wählt eine freundliche Ansprache, redet aber sehr leise, um die anderen Schüler nicht bei der Arbeit zu stören. Nachstehende Verbalformen könnten der Situation angemessen sein: „Was kann ich für Dich tun?" „Kann ich Dir vielleicht helfen?" „Hast Du Dir schon etwas überlegt?" „Erzähl' mal, wie Du bis jetzt vorgegangen bist!" „Du hast im Augenblick Schwierigkeiten, überlegen wir uns mal, wie Du weiterkommen kannst." ...

Und nun stellt sich die Frage nach Art und Umfang der Lernhilfen. Die Palette möglicher Lernhilfen ist bunt und breit. Sie reicht von einem Augenzwinkern bis hin zum Vorrechnen der ganzen Aufgabe, wobei sich bei dieser zu weit gehenden Lernhilfe die Frage stellt, ob es sich noch um eine solche handelt. Doch beschränken wir uns auf wenige, bedeutsam erscheinende Handlungsindikatoren. Dabei wird der Versuch gemacht, die Indikatoren so anzuordnen, daß sie immer ein Mehr an Informationen bieten.

Mögliche Handlungsindikatoren

H-1: *Die Aufgabe nochmals durchdenken lassen.*
Mit diesem Indikator ist lediglich die Aufforderung verbunden, sich auf die Aufgabe zu konzentrieren. Diese Aufforderung erscheint vor allem bei jenen Schülern sinnvoll, die dem Lehrer als etwas oberflächlich bekannt sind.

H-2: *Sich zuversichtlich zeigen.*
Bei mißerfolgsorientierten oder ängstlichen Schülern kann schon eine ermutigende Aufforderung hilfreich sein, die noch keine direkte Lernhilfe beinhaltet.

H-3: *Die Aufgabe mit eigenen Worten wiedergeben lassen.*
Sofern der Schüler die Aufgabenstellung umschreibt, wird für den Lehrer oft bald einsichtig, an welcher Stelle oder bei welchem Lernschritt der Schüler Lernschwierigkeiten hat.

H-4: *Einen punktuellen Hinweis geben.*
Oft genügt schon der Hinweis auf einen bestimmten Begriff oder auf eine in der Aufgabe enthaltene Fragestellung, um dem Schüler die Weiterarbeit zu ermöglichen.

Handlungsspektrum – Lernhilfen geben

Formblatt zum Training des Lehrverhaltens,
zur Beobachtung
und zur Handlungsanalyse.

Mögliche Handlungsindikatoren:

H-1: Die Aufgabe nochmals durchdenken lassen.
H-2: Sich zuversichtlich zeigen.
H-3: Die Aufgabe mit eigenen Worten wiedergeben lassen.
H-4: Einen punktuellen Hinweis geben.
H-5: Einen Hinweis auf eine Arbeitstechnik geben.
H-6: Auf Informationsquellen aufmerksam machen.
H-7: Über ein mögliches Vorgehen sprechen.
H-8: Einen Lernschritt vorgeben.
H-9: Vorkenntnisse aktualisieren.
H-10: Mit dem Schüler die Aufgabe gemeinsam lösen.

Weitere Indikatoren ? . . .

H-5: *Einen Hinweis auf eine Arbeitstechnik geben.*
Manchmal scheitert die Lösung einer Aufgabe, weil der Schüler eine bestimmte Arbeitstechnik nicht beherrscht, so z.B. der Umgang mit dem Winkelmesser oder die Handhabung einer Tabelle. Oft genügt ein Hinweis zur Arbeitstechnik, manchmal ist der Lehrer auch gefordert, die Technik zu demonstrieren.

H-6: *Auf Informationsquellen aufmerksam machen.*
In diesem Fall kann z.B. der Hinweis auf eine bestimmte Seite im Mathematikbuch hilfreich sein, auf der das zugrundeliegende Prinzip dargestellt ist.

H-7: *Über ein mögliches Vorgehen sprechen.*
Der Schüler kann aufgefordert werden, einzelne Lernschritte zu benennen. Dazu ist es erforderlich, die Aufgabe in Teilaufgaben zu zerlegen und die einzelnen Operationen genau zu bezeichnen. Ist der Schüler dazu nicht in der Lage, müssen ihm weiterführende Lernhilfen geboten werden.

H-8: *Einen Lernschritt vorgeben.*
Der erste Lernschritt ist oft der schwierigste. Ist der erste Schritt getan, und weiß der Schüler, daß er nun auf dem richtigen Weg ist, können die nachfolgenden Schritte oft selbst vollzogen werden.

H-9: *Vorkenntnisse aktualisieren.*
Manchmal zeigt sich bei der Beobachtung der Lernbemühungen, daß wesentliche Vorkenntnisse fehlen. Diese können in der konkreten Situation nur aktualisiert werden. Die Schließung der Vorkenntnislücken im Sinne eines lückenschließenden Lernens (Eigler/Straka 1978) ist kaum möglich (vgl. Weinert/Zielinski 1977, Zielinski 1980). Ein erneuter Lehr-Lern-Prozeß muß initiiert werden.

H-10: *Mit dem Schüler die Aufgabe gemeinsam lösen.*
Bei einer gemeinsamen Lösung wird der Lehrer stets dem Schüler den Vortritt lassen, warten, und wenn der Schüler nicht weiter weiß, die nächste Lernhilfe anbieten. Dieses gemeinsame Lösen fordert den Schüler, indem er aktiv werden muß.

Weitere Indikatoren?...

Die vorstehend aufgeführten Indikatoren lassen sich auf viele andere Lehr-Lern-Situationen übertragen, so z.B. auf Gesprächssituationen, in denen ein Ergebnis erarbeitet wird oder auf jene Situationen, in denen nach einer Erklärung für einen Sachverhalt oder für ein Ereignis gesucht wird. Auch können diese Indikatoren für die Betreuung von Hausaufgaben hilfreich sein.

So plausibel es auch sein mag, nach dem Minimalprinzip zu verfahren und die Lernhilfen sorgfältig zu dosieren, so schwierig ist die Übertragung dieser Einsicht auf die Handlungsebene. Einmal ist es dem Lehrer nicht möglich, die allgemeinen Lernvoraussetzungen und die besonderen Vorkenntnisse eines jeden Schülers in den Blick zu nehmen. Ein Fachlehrer, der 237 Schüler in 8 Lerngruppen zu unterrichten hat, ist gänzlich überfordert. Ein Lehrer, der Nachhilfeunterricht erteilt, ist im Hinblick auf seinen Nachhilfeschüler durchaus dazu in der Lage.

In heterogenen Lerngruppen besteht die Schwierigkeit darin, Lernhilfen so zu dosieren, daß sie den leistungsstarken und den leistungsschwachen Schülern in gleicher Weise gerecht werden.

Viele Lernhilfen gehen für die leistungsstarken Schüler zu weit und reichen für die leistungsschwachen nicht aus.

Und schließlich spielt der Zeitfaktor eine erhebliche Rolle. In den letzten Minuten einer Unterrichtsstunde wird der Lehrer immer wieder das Prinzip minimaler Hilfe durchbrechen und weiterführende Lernhilfen geben, um ein gesetzes Ziel zu erreichen, um die Aufgabe zu lösen oder das Thema abzuschließen.

Die Schüler zum Fragen anregen – und bestimmte Fragen zurückweisen

Schülerfragen sollten eigentlich den gesamten Lehr-Lern-Prozeß begleiten und ihn teilweise auch leiten. Schülerfragen gestalten den Prozeß lebendig, sie zeigen dem Lehrer, wo die Schülerinteressen liegen, liefern Anhaltspunkte dafür, wo weitergearbeitet werden kann, wo der Prozeß noch einmal aufgenommen werden muß und geben Aufschluß über den Lernfortschritt und Lernerfolg.

Wer nicht bereit oder in der Lage ist, seine Umwelt zu befragen und sich selbst in Frage zu stellen, der ist nicht wirklich lernbereit und lernfähig. Aktiv-produktive Lernprozesse setzen eine Fragehaltung beim Schüler voraus. Soll unsere demokratische Gesellschaftsordnung lebendig und erhalten bleiben, dürfen wir auf kritisch fragende Schüler nicht verzichten.

Nun ist es leider so, daß Lehrer sehr viele Fragen an ihre Schüler richten, letztere hingegen selten oder nie Fragen stellen oder keine Gelegenheit zum Fragen erhalten. Tausch/Tausch (1973) liefern zu diesem Punkt die Mittelwerte aus verschiedenen Untersuchungen:

Tausch/Tausch ziehen aufgrund der erstgenannten Untersuchungen ein Resümee: „Bei durchschnittlich 30 Schülern je Klasse und 5 Unterrichtsstunden täglich stellt somit ein Schüler durchschnittlich jeden dritten Tag eine Frage an den Lehrer, während der Lehrer innerhalb von drei Schultagen über 800 Fragen an alle Schüler der Klasse richtet. In 30% der untersuchten Unterrichtsstunden wurde keine Schülerfrage registriert“ (a.a.O. 210). Bemerkenswert erscheint die relativ hohe Zahl von Schülerfragen in jenen Unterrichtsstunden, die A. Tausch in den Vereinigten Staaten analysierte.

Welches sind die Ursachen für die geringe Anzahl der Schülerfragen? Das entwicklungspsychologische Phänomen des ersten

Zur Quantität der Schülerfragen:

Schülerfragen	Stichprobe/Untersuchungen pro Stunde
2,2	50 Unterrichtsstunden (R. Tausch 1960)
1,8	73 Unterrichtsstunden (Wieczerkowski 1965)
1,1	10 Unterrichtsstunden von Mentoren.
0,3	20 Unterrichtsstunden von Studenten dieser Mentoren. (Nelles-Bächler 1965)
7,3	41 Unterrichtsstunden von Lehrern in den USA. (A. Tausch 1966)

und zweiten Fragealters, in dem Kinder ihre Eltern mit Fragen überschütten, sie manchmal sogar quälen, ist hinreichend bekannt, auch die Abwehrversuche der Erwachsenen, welche die Kinder dann mit Bemerkungen wegschicken wie: „Hör' endlich auf zu fragen!" – „Frag' nicht so viel!" – oder „Laß' mich in Ruhe!" – Kinder machen frühzeitig die betrübliche Erfahrung, daß sich die Erwachsenen nicht unbegrenzt befragen lassen. Und auf diese Weise wird die Fragehaltung der Kinder und die Motivation zum Fragen stark eingeschränkt. Zwar gibt es auch einige entwicklungspsychologische Faktoren, die den Jugendlichen veranlassen, in der Pubertät zurückhaltender zu sein, doch liegen weitere Ursachen sicher auch im schulischen Bereich.

Schon Schulanfänger lernen, daß derjenige Schüler besonders gefragt ist, dem es gelingt, für längere Zeit ruhig auf seinem Platz auszuharren, nicht aber derjenige, der viele knifflige Fragen stellt. – Offensichtlich fühlen sich einige Lehrer auch in „ihrem" Unterricht durch Schülerfragen gestört, sie haben den Unterricht sorgfältig geplant und sind nun nicht bereit, sich durch Schülerfragen von der einmal beschrittenen Lehrspur abbringen zu lassen. – Anderen Lehrern sitzt ständig der Lehrplan im Nacken. Immer wieder sprechen sie davon, wie wichtig es sei, den Lehrplan einzuhalten und im Lehrplan voranzukommen. Sie legen vor allem Wert darauf, ein bestimmtes Pensum zu schaffen und den geplanten Unterricht durchzuziehen. – Einige Lehrer sind auch von der Ignoranz ihrer Schüler überzeugt. Wie können unwissende Schüler qualifizierte Fragen stellen? Fragen leistungsstarker Schüler werden noch toleriert, die anderen ignoriert oder beiseite geschoben. – Die leistungsschwachen Schüler müssen immer wieder feststellen, daß ihre

Fragen auch mitleidig, ironisch oder sarkastisch registriert werden, und Schüler, die auf ihre ernstgemeinten Fragen des öfteren solche Antworten bekommen, stellen das Fragen bald ein. – In diesem Zusammenhang spielt auch das Verhalten der Lerngruppe, das Lernklima, eine große Rolle, ob nämlich die Gruppe das Fragerecht eines jeden Schülers akzeptiert oder ob sie auf die unbeholfenen Fragen leistungsschwacher Schüler hämisch und abwertend reagiert. – Für schulmüde Schüler, die sich für die Lerninhalte eines oder mehrerer Fächer kaum noch interessieren oder deren Desinteresse am schulischen Geschehen überwiegt, ist es auch völlig uninteressant, im Unterricht Fragen zu stellen. – Wenige Lehrer mißbrauchen den Lehr-Lern-Prozeß auch zur Selbstdarstellung, sehen sich stets im Mittelpunkt, verhalten sich den Schülern gegenüber dominant, entwickeln ihre schauspielerischen Talente, indem sie pausenlos verbalisieren und agieren. Die Schüler haben hier kaum eine Chance, Fragen zu stellen, und wenn sie es dennoch tun, wirken diese als Störung der Vorstellung. –

Besonders Lehranfänger, die mit den Lerninhalten Schwierigkeiten haben, werden durch Schülerfragen verunsichert oder geraten „ins Schwimmen", wie das im Jargon heißt. Und ein Ausweg aus dieser mißlichen Situation besteht darin, Fragen gar nicht erst zuzulassen. Dies ist eine besondere Form, mit der Angst vor Schülerfragen und dem drohenden Autoritätsverlust umzugehen. – Schließlich können ungünstige Rahmenbedingungen die Fragemöglichkeiten der Schüler stark einschränken. Wenn in einer Unterrichtsstunde 36 Schüler eine Frage stellen möchten, reicht die Zeit zur Beantwortung wohl kaum aus. – Einige Schüler sind sicher gehemmt, haben Formulierungsschwierigkeiten, Angst, sich zu blamieren oder sind zu bescheiden, indem sie anderen Schülern den Vortritt lassen (vgl. Rück 1980).

Nun ist es utopisch, wollte ein Lehrer davon ausgehen, daß die Schüler im Unterricht alle wichtigen Fragen alleine aufspüren und stellen (vgl. Gage/Berliner 1979, 605 ff.). Statt dessen ist es die Aufgabe eines qualifizierten Lehrers, bei den Schülern immer wieder Fragehaltungen aufzubauen, die sie letztlich zum Fragen motivieren. Einige methodische Möglichkeiten können hier beispielhaft aufgezeigt werden, doch muß der Leser im Hinblick auf den eigenen Unterricht und auf sein Fach weitere Möglichkeiten suchen und ausprobieren.

Mögliche Handlungsindikatoren

H-1: *Auf das Fragerecht eines jeden Schülers hinweisen.*
Gehemmte, stotternde oder leistungsschwache Schüler sind vom Lehrer vor ihren Mitschülern in Schutz zu nehmen. Letztere stöhnen zuweilen, wenn bestimmte Schüler Fragen stellen. In solchen Fällen ist es die Aufgabe des Lehrers, auf das Recht eines jeden Schülers hinzuweisen, zu fragen und gehört zu werden. – Der Lehrer kann durch sein Verhalten die Lernatmosphäre entscheidend beeinflussen und den leistungsschwachen Schülern die Angst nehmen, „falsche" Fragen zu stellen.

H-2: *Schüler für ihre Fragen loben.*
Eine positive Bewertung der Schülerfragen durch den Lehrer fördert sicher auch das Frageverhalten. Dabei besteht die Schwierigkeit für den Lehrer darin, die Bewertungen dem Lernvermögen der einzelnen Schüler entsprechend vorzunehmen.

H-3: *Einen Lerninhalt umschreiben und zum Fragen auffordern.*
Der Lehrer spricht kurz über den betreffenden Lerninhalt und fordert die Schüler auf, Fragen zum Lerninhalt zu formulieren, die dann gesammelt und bearbeitet werden. Die Formulierung der Fragen kann auch in Partner- oder Kleingruppenarbeit erfolgen, oder es ist denkbar, daß jeder Schüler, dem eine Frage einfällt, an die Tafel geht und diese anschreibt. Das Fragespektrum ist zu ordnen, ein Vorgehen für die Beantwortung mit den Schülern abzusprechen. Dazu ein Beispiel: „In den nächsten Stunden werden wir uns mit den Ameisen beschäftigen. Ihr habt diese Tiere alle schon mal gesehen. Überlegt bitte, was Euch an den Ameisen interessiert. Besprecht Euch mit Eurem Tischnachbarn. Wer eine Frage weiß, schreibt sie an die Tafel."

H-4: *Einen Lerngegenstand mitbringen, der zum Fragen reizt.*
Der Lehrer zeigt z.B. das Naßpräparat eines Bandwurmes vor und fordert die Schüler dazu auf, Fragen zum Bandwurm zu formulieren. Dabei kann wie unter H-3 verfahren werden.

H-5: *Eine Person vorstellen, die befragt werden kann.*
Die Befragung des Bürgermeisters, einer Gemeinderätin, eines Polizeibeamten oder eines Mitgliedes der Feuerwehr bedarf

Handlungsspektrum – Zum Fragen anregen

Formblatt zum Training des Lehrverhaltens,
zur Beobachtung
und zur Handlungsanalyse.

Mögliche Handlungsindikatoren:

H-1: Auf das Fragerecht eines jeden Schülers hinweisen.
H-2: Schüler für ihre Fragen loben.
H-3: Einen Lerninhalt umschreiben und zum Fragen auffordern.
H-4: Einen Lerngegenstand mitbringen, der zum Fragen reizt.
H-5: Eine Person vorstellen, die befragt werden kann.
H-6: Einen Sachverhalt demonstrieren, der Fragen aufwirft.
H-7: Ein Experiment durchführen lassen, das Fragen aufwirft.
H-8: Anfang und Ende eines Prozesses schildern.
H-9: Gegensätzliche Positionen oder verschiedene Standpunkte darlegen.
H-10: Erfahrungen ansprechen, die einer Klärung bedürfen.
H-11: Nach Präsentationsphasen zum Fragen auffordern.

Weitere Indikatoren ? . . .

meist einer Vorbereitung, damit das Interview möglichst ergiebig ausfällt.

H-6: *Einen Sachverhalt demonstrieren, der Fragen aufwirft.* So ist es z.B. denkbar, zuerst ein Stück Eisen auf die Wasseroberfläche zu legen, das sinkt und dann ein Spielzeugschiff aus Eisen, welches schwimmt. Die Frage nach der Ursache wird somit provoziert.

H-7: *Ein Experiment durchführen lassen, das Fragen aufwirft.* In einen Arbeitsauftrag, der zum Experimentieren anleitet, lassen sich Lernwiderstände einbauen, welche Lernschwierigkeiten hervorrufen und die Schüler zum Fragen nötigen.

H-8: *Anfang und Ende eines Prozesses schildern.*

So genügt z.B. die Darbietung eines Rohstoffes und eines Endproduktes, um die Frage nach dem Produktionsablauf anzuregen. – Oder der Lehrer stellt zwei Quellentexte gegenüber, welche die Frage nach den geschichtlichen Ereignissen aufwerfen, z.B. die Ankündigung der Nationalsozialisten aus dem Jahr 1932, die politischen Parteien zerschlagen zu wollen und deren Feststellung aus dem Jahre 1933, daß sie nun zerschlagen seien.

H-9: *Gegensätzliche Positionen oder verschiedene Standpunkte darlegen.*

Wenn z.B. die beiden Thesen in den Raum gestellt werden – Der Bau von Atomkraftwerken stellt eine nicht zu verantwortende Zukunftsbelastung dar! – Der Bau von Atomkraftwerken ist für die Energiesicherung unerläßlich! –, dann werden die Schüler in eine Fragehaltung hineingeführt, die den nachfolgenden Lehr-Lern-Prozeß tragen kann.

H-10: *Erfahrungen ansprechen, die einer Klärung bedürfen.*

Dieser Indikator bietet sich vor allem für naturwissenschaftliche Fächer an, deren Aufgabe es ist, Alltagserfahrungen zu erklären. Einfache Feststellungen genügen hier schon, um Fragen aufkommen zu lassen: Kinder sehen ihren Eltern ähnlich. – Das Wasser kommt aus dem Wasserhahn. – Wer sich nicht warm genug anzieht, wird meist krank ...

H-11: *Nach Präsentationsphasen zum Fragen auffordern.*

Nachdem der Lehrer etwas vorgemacht, vorgezeigt, demonstriert, erklärt, vorgelesen, vorgetragen oder vorgeführt hat, bietet sich für die Schüler fast immer eine Phase der Informationsverarbeitung an, die nicht mit der Floskel eingeleitet werden sollte: „Hat jemand noch eine Frage?“ – weil diese Formulierung die Fragehaltung meist erstickt. Statt dessen können Wendungen hilfreich sein: „Ich überlege mir, ob meine Erklärung verständlich war.“ Oder: „Eigentlich müßten jetzt eine ganze Reihe von Fragen auftauchen.“

Weitere Indikatoren?...

So wünschenswert es einerseits auch sein mag, das Frageverhalten der Schüler zu fördern, so ergeben sich andererseits auch in Verbindung mit dieser Handlungskompetenz einige wesentliche Einschränkungen. Zwar ist generell von einem unbedingten

Fragerecht der Schüler auszugehen, doch findet dieses Recht in bestimmten Lehr-Lern-Situationen und Konfliktsituationen seine Grenzen. Einmal kann der Lehrer Fragen nicht zulassen, wenn er sich gerade in einem Präsentationsvorgang befindet, er gerne die Übung in ihrem gesamten Ablauf vormachen oder die Geschichte zu Ende erzählen will. Und zum anderen braucht er Schülerfragen nicht zuzulassen, die in der deutlichen Absicht gestellt werden, den Lehr-Lern-Prozeß zu stören, das Lehr-Lern-Tempo zu verzögern, oder die darauf abzielen, Lehrer oder Mitschüler anzugreifen, sie in Verlegenheit zu bringen, bloßzustellen oder abzuwerten.

Auf Schülerfragen eingehen – und einige Fragen unbeantwortet lassen

Es gibt Lehrer, die regen die Schüler zum Fragen an, die freuen sich über Schülerfragen und bewerten diese positiv. Und den Schülern macht der Unterricht Spaß, sie arbeiten aufmerksam mit, und wenn sie etwas nicht verstanden haben, dann fragen sie einfach und bekommen auf ihre Fragen zufriedenstellende Antworten.

Andere Lehrer haben vor den Fragen ihrer Schüler Angst, betrachten Schülerfragen als ungerechtfertigte Kritik oder als Angriff auf ihre Person, reagieren auf Schülerfragen verunsichert oder verärgert, werten sie ab, klammern sie laufend aus, stellen sie häufig zurück oder übergehen sie. Die Schüler wirken uninteressiert, lassen den Unterricht über sich ergehen oder beschäftigen sich mit anderen Dingen. Aufgrund ihrer negativen Erfahrungen haben sie das Fragen weitgehend aufgegeben.

Diese pointierte Gegenüberstellung deutet auf unterschiedliche Lehrvoraussetzungen hin. Im ersten Beispiel stehen die Schüler im Lehr-Lern-Prozeß im Mittelpunkt, und es wird von einem generellen Fragerecht der Schüler ausgegangen. Die Lehrer wissen um die Bedeutung und Funktion der Schülerfragen. Des weiteren sind Lehrer, die ihre Schüler zum Fragen anregen, fachkompetent, zumindest im Hinblick auf die betreffende Unterrichtseinheit sorgfältig vorbereitet. Sie haben zahlreiche Kenntnisse kumuliert und sind bereit und in der Lage, diese weiterzugeben. – Außerdem sind Lehrer, die sich über Schülerfragen freuen, meist emotional ausgeglichen, begegnen den Fragen mit Ruhe und Gelassenheit, so daß sich die Schüler bei ihnen nicht nur fachlich, sondern auch als Person aufgehoben fühlen.

Aber selbst, wenn es manchmal an emotionaler Ausgeglichenheit und fachlicher Kompetenz fehlt – Variablen, die schließlich nicht im Hinblick auf jede Unterrichtsstunde vorausgesetzt werden können –, braucht ein Lehrer keine Angst vor Schülerfragen zu haben, denn jede Frage läßt sich durch eine geschickte Antwort auffangen. Das nachstehende Handlungsspektrum mag dies verdeutlichen.

Mögliche Handlungsindikatoren

H-1: *Die Frage direkt beantworten.*
Eine ernstgemeinte Schülerfrage fordert vom Lehrer oft eine direkte, fachkompetente Antwort. Und Schüler fragen gern, wenn sie das Gefühl haben, daß sich das Fragen lohnt. Allerdings wird der Lehrer bei einer direkten Antwort davon ausgehen, daß der fragende Schüler oder die Mitschüler nicht in der Lage sind, mittels Lernhilfen die Frage zu beantworten. Eine direkte Antwort wird weiterhin erforderlich, wenn wenig Zeit zur Verfügung steht, und deshalb die Antwort nicht gemeinsam erarbeitet werden kann.

H-2: *Die Frage umschreiben.*
Die Umschreibung einer Frage trägt zu ihrer Klärung bei. Wenn emotionale Erlebnisinhalte mitschwingen, wird dem fragenden Schüler durch eine Umschreibung oft erst richtig bewußt, was er eigentlich fragen wollte. Indem der Lehrer die Frage umschreibt, vergewissert er sich, ob er sie richtig aufgefaßt hat und gewinnt Zeit für die Beantwortung. – „Wenn ich Dich richtig verstanden habe, wolltest Du fragen, ob . . .“.

H-3: *Die Frage präzisieren oder präzisieren lassen.*
Gelingt es nicht sofort, den Sinn einer Frage zu erfassen oder ist diese umständlich formuliert, bietet sich das Präzisieren an, zu dem alle am Lehr-Lern-Prozeß Beteiligten, Lehrer und Schüler, aufgefordert sind. Wenn der Lehrer fragt: „Kann mir jemand erklären, wie die Frage gemeint ist?“ – sind die Schüler nur allzu gerne bereit, dem Lehrer zu helfen, weil sie so in die Lehrerrolle schlüpfen können.

H-4: *Die Frage an die Gruppe weiterleiten.*
Dieser Handlungsindikator bietet sich für Fragen an, die für

Handlungsspektrum – Auf Schülerfragen eingehen

Formblatt zum Training des Lehrverhaltens,
zur Beobachtung
und zur Handlungsanalyse.

Mögliche Handlungsindikatoren:

H-1: Die Frage direkt beantworten.
H-2: Die Frage umschreiben.
H-3: Die Frage präzisieren oder präzisieren lassen.
H-4: Die Frage an die Gruppe weiterleiten.
H-5: Die Frage an bestimmte Schüler weiterleiten.
H-6: Einen Fragekomplex strukturieren.
H-7: Lernhilfen zur Beantwortung anbieten.
H-8: Die Frage zurückgeben oder überdenken lassen.
H-9: Die Frage begründend zurückstellen.

Weitere Indikatoren ? . . .

---

viele Schüler interessant sein könnten, und die es deshalb wert sind, hervorgehoben zu werden. – Die gemeinsame Erarbeitung einer Antwort erscheint auch sinnvoll, sofern der Lehrer von einer Frage überrascht wird, über die er selbst noch nicht nachgedacht hat. Das offene Eingeständnis: „Das ist eine interessante Frage, auf die auch ich nicht vorbereitet bin", – wird in den meisten Fällen ein intensives Bemühen auslösen. Außerdem befreit es den Lehrer vom Handlungsdruck.

H-5: *Die Frage an bestimmte Schüler weiterleiten.*
Hier kann es sich um einzelne Schüler oder um Partner- oder Kleingruppen handeln, von denen der Lehrer vermutet, daß sie für die Beantwortung der Frage besonders kompetent sind.

H-6: *Einen Fragekomplex strukturieren.*
Es wird zwar selten vorkommen, daß Schüler mit einem Beitrag viele Fragen stellen, doch in solchen Fällen muß die Entscheidung über die Reihenfolge der Beantwortung getroffen werden,

etwa in der Form: „Falls ich all das, was Du gesagt hast, richtig verstanden habe, wolltest Du mehrere Fragen stellen, 1....., 2....". Der Lehrer rückt auf diese Weise die Fragen in das Bewußtsein der Mitschüler, und der nachfolgende Lehr-Lern-Prozeß wird strukturiert.

H-7: *Lernhilfen zur Beantwortung anbieten.*
Oft genügt schon der Hinweis auf einen zurückliegenden Gesprächsbeitrag, auf eine vorausgegangene Stunde, auf früher gesammelte Erfahrungen, gewonnene Erkenntnisse oder Einsichten, und die Schüler sind in der Lage, eigenständig eine stimmige Antwort zu finden.

H-8: *Die Frage zurückgeben oder überdenken lassen.*
Fragen, die voreilig oder unüberlegt gestellt werden, können an den Fragenden zurückgegeben werden. Eine Formulierung wie: „Denke bitte selbst über eine Antwort nach, falls Du sie nicht findest, helfe ich Dir später gern," wird fast immer akzeptiert.

H-9: *Die Frage begründend zurückstellen.*
Dieser Handlungsindikator kommt vor allem für zwei Ereignisse in Betracht, einmal, wenn Schüler Fragen stellen, die sich schon auf den übernächsten oder einen weiteren Lernschritt beziehen, zum andern, wenn sich der Lehrer überfordert fühlt und er z.B. sagt: „Deine Frage ist so wichtig, daß wir sie in der nächsten Stunde ausführlich beantworten sollten. In der Zwischenzeit können wir uns auch noch informieren." Wichtig erscheint in diesem Zusammenhang, daß die Frage dann auch wirklich aufgegriffen und beantwortet wird, weil der Lehrer sonst an Glaubwürdigkeit verliert.

Weitere Indikatoren?...

Es gibt zwar ein generelles Fragerecht der Schüler, aber kein uneingeschränktes. Schüler dürfen auch Fragen stellen, die im Umgang zwischen Erwachsenen nicht üblich sind. Ihnen ist ein „Mündigkeitsvorschuß" zu geben. Grenzüberschreitungen im Umgang sind zu tolerieren, weil die Schüler nur auf diese Weise mündig werden können. Werden aber taktlose Fragen in der Absicht gestellt, andere Personen zu verletzen oder abzuwerten, müssen sie ignoriert, übergangen oder zurückgewiesen werden. Der Hinweis auf die Grenzüberschreitung oder Taktlosigkeit genügt hier meist als Antwort.

5.4 Handlungskompetenzen im Gesprächsbereich

Von wenigen Fächern abgesehen, wird etwa zwei Drittel der gesamten Unterrichtszeit mit Gesprächen ausgefüllt – Grund genug, sich um den Erwerb von Handlungskompetenzen im Gesprächsbereich zu bemühen. Im Gegensatz zu einer Unterhaltung folgt ein Unterrichtsgespräch oder eine Diskussion einer besonderen Zielsetzung. Werden im Gespräch Vorkenntnisse aktualisiert, Einfälle gesammelt, Ergebnisse erarbeitet oder Beurteilungen vollzogen, werden gegensätzliche Positionen diskutiert oder verschiedene Sichtweisen in den Blick genommen, dann sind diese Zielsetzungen sehr unterschiedlich. Den Gesprächs- oder Diskussionszielen entsprechend, wird auch vom Lehrer ein völlig anderes Gesprächsleiterverhalten verlangt. Für typische Gesprächssituationen zeichnen sich situationsspezifische Handlungsstrukturen ab, die es zu erwerben gilt, um die Gesprächsabläufe stützen zu können.

Gespräche auch überwiegend nichtverbal leiten – und bei Bedarf verbal steuernd eingreifen

Diesem Abschnitt liegen zwei Annahmen zugrunde, nämlich erstens, daß einige Lehrer im Unterricht zu viel reden, und zweitens, daß sie von den Möglichkeiten der nichtverbalen Gesprächssteuerung zu wenig Gebrauch machen. Ein sehr hoher Sprechanteil der Lehrer im Unterricht von durchschnittlich 2/3 aller gesprochenen Wörter ist auch empirisch mehrfach belegt und läßt sich immer wieder nachweisen (vgl. Borg et al. 1970, Tausch/Tausch 1973).

Für diesen hohen Sprechanteil gibt es zahlreiche mögliche Ursachen. So kommen Tausch/Tausch zu der Annahme, daß Menschen, die sich in einem hohen Spannungs- oder Erregungszustand befinden, wahrscheinlich deshalb pausenlos reden, um diesen Zustand vor anderen Menschen zu verbergen. Diese Annahme könnte für Lehranfänger zutreffen, die verständlicherweise oft sehr nervös sind. Sicher gibt es auch einige Lehrer, die besonders eloquent erscheinen wollen und so den Unterricht zur Selbstdarstellung mißbrauchen. Andere Lehrer geben sich mit Schülerbeiträgen nicht zufrieden, wiederholen jeden Beitrag mit eigenen Worten, um sie auf diese Weise zu perfektionieren, ohne dabei zu merken, daß sie dadurch die Schülerbeiträge abwerten. Wenn es in der Klasse unruhig wird, wiederholen Lehrer häufig Schülerbeiträge, um die sich beteiligenden Schüler zu bestätigen oder sicherzustellen, daß ein wichtiger Schülerbeitrag von allen Schülern aufgefaßt wird. Sie erreichen dann zwar mit ihrem Verhalten meist genau das Gegenteil – indem es in der Lerngruppe noch lauter wird, weil die Schüler ohnehin auf die Wiederholungen des Lehrers vertrauen und sich ungeniert weiter unterhalten.

Eine Leitlinie bezüglich des Sprechanteils von Lehrern läßt sich allerdings nicht ohne weiteres formulieren, da es große fachspezifische Unterschiede gibt. Wenn Sprachlehrer, die ihren Schülern in gewissen Stunden als Sprachvorbild dienen sollen, einen sehr hohen Sprechanteil verzeichnen, kann das mitunter voll gerechtfertigt sein. Gleiches gilt für Lehrer, die Fächer wie Geschichte oder Sozialkunde lehren, Fächer, in denen umfassendere inhaltliche Darstellungen des Lehrers notwendig sind.

Dennoch läßt sich die Annahme, daß einige Lehrer im Unterricht zuviel reden, aufrechterhalten. – Vielredner erdrükken die Schüler durch ihren Redefluß, sie wirken einschläfernd und zwingen die Schüler in eine passiv-rezeptive Lernhaltung. Dabei gibt es zahlreiche Lehr-Lern-Situationen, in denen es sinnvoll erscheint, als Lehrer zu schweigen und ein Gespräch überwiegend nichtverbal zu steuern. Wenn in Verbindung mit einer Frage- oder Problemstellung mehrere Schülermeldungen vorliegen, nimmt der erfahrene Lehrer meist ein ganzes Antwortbündel entgegen, indem er die Schüler nacheinander sprechen läßt und nur dann eingreift, wenn ein Beitrag grob falsch ist und so nicht stehengelassen werden kann. Wenn Schüler über die im Unterricht erworbenen Kenntnisse sprechen oder über schon gemachte Erfahrungen berichten, ist ebenfalls die nichtverbale Gesprächssteuerung angezeigt. Gleiches gilt für Vermutungen über einen nachfolgenden Demonstrationsversuch, für die Beschreibung von Beobachtungen, die Wiedergabe von Ersteindrücken und Gefühlen im Anschluß an eine Präsentationsphase, einen Filmeinsatz, ein Lesestück, ein Kunstwerk oder ein Musikstück. Die Aufzählung der Lehr-Lern-Situationen, in denen eine überwiegend nichtverbale Gesprächssteuerung angebracht erscheint, ließe sich noch fortsetzen. Im Lehr-Lern-Prozeß selbst ist die Sensibilität des Lehrers gefragt, ein Gespür dafür, wann es sinnvoll erscheint, sich ganz zurückzuhalten.

Die nichtverbale Komponente der Kommunikation ist in den letzten Jahren „entdeckt" und im Hinblick auf den Unterricht verstärkt diskutiert worden (vgl. Allen/Ryan 1972, Becker 1973, Galloway 1976, Heidemann 1983, Scherer 1970). Besonders Ch. Galloway hat sich intensiv mit der Erforschung nichtverbaler Ausdrucksformen befaßt, und böse Zungen behaupten, Galloway sei in der Lage, auch mündliche Prüfungen nichtverbal durchzuführen. In neuester Zeit hat Heidemann diesem Aspekt des Lehrverhaltens seine Publikation „Körpersprache vor der Klasse" gewidmet.

Sicher ist die nichtverbale Komponente der Kommunikation jahrelang kaum gesehen und unterschätzt worden. Nichtverbale Kommunikation findet schließlich auch ohne verbale statt, und wenn Kommunikationspartner verbal kommunizieren, werden ihre Zeichen ständig von nichtverbalen begleitet. Erst die Wahrnehmung der verbalen und nichtverbalen Zeichen, die vorhandene oder mangelnde Übereinstimmung dieser beiden Komponenten, gestattet eine Deutung des Aussagegehalts. Welches sind die bedeutsamen nichtverbalen Ausdrucksformen, die bei der Steuerung von Gesprächen eine Rolle spielen? – Zu nennen sind hier der Blickkontakt, die Mimik, Kopf- und Körperbewegung, die Gestik, die räumliche Orientierung und die interpersonale Distanz. Andere nichtverbale Ausdrucksformen – wie die taktilen (Lehrer streicht Schülerin liebevoll über das Haar), olfaktorischen (Lehrerin verwendet ein teures Parfum), gustatorischen (verteilt Bonbons) oder akustischen (Lehrerin klatscht in die Hände, Lehrer schlägt mit dem Zeigestock auf einen Tisch und arbeitet so mit „Geräuschschocks") – werden hier vernachlässigt.

Mit der überwiegend nichtverbalen Gesprächssteuerung soll der Sprechanteil des Lehrers drastisch zugunsten der Schüler reduziert werden. Der Lehrer möchte die Schüler aktivieren und motivieren, ihnen indirekt mitteilen, daß nun sie reden und den Prozeß beeinflussen oder gestalten können. Die Schüler erhalten vermehrt Gelegenheit zum Sprechen und können in bescheidenem Umfang selbständiger und mündiger werden, können kommunikative Kompetenzen entwickeln.

Für diese Art der Gesprächssteuerung müssen einige wichtige Voraussetzungen erfüllt sein, nämlich Blickkontakt zwischen möglichst allen Gesprächsteilnehmern und eine angemessene interpersonale Distanz zum Lehrer, der das Gespräch leitet. Nur so kann der Lehrer alle Schüler in den Blick nehmen, von allen

Schülern gesehen werden, die nichtverbalen Zeichen auffassen und situationsgerecht interpretieren. Im folgenden werden zentrale Handlungsindikatoren ausgewiesen, welche die nichtverbalen Steuerungsmöglichkeiten bewußter machen können.

Mögliche Handlungsindikatoren

H-1: *Ein Gesprächsthema nichtverbal einbringen.*
Ein Schlüsselbegriff, eine provozierende Behauptung oder eine Fragestellung wird an die Tafel geschrieben, und der Lehrer fordert nichtverbal zur Aussprache auf. Eine ähnliche Wirkung läßt sich durch eine Präsentation erzielen.

H-2: *Um Beiträge bitten.*
Dieses kann z.B. geschehen, indem der Lehrer erwartungsvoll in die Runde blickt oder durch einladende Handbewegungen die Schüler zum Sprechen ermutigt.

H-3: *Die Reihenfolge der Meldungen registrieren.*
Der Lehrer deutet kurz auf die sich meldenden Schüler und gibt ihnen so zu verstehen, daß er ihre Meldungen bemerkt hat und sie gleich zu Wort kommen. Möchten mehrere Schüler auf einmal sprechen, kann eine verbale Steuerung etwa in der Form notwendig werden: „Fein, daß Ihr alle etwas sagen wollt, merkt Euch Euren Beitrag, Ihr kommt nacheinander dran.“

H-4: *Das Wort erteilen.*
Auch das kann nichtverbal geschehen, indem derjenige Schüler, dem das Wort erteilt werden soll, angesehen, ihm zugenickt wird oder indem der Lehrer auf den nächsten Schüler deutet.

H-5: *Beiträge weiterführen lassen.*
Ist der Lehrer der Auffassung, daß der sprechende Schüler einen weiterführenden Beitrag leisten, also über das hinausgehen kann, was er schon gebracht hat, kann er sich voll gespannter Aufmerksamkeit und Erwartung dem Schüler zuwenden und ihm durch eine leicht kreisende Handbewegung zu verstehen geben, daß er an der Weiterführung interessiert ist.

H-6: *Beiträge positiv bewerten.*
Das läßt sich durch beifälliges Nicken und Lächeln erreichen, aber auch allein schon durch Zuwendung und Aufmerksamkeit.

Handlungsstruktur – Überwiegend nichtverbale Gesprächssteuerung

Formblatt zum situativen Lehrtraining,
zur Beobachtung
und zur Handlungsanalyse.

Mögliche Handlungsindikatoren:

H-1: Ein Gesprächsthema nichtverbal einbringen.
H-2: Um Beiträge bitten.
H-3: Die Reihenfolge der Meldungen registrieren.
H-4: Das Wort erteilen.
H-5: Beiträge weiterführen lassen.
H-6: Beiträge positiv bewerten.
H-7: Beiträge negativ bewerten.
H-8: Beiträge anzweifeln oder korrigieren lassen.
H-9: Beiträge hervorheben.
H-10: Beiträge zur Diskussion stellen.
H-11: Auf Gegensätze aufmerksam machen.
H-12: Die erforderliche soziale Ordnung wieder herstellen.
H-13: Auf das Gesprächsthema hinweisen.
H-14: Phasen des Schweigens nutzen.
H-15: Verbal steuernd eingreifen.

Weitere Indikatoren ? . . .

H-7: *Beiträge negativ bewerten.*
Hier kann der Lehrer den Kopf schütteln, die Stirn runzeln, so tun, als hätte er Zahnschmerzen, oder aber auch den Beitrag mit der Hand abwehren.

H-8: *Beiträge anzweifeln oder korrigieren lassen.*
Das Wiegen des Kopfes oder eine zweifelnde Handbewegung sind dafür geeignete nichtverbale Ausdrucksformen.

H-9: *Beiträge hervorheben.*
Auch das ist jederzeit nichtverbal möglich, indem der Lehrer eine Aussage, die ihm zentral erscheint, an die Tafel schreibt oder die Aufmerksamkeit aller Schüler durch entsprechende Gesten auf denjenigen Schüler lenkt, der einen besonders wichtigen Beitrag bringt.

H-10: *Beiträge zur Diskussion stellen.*
Bedeutsame Beiträge lassen sich nichtverbal zur Diskussion stellen, wobei beidseitig ausgeführte einladende Handbewegungen und entsprechende Gesten hilfreich sein können.

H-11: *Auf Gegensätze aufmerksam machen.*
Der Lehrer kann abwechselnd auf die diskutierenden Kontrahenten zeigen, so den Gegensatz deutlich werden lassen und die Mitschüler zur Stellungnahme auffordern.

H-12: *Die erforderliche soziale Ordnung wieder herstellen.*
Wenn mehrere Schüler durcheinanderreden, kann der Lehrer z.B. zu einer „Salzsäule erstarren“, sich die Ohren zuhalten, mit beiden Händen entsetzt die Beiträge abwehren oder sich mit finsterer Miene abwenden. Es gibt also eine Vielzahl nichtverbaler Ausdrucksformen, die geeignet erscheinen, die für das Lehren und Lernen erforderliche soziale Ordnung aufrechtzuerhalten oder wieder herzustellen.

H-13: *Auf das Gesprächsthema hinweisen.*
Sofern das Thema an der Tafel steht, braucht der Lehrer nur auf dieses zu deuten. Oder er schreibt das Thema an die Tafel, um es so in Erinnerung zu bringen.

H-14: *Phasen des Schweigens nutzen.*
Manchmal kommt es vor, daß in einer solchen Gesprächssituation alle Schüler schweigen. Nun kann ein solches Schweigen bedeuten, daß die Schüler nachdenken, und es wäre verfehlt, dieses Schweigen voreilig zu durchbrechen. Andererseits schweigen Schüler z.B. aus Verlegenheit, aus Trotz oder weil sie eine diesbezügliche Absprache getroffen haben. Hier ist eine besondere Sensitivität des Lehrers gefordert, das Schweigen als produktiv oder unproduktiv zu diagnostizieren.

H-15: *Verbal steuernd eingreifen.*
Es gibt zahlreiche Gründe, die ein verbales Eingreifen sinnvoll erscheinen lassen, so z.B. wenn Phasen des Schweigens belastend wirken, sich lähmend über die Lerngruppe legen, wenn keine Beiträge mehr kommen, das Thema aus der Sicht der Schüler erschöpft erscheint und verbale Hinweise des Lehrers erforderlich werden, wenn zu stark vom Thema abgewichen wird und nichtverbale Hinweise ihre Wirkung verfehlen, wenn die soziale Ordnung in der Gruppe empfindlich gestört ist und eine direkte verbale Intervention des Lehrers notwendig wird. Oder wenn falsche Beiträge eine verbale Korrektur des Lehrers oder eine ausführliche Erklärung verlangen, oder wenn der Lehrer direkt angesprochen und um eine Stellungnahme gebeten wird.

Weitere Indikatoren?...

Die überwiegend nichtverbale Gesprächssteuerung ist ein sehr empfindliches Instrument, das situationsangemessen eingesetzt werden sollte, ohne daß es zu Verkrampfungen kommt. Auf den bewußten Einsatz der vorstehenden nichtverbalen Ausdrucksformen kann jedoch nicht verzichtet werden. Übrigens braucht ein in dieser Weise gesteuerter Lernprozeß keineswegs schülerorientiert zu sein. Im Gegenteil, auch mit Hilfe nichtverbaler Ausdrucksformen läßt sich ein Gespräch sehr direkt durch den Lehrer steuern. Allein der Umstand, daß der Lehrer seinen Sprechanteil an die Schüler abgibt, garantiert keineswegs die aktive Teilnahme aller Schüler an diesem Gespräch.

Im Gespräch Einfälle sammeln – auch wenn vielleicht die besten übersehen werden

Gespräche, in denen Einfälle oder Lösungsvorschläge gesammelt werden, sind selten, weil schulisches Lehren und Lernen nun einmal überwiegend konvergent und nicht divergent verläuft. Diese seltenen divergierenden Gespräche sind jedoch hochbedeutsam, weil divergierendes Denken die Grundlage für jede kreative Lernleistung darstellt und ohne divergente Produktion anspruchsvolle Problemlöseprozesse undenkbar sind. Divergierendes Denken geht „in verschiedene Richtungen, wechselt die Richtung, sobald dies erforderlich ist, und somit zu einer Mannigfaltigkeit von Antworten, die alle richtig und angemessen sein können" (Guilford 1964, 374).

Gespräche dieser Art sind der Brainstorming-Technik vergleichbar (Osborn 1953). Diese Technik wurde nach dem 2. Weltkrieg in den Vereinigten Staaten entwickelt und angepriesen, um Wirtschaftsunternehmen, die in eine Krise geraten sind, besser helfen zu können. Die divergierende Frage- oder Problemstellung lautet in diesem Zusammenhang: Was können wir tun, um den Betrieb aus den roten Zahlen herauszuführen? – Die für den Betrieb verantwortlichen Personen und Fachleute suchen nun gemeinsam nach Einfällen oder Lösungsvorschlägen, wobei sie einige wichtige Regeln beachten: Jeder sagt spontan, was ihm einfällt. Jeder Einfall wird erst einmal akzeptiert, also keiner Bewertung unterzogen. Die Einfälle werden möglichst in rascher Folge produziert, aufgegriffen, weitergeführt und Beziehungen werden umgekehrt. Auch unsinnig erscheinende Einfälle sind gefragt, weil sie sich evtl. bei näherer Betrachtung als sinnvoll herausstellen könnten. Nach dieser Phase des Sammelns und Suchens werden dann die einzelnen Einfälle oder Lösungsvorschläge unter die Lupe genommen, geordnet und auf ihren Realitätsgehalt hin überprüft.

Beispiele für divergierende Gespräche lassen sich mühelos für jedes Fach finden:

- Wie können wir den Abend in der Jugendherberge lustig gestalten?
- Was läßt sich alles aus Draht biegen?
- Wie läßt sich die öde Betonfläche anmalen?
- In welcher Form sollten Umweltsünder zur Verantwortung gezogen werden?
- Welche Möglichkeiten gibt es, einen schwerkranken Menschen aufzumuntern?
- Was ging in Heinrich IV. vor, als er vor Canossa warten mußte?
- Was fühlte und dachte vermutlich Thomas Morus kurz vor seiner Hinrichtung?

Diese Beispiele machen deutlich, daß divergierende Gespräche durchaus auch einen ernsten Hintergrund haben können. Gerade im naturwissenschaftlichen Bereich ist heute divergierendes Denken, sind Einfallsreichtum und Kreativität besonders gefragt. Nur wenn es gelingt, die imaginativen Kräfte zu mobilisieren und entsprechende Konsequenzen zu ziehen, werden die Völker lebenswert überleben können. Probleme wie die Verunreinigung der Luft, das Waldsterben, die Vergiftung der Böden und der Gewässer, die Fragen der Energiesicherung oder der immer knapper werdenden Rohstoffe lassen sich nicht nur über konvergente Prozesse bewältigen. – Einfallsreichtum ist aber auch im sozialen und wirtschaftlichen Bereich gefragt, wenn es z.B. um den Abbau der Arbeitslosigkeit oder um Möglichkeiten geht, den Hungerkatastrophen zu begegnen. – Und schließlich kommt divergierendes Denken stets bei dem Versuch ins Spiel, sich in die Lage eines anderen Menschen hineinzuversetzen, seine Motive, Gefühle und Absichten nachzuempfinden und zu verstehen.

Wichtige Voraussetzung für ein divergierendes Gespräch in der Lerngruppe ist die Kenntnis der Gesprächsregeln und deren Einhaltung. Des weiteren ist eine offene Gesprächsatmosphäre erforderlich, in der jeder Schüler bereit ist, seine Einfälle zu nennen, selbst wenn sie ihm unsinnig oder makaber erscheinen. Divergierendes Denken wirkt auf die Mitglieder einer Lerngruppe ansteckend. Ein origineller Einfall wird gebracht, er ruft Heiterkeit hervor, der Einfall wird aufgegriffen, weitergeführt, ausgebaut, ein Schüler möchte den anderen überbieten, einen noch tolleren Einfall bringen. Ein divergierender Prozeß, ist er einmal richtig in Gang gekommen, macht allen Beteiligten Spaß. Mitunter entwickelt er aber auch eine Eigendynamik, indem nur noch völlig absurde Ideen produziert werden, die mit der divergierenden Frage- oder Problemstellung nichts mehr zu tun haben. Und hier liegt, bezogen auf den Lehr-Lern-Prozeß, eine echte Problematik. Die Schüler freuen sich über die lustigen Einfälle, auch wenn sie vom Thema wegführen. Die für das Lehren und Lernen erforderliche soziale Ordnung wird empfindlich gestört, alles geht ein bißchen drunter und drüber, und der Lehrer sieht sich veranlaßt, den divergierenden Prozeß zu unterbinden. Viele Lehrer verkennen den Wert divergierenden Denkens, fördern Prozesse dieser Art nicht bewußt, weil sie Disziplinschwierigkeiten in den Lerngruppen fürchten. Allerdings kann diesen Schwierigkeiten meist begegnet werden, indem der Lehrer für einige Zeit diesen Prozeß toleriert, wartet, bis er sich „totläuft“ oder auf die Frage- oder Problemstellung hinweist.

Divergierende Gespräche sind für Lehrer und Schüler in gleichem Maße anstrengend, auch wenn die Gesprächsatmosphäre gelöst und fröhlich erscheint. Erfahrungsgemäß genügt etwa eine Viertelstunde, um ein breites Spektrum an Einfällen oder Lösungsmöglichkeiten zu nennen. Eine zeitliche Ausweitung dieses Prozesses erscheint nur in Ausnahmefällen gerechtfertigt.

Um dem Leser einen Eindruck von einem divergierenden Prozeß zu vermitteln, werden nun die Einfälle angehender Lehrer zu der Fragestellung wiedergegeben: Über welche Einstellungen und Haltungen, Fähigkeiten, Fertigkeiten und Merkmale sollte ein Lehrer verfügen? Hier die Beiträge:

Profunde Fachkenntnisse; profunde Fachkenntnisse in möglichst allen Fächern, damit er fachfremd unterrichten kann; psychologische Kenntnisse; therapeutische Fähigkeiten; didaktische Einsichten; methodische Fähigkeiten; Erste Hilfe leisten können; über künstlerische Fähigkeiten verfügen, wenn es um die Tafelzeichnungen geht; eine Bürokraft ersetzen können, Karteien führen, Schreibmaschine schreiben; logische Fähigkeiten für die Stunden- und Vertretungspläne mitbringen; über eine hervorragende organisatorische Begabung verfügen im Hinblick auf Schulfeiern, Ausflüge, Beschaffung von Medien u.dgl.m.; er muß ein Rettungsschwimmer und Mitglied der Bergwacht sein; er sollte ein Wandervogel sein; Gitarre spielen können; natürlich auch singen können; ein gepflegtes Äußeres vorweisen; die „Liebe zum Kind" mitbringen; aktiv für die freiheitlich demokratische Grundordnung eintreten; ein guter Sportler sein, wenn das Kollegium gegen die Abschlußklasse spielt; über eine schauspielerische Begabung verfügen; Filme produzieren und vorführen können; fotografieren können; die Bilder mit den Schülern selbst entwickeln; sensitiv gegenüber den Bedürfnissen von 120 Schülern am Vormittag sein; stets umfassend informiert sein; immer nett und freundlich sein und niemals aus der Rolle fallen; über ein selbstsicheres Auftreten verfügen, ohne jedoch arrogant zu wirken; sich stets kollegial verhalten, was immer auch geschieht; kooperationsbereit sein, gegenüber den Kollegen, den Eltern etc.; verheiratet sein, damit der Mann oder die Frau beim Korrigieren helfen kann; unverheiratet sein, damit dieser Lehrer rund um die Uhr arbeiten und jederzeit versetzt werden kann; konfessionsgebunden sein, damit er den Religionsunterricht übernehmen kann; ein Auto besitzen, damit seine Mobilität gewährleistet ist; über eine große Fortbildungsbereitschaft verfügen, ohne allerdings den Staat finanziell zu sehr zu belasten; Gesangvereine dirigieren; Sportvereine trainieren; Jugendgruppen leiten; den Zivilschutz im Auge behalten; die politische Meinung jederzeit ändern können; flexibel und variabel sein;

Verfügungen und Erlasse geschickt auslegen können; wohlhabend sein, damit vieles von dem Vorgenannten verwirklicht werden kann; topfit sein; sich in den Ferien für die Schulzeit trimmen; die Hochsprache und verschiedene Mundarten beherrschen.

Diese Einfälle, die 30 Studenten einer Seminargruppe im WS 82/83 innerhalb von 15 Minuten produzierten, verdeutlichen den Prozeß, in dem bestimmte Einfälle aufgegriffen und weitergeführt werden – z.B. profunde Fachkenntnisse, profunde Fachkenntnisse in möglichst allen Fächern; Rettungsschwimmer, Bergwacht, Wandervogel, Gitarre; verheiratet, unverheiratet –, lustige Einfälle die Atmosphäre auflockern und auch originelle Einfälle gebracht werden. Inhaltlich betrachtet spiegelt dieses Spektrum aber auch den desolaten Zustand wider, in dem sich die Lehrerbildung und -ausbildung befindet: An die angehenden Lehrer werden eine Vielzahl von Anforderungen gestellt, doch die zentralen Aufgaben – wie z.B. Unterricht kompetent planen, durchführen, analysieren und auswerten können, leistungsschwachen Schülern beim Lernen helfen – treten in den Hintergrund (vgl. Becker 1973b).

Um divergierende Gespräche anregen und steuern zu können, erscheint es sinnvoll, die bedeutsamen Handlungsindikatoren zu überblicken.

Mögliche Handlungsindikatoren

H-1: *Das divergierende Gesprächsthema aufgreifen oder nennen.*

Wichtig ist in diesem Zusammenhang, daß es in Verbindung mit der Frage- oder Problemstellung auch wirklich eine Vielzahl möglicher Antworten oder Lösungen gibt, also der Lehrer in der Lage ist, zwischen divergenter und konvergenter Produktion zu unterscheiden. Manchmal wird das nicht ganz einfach sein, weil sich einige Gesprächsthemen nicht ohne weiteres in dem einen oder anderen Bereich ansiedeln lassen. In solchen Fällen kommt es darauf an, den jeweiligen Schwerpunkt zu erkennen.

H-2: *Über die Gesprächsregeln sprechen.*

Sofern die Schüler noch nicht mit dieser Gesprächsform vertraut sind, müssen die wichtigsten Regeln immer wieder erklärt und begründet werden:

Handlungsstruktur -
Einfälle sammeln, Brainstorming-Technik

Formblatt zum situativen Lehrtraining,
zur Beobachtung
und zur Handlungsanalyse.

Mögliche Handlungsindikatoren:

H-1: Das divergierende Gesprächsthema aufgreifen oder nennen.
H-2: Über die Gesprächsregeln sprechen.
H-3: Das Gespräch überwiegend nichtverbal steuern.
H-4: Die Einfälle oder Lösungsvorschläge sichtbar sammeln.
H-5: Einfälle oder Lösungsvorschläge umschreiben.
H-6: Gesprächshilfen anbieten.
H-7: An die Gesprächsregeln erinnern.
H-8: Eine Phase des Schweigens tolerieren.
H-9: Die Einfälle oder Lösungsvorschläge sichten.

Weitere Indikatoren ? . . .

- Jeder sagt, ohne zu zögern, was ihm einfällt (Spontaneität).
- Die Einfälle sollen schnell aufeinander folgen (Flüssigkeit).
- Einfälle können aufgegriffen und weitergeführt werden (Elaboration).
- Es kommt darauf an, auch mal ganz anders zu denken, die Dinge auf den Kopf zu stellen (Flexibilität).
- Auch lustige und unsinnig erscheinende Einfälle oder Lösungen sind gefragt (Originalität).
- Die Einfälle oder Lösungsvorschläge dürfen auf keinen Fall vorzeitig oder voreilig bewertet werden.

H-3: *Das Gespräch überwiegend nichtverbal steuern.*
Die überwiegend nichtverbale Gesprächssteuerung (vgl. S. 182 ff.) ist bei dieser Gesprächsform von großer Bedeutung. So wird der Lehrer die Reihenfolge der Meldungen überwiegend

nichtverbal vermerken, nichtverbal darauf hinweisen, daß nacheinander gesprochen werden muß u.a.m.

H-4: *Die Einfälle oder Lösungsvorschläge sichtbar sammeln.*
Die Sammlung aller Beiträge durch den Lehrer an der Tafel empfiehlt sich aus mehreren Gründen: Einmal gelingt es dem Lehrer eher als den Schülern, die Einfälle schnell und leserlich anzuschreiben. Auf diese Weise wird die Prozeßflüssigkeit gewahrt. Dann können sich alle Schüler ständig informieren, welche Einfälle schon gebracht worden sind. Überschneidungen werden auf diese Weise weitgehend vermieden, oder der Lehrer braucht nur auf einen vergleichbaren Einfall zu deuten, der schon der Tafel steht. Und drittens werden die Gesprächsergebnisse für später einsetzende Verarbeitungsprozesse festgehalten.

H-5: *Einfälle oder Lösungsvorschläge umschreiben.*
Gesammelt werden sollen ja wirklich jene Einfälle oder Lösungsvorschläge, welche die Schüler bringen. Gelingt es dem Lehrer nicht, die Schülerbeiträge so aufzufassen, wie sie gemeint sind, wird die divergente Produktion gestört. Also wird er sich durch Umschreibungen vergewissern, ob er den Beitrag richtig aufgefaßt hat oder rückfragen, wie er ihn aufschreiben soll.

H-6: *Gesprächshilfen anbieten.*
Hilfen des Lehrers können erforderlich sein, wenn der Prozeß ins Stocken gerät, ein Einfallsspektrum noch nicht angesprochen worden ist oder wenn die Schüler von der Möglichkeit der Elaboration keinen Gebrauch machen. In solchen Fällen ist es auch gerechtfertigt, wenn der Lehrer selbst einen Beitrag an die Tafel schreibt, um weitere Einfälle oder Lösungsvorschläge zu provozieren.

H-7: *An die Gesprächsregeln erinnern.*
Häufig werden die Einfälle trotz vorheriger Absprache einer Bewertung unterzogen, indem Mitschüler sie abwerten, über Beiträge lachen oder sie als unrealistisch abtun. In solchen Fällen genügt es oft schon, die Gesprächsregel in Erinnerung zu bringen, die gerade verletzt wird. – Ein besonderes Problem ergibt sich, wenn die divergierende Fragestellung einen ernsten Hintergrund hat, im Prozeß aber lustige Einfälle gebracht werden, die dem Ernst der Fragestellung nicht gerecht werden. Es kommt dann darauf an, zwischen dem Einfall und dem

betreffenden Schüler zu unterscheiden und deutlich zu machen, daß er diesen Einfall ja nicht in die Tat umsetzen möchte, es sich also nur um einen Einfall handelt, um nicht mehr.

H-8: *Eine Phase des Schweigens tolerieren.*
Nach einigen Minuten der Ideenproduktion kommt es zu einer Phase des Schweigens. Die ersten Einfälle oder Lösungsvorschläge stehen an der Tafel, und nun denken die Schüler darüber nach, welche weiteren Möglichkeiten denkbar wären. Diese erste Phase des Schweigens sollte vom Lehrer nicht voreilig unterbrochen werden. Die Situation stellt sich allerdings anders dar, wenn Lehrer und Schüler den Eindruck haben, daß sich der Prozeß erschöpft hat.

H-9: *Die Einfälle oder Lösungsvorschläge sichten.*
Dieser Handlungsindikator steht am Ende dieser Gesprächssituation. Lehrer und Schüler sind der Meinung, das Spektrum möglicher Einfälle oder Lösungen abgedeckt zu haben, können sich jedoch nie sicher sein, daß es nicht doch noch stimmigere oder kreativere Einfälle oder Lösungen gibt. Die Frage nach dem lustigsten oder originellsten Einfall erscheint nun angebracht, bevor nach Kriterien für eine Ordnung oder Bewertung gesucht wird. Steht nämlich der Aspekt der Praktikabilität sogleich im Vordergrund, werden nachfolgende Prozesse weniger ergiebig sein, weil die Schüler die Erfahrungen gesammelt haben, daß ja doch nur die „vernünftigen“ Einfälle oder Lösungsvorschläge gefragt sind. Das Gespräch wird nun in ein konvergierendes oder bewertendes Gespräch übergehen.

Weitere Indikatoren?...

Divergierende Gespräche können natürlich auch in Kleingruppen verlagert werden. Eines wird in Verbindung mit diesem Gespräch ganz deutlich: In jedem Fall ist eine Gruppe, gleichgültig ob es sich jetzt um eine Kleingruppe oder um die gesamte Lerngruppe handelt, dem einzelnen Schüler bei der Ideenproduktion weit überlegen. Gleiches gilt für die Handlungsmöglichkeiten hinsichtlich der Bewältigung sozialer Konflikte. Dem einzelnen Lehrer wird am Schreibtisch weniger einfallen als in der Lerngruppe, die sich gemeinsam mit dem Lehrer um eine Lösung bemüht.

Im Gespräch ein Ergebnis erarbeiten – oder einen Sachverhalt erklären

Dieses erarbeitende oder konvergierende Gespräch ist wohl jene Gesprächsform, die im Lehr-Lern-Prozeß am häufigsten anzutreffen ist. Konvergierende Gespräche sind dadurch gekennzeichnet, daß sie auf einen bestimmten Punkt zulaufen und ihr Ergebnis weitgehend feststeht. Letzteres gilt in erster Linie für den Lehrer, während sich die Schüler im Gespräch an das bestimmte Ergebnis heranarbeiten, es erarbeiten sollen.

Konvergierende Gespräche sind äußerst problematisch. Fehlen den Schülern erforderliche Vorkenntnisse, können sie die von ihnen im Gespräch erwarteten Lernschritte nicht vollziehen. Das Gespräch zieht sich dann oft in die Länge, wird zu einem mühsamen Frage- und Antwort-Spiel, das einschläfernd wirken kann. Besonders den leistungsschwachen Schülern fällt es schwer, über längere Zeit einem konvergierenden Gespräch zu folgen. Die entscheidenden Beiträge, die das Gespräch einen Schritt weiterbringen, liefern die wenigen leistungsstarken Schüler, die anderen sind darauf angewiesen, das nachzuvollziehen, was ihnen Lehrer und Mitschüler bieten.

Schulisches Lernen ist überwiegend konvergent, doch braucht sich ein solches Lernen nicht immer in konvergierenden Gesprächen zu vollziehen. Suchen wir nach konvergierenden Gesprächsthemen, wird der häufige Einsatz dieser Gesprächsform sogleich deutlich:

- Mit den Schülern über einen Lösungsweg sprechen;
- die Arbeitsweise eines Gerätes oder einer Maschine im Gespräch klären;
- über das Vorgehen im Hinblick auf eine bestimmte Arbeitstechnik sprechen;
- über die Entstehung eines Buches reden, z.B. von der Idee des Autors bis zur Auslieferung;
- über einen Entwicklungsvorgang sprechen, z.B. vom Ei zum Schmetterling;
- über die einzelnen Schritte zur Herstellung eines Werkstückes reden;
- die Entstehung eines Gesetzes im Gespräch klären oder
- über die Zubereitung einer Speise reden.

Greifen wir das erste Beispiel auf, und vergegenwärtigen wir uns, welche anderen Möglichkeiten einem Mathematiklehrer zur Verfügung stehen. Er kann natürlich mit der ganzen Lerngruppe über einen Lösungsweg für eine bestimmte Aufgabe beraten, und die leistungsstarken Schüler im Fach Mathematik werden ihm dann auch im Gespräch die einzelnen Schritte nennen. Es besteht jedoch auch die Möglichkeit, nachdem Vorkenntnisse aktualisiert worden sind, die Schüler einzeln, in Partner- oder Kleingruppenarbeit mit der Lösung der Aufgabe zu betrauen. Des weiteren kann er zwischen einem konvergierenden Gespräch und den vorstehend genannten Sozialformen kombinieren, wenn sich das Gespräch in die Länge zieht. Die ersten drei Lernschritte werden z.B. gemeinsam in der Lerngruppe vollzogen, und dann rechnen die Schüler die Aufgabe selbständig weiter. Oder der Lehrer gibt einige gezielte Vorinformationen, schickt die erforderlichen Vorkenntnisse im Sinne eines „advanced organizers" voraus, skizziert den Rechenweg mit wenigen Hinweisen und überläßt das Durchrechnen den Schülern. Konvergierende Gespräche können in ihrem Einsatz durchaus sinnvoll beschränkt werden, damit es nicht zu den bekannten Ermüdungserscheinungen kommt. Vermeiden lassen sich konvergierende Gespräche sicher nicht.

Die von den Schülern zu fordernde Denkleistung ist in einem konvergierenden Gespräch auf ein Ziel gerichtet, z.B. auf die korrekte Beantwortung einer Fragestellung, auf die Erklärung eines Vorganges, auf Beziehungen zwischen historischen Ereignissen oder auf die Lösung einer Aufgabe in angebbaren Schritten. Beim konvergierenden Denken handelt es sich allerdings nicht nur um eine Gedächtnisleistung, ein Erinnern, Erkennen oder Wiedererkennen, sondern um anspruchsvollere Denkleistungen im Sinne einer Verknüpfung von Elementen, einer Übertragungsleistung, der Analyse von Strukturen oder einer Verbindung zwischen diesen Strukturen (vgl. Guilford 1964, Bloom 1972, Ebenen 2–5). Konvergierende Gespräche können sich auch auf die Erarbeitung einer Regel beziehen oder umgekehrt auf die Anwendung von Gesetzmäßigkeiten auf konkrete Ereignisse, auf induktive oder deduktive Lernprozesse.

Ein konvergierendes Gespräch wird somit vom Lehrer in eine bestimmte Richtung gelenkt, und auch die Schüler verfolgen im Gespräch eine angebbare Zielsetzung, sofern sie ihm folgen können und in der Lage sind, einige Lernschritte im Gespräch eigenständig zu vollziehen. Das Ausmaß der Lenkung durch den Lehrer muß dabei von Gespräch zu Gespräch variieren.

Interessieren sich die Schüler für das Gesprächsergebnis, ist ihnen die Zielsetzung bekannt und verfügen sie außerdem über die erforderlichen Vorkenntnisse, bedarf es nur einer schwachen Lenkung des Lehrers. Stößt das Thema bei vielen Schülern auf geringes Interesse, läßt sich die Gesprächsrichtung kaum erkennen, fehlen Vorkenntnisse und weichen die Schüler häufig vom Thema ab, muß die Lenkung entschiedener sein. Insofern unterscheidet sich eine Gesprächssituation im Unterricht grundsätzlich von der Therapie-Situation, in der eine Dirigierung und Lenkung als eine „wenig förderliche Dimension" gilt (vgl. Tausch/Tausch 1979, 332 ff.). Beim konvergierenden Gespräch muß ein Lehrer häufig steuern, Hinweise geben, Gesprächshilfen anbieten, Teilergebnisse überprüfen, festhalten, zur Weiterführung des Gesprächs auffordern, selbst einen Schritt vorgeben, sofern die Zeit drängt u.a.m.

Mögliche Handlungsindikatoren

H-1: *Das konvergierende Gesprächsthema aufgreifen oder nennen.*
Für den Lehrer ist es bedeutsam, daß er in der Lage ist zu erkennen, ob das Thema auf einen bestimmten Punkt hinausläuft, ein Gesprächsverlauf praktisch vorgezeichnet ist, Teilergebnisse sowie das Gesamtergebnis erkannt werden können.

H-2: *Erforderliche Vorkenntnisse aktualisieren.*
Für ein konvergierendes Gespräch bedarf es häufig besonderer Vorkenntnisse, da die Schüler an einem bestimmten Punkt in das Gespräch einsteigen und gemeinsam mit dem Lehrer im Gespräch angebbare Lernschritte vollziehen sollen (vgl. S. 124 ff.).

H-3: *Über den Gesprächsablauf sprechen.*
In diesem Zusammenhang kann auf ein notwendiges oder beabsichtigtes Vorgehen aufmerksam gemacht werden, daß es z.B. darauf ankommen wird, schrittweise vorzugehen, Teilergebnisse festzuhalten, um sich so an ein Ergebnis heranzuarbeiten.

H-4: *Mit den Schülern über das Gesprächsziel reden.*
Sofern die Schüler über Sinn, Zweck und Ziel des Gespräches informiert sind, können sie sich aktiver am Gespräch beteiligen.

Handlungsstruktur – Ein Ergebnis erarbeiten

Formblatt zum situativen Lehrtraining,
zur Beobachtung
und zur Handlungsanalyse.

Mögliche Handlungsindikatoren:

H-1: Das konvergierende Gesprächsthema aufgreifen oder nennen.
H-2: Erforderliche Vorkenntnisse aktualisieren.
H-3: Über den Gesprächsablauf sprechen.
H-4: Mit den Schülern über das Gesprächsziel reden.
H-5: Die Schüler auffordern, der konvergierenden Frage- oder Problemstellung nachzugehen.
H-6: Den Schülern Zeit zum Nachdenken geben.
H-7: Gesprächshilfen anbieten.
H-8: Beiträge präzisieren lassen.
H-9: Teilergebnisse zusammenfassen und visualisieren.
H-10: Das Gespräch weiterführen lassen.
H-11: An das Gesprächsziel erinnern.
H-12: Das Gesprächsergebnis sichten und zusammenfassen.

Weitere Indikatoren ? . . .

H-5: *Die Schüler auffordern, der konvergierenden Frage- oder Problemstellung nachzugehen.*

Im Unterschied zum divergierenden Gespräch befindet sich der Schüler nun in einer ganz anderen Lage. Während es bei divergenter Produktion keine falschen Antworten geben kann, ist bei konvergenter Produktion eine korrekte Antwort gefragt oder eine Antwort, die in der Nähe der erwarteten liegt. Der Schüler wird deshalb oft zögern, mit einem Gesprächsbeitrag zurückhalten, bis er von dessen Wert überzeugt ist.

H-6: *Den Schülern Zeit zum Nachdenken geben.*
Im konvergierenden Gespräch benötigen die Schüler viel mehr Zeit, um nach einer Antwort oder Lösung zu suchen, die Beiträge zu formulieren, sie nochmals kurz zu überprüfen, um sie dann einzubringen. Lehranfänger begehen häufig den Fehler, Gesprächshilfen anzubieten, während die Schüler gerade über mögliche Beiträge nachdenken.

H-7: *Gesprächshilfen anbieten.*
Wird das Schweigen der Schüler in einem konvergierenden Gespräch für die Lerngruppe zu einer Belastung, kann auf Gesprächshilfen nicht mehr verzichtet werden. Solche Lernhilfen (vgl. S. 167 ff.) können formaler oder inhaltlicher Art sein, formaler Art, indem der Lehrer auf die im Gespräch zu erbringende Lernleistung aufmerksam macht, den Schülern z.B. sagt, daß sie den bekannten Sachverhalt auf andere Verhältnisse übertragen sollen, und inhaltlicher Art, indem der Lehrer einen konkreten Hinweis gibt oder selbst den erforderlichen Schritt andeutet.

H-8: *Beiträge präzisieren lassen.*
Sofern der Gesprächsablauf eine sachlogische Struktur aufweist, treten auch Teilergebnisse hervor, die eindeutig definiert werden müssen. In diesem Fall ist der Lehrer genötigt, auf korrekte Beiträge zu bestehen, bevor das Gespräch fortgeführt werden kann.

H-9: *Teilergebnisse zusammenfassen und visualisieren.*
Dieser Indikator dient den Schülern zur Orientierung, indem sie den Gesprächsstand besser erkennen und sich erneut am Gespräch beteiligen können. Konzentrationsschwache Schüler erhalten auf diese Weise eine Gedächtnisstütze und Lernhilfe.

H-10: *Das Gespräch weiterführen lassen.*
Auf der Grundlage präzisierter Beiträge und visualisierter Teilergebnisse können auch leistungsschwächere Schüler eine Weiterführung des Gespräches versuchen, wobei die Indikatoren 8 und 9 als Lernhilfe fungieren.

H-11: *An das Gesprächsziel erinnern.*
Das kann in ganz verschiedener Form erfolgen, indem der Lehrer bei stark abweichenden Beiträgen die Schüler bittet, einen Bezug zum Thema herzustellen, er an den vereinbarten Gesprächsablauf erinnert oder direkt das Ziel anspricht und dadurch wieder in den Mittelpunkt stellt.

H-12: *Das Gesprächsergebnis sichten und zusammenfassen.*
Am Ende des Gesprächs liegt nun ein Gesprächsergebnis vor, das einige Schüler mit Hilfe des Lehrers erarbeitet haben – alle Schüler werden wohl kaum beteiligt gewesen sein. Dieses Ergebnis ist nun vom Lehrer zusammenzufassen, oder er kann einen Schüler mit der Zusammenfassung beauftragen, sofern dieser dazu in der Lage ist. Der Indikator beinhaltet somit auch eine Kontrolle des Lehr-Lern-Erfolges. Häufig bietet sich eine Reflexionsphase an, ein bewertendes Gespräch, in dessen Verlauf Lehrer und Schüler darüber nachdenken, was mit dem Ergebnis, der gewonnenen Einsicht oder Erkenntnis anzufangen sei.

Weitere Indikatoren?...

Die Schwächen konvergierender Gespräche sind problembewußten Lehrern durchaus bekannt. Wenn Schüler über keine nennenswerten Vorkenntnisse verfügen, muß sich der Gesprächsverlauf mühsam gestalten, und nur die leistungsstarken Schüler können Beiträge bringen. Nicht jede neue Einsicht oder Erkenntnis sollte deshalb im Gespräch erarbeitet werden. Bevor ein Lehrer ein solches Gespräch initiiert, erscheint die Frage angebracht, ob es nicht sinnvoller ist, den Schülern den Sachverhalt verständlich zu erklären (vgl. S. 229 ff.), um dann mit der gewonnenen Einsicht oder Erkenntnis weiterzuarbeiten.

Im Gespräch Beurteilungen vollziehen – und sich fragwürdiger Beurteilungen bewußt sein

Unser Staat ist auf kritik- und urteilsfähige Bürger angewiesen, die bereit und in der Lage sind, politische Sachverhalte oder Ereignisse zu sichten, sich zu informieren und Normen und Wertvorstellungen zu entwickeln, denen politisches Handeln zu folgen hat. Die zu beurteilenden Sachverhalte sind mit den Normen in Beziehung zu setzen, und erst dann läßt sich ein Urteil bilden und eine Entscheidung treffen, die einen mündigen Staatsbürger auszeichnet und die sich ausreichend begründen läßt. Kritik- und Urteilsfähigkeit können, wie jede andere Fähigkeit auch, bis zu einem gewissen Grad erworben werden. Es ist die Aufgabe eines jeden Lehrers, Lernprozesse dieser Art anzuregen und zu fördern.

Mit diesen einleitenden Sätzen wurde schon angedeutet, daß es sich hier nicht um einfache Entscheidungen und Bewertungen handeln kann, sondern um hochkomplexe und anspruchsvolle Lernprozesse, die mehrere Lernschritte und unterschiedliche Lernleistungen beinhalten. Suchen Schüler auf der Kenntnisebene nach Informationen zu einer Frage- oder Problemstellung, müssen sie die Entscheidung fällen, ob die gefundene Information wertvoll sein kann oder nicht. Diese Entscheidung beruht aber zumeist auf einem recht einfachen und vordergründigen Bewertungsprozeß, der noch nichts mit dem hier angesprochenen Beurteilungsprozeß zu tun hat. Suchen Schüler nach Einfällen oder Lösungsmöglichkeiten zu einer Frage- oder Problemstellung, indem sie ein Einfallsspektrum absuchen oder mögliche Lösungen in den Blick nehmen, treffen sie auch hier nur die Entscheidung, ob der Einfall oder der Lösungsvorschlag in Verbindung mit der Frage- oder Problemstellung steht, nicht mehr, eine weiterführende Beurteilung findet noch nicht statt. Und auch bei konvergenter Produktion, wenn sich Schüler schrittweise an eine Lösung herantasten, müssen sie laufend entscheiden, ob sie sich auf dem richtigen Weg befinden; doch diese Entscheidungen finden punktuell statt, indem das Teil- oder Zwischenergebnis einer kurzen Einschätzung oder Bewertung unterzogen wird, nicht aber einem anspruchsvollen Beurteilungsprozeß.

Beurteilungen in dem hier gemeinten Sinn spielen sich in erster Linie auf der Ebene 6 der Taxonomie nach Bloom (1972) ab oder bezeichnen die als „Evaluation" umschriebenen Denkleistungen innerhalb der „Struktur des Intellekts" nach Guilford (1964). Dabei soll allerdings nicht verkannt werden, daß gerade in anspruchsvolle Beurteilungsprozesse affektive oder sozioemotionale Faktoren einfließen. Beurteilungen stehen am Ende von Problemlösungsprozessen, denen nach Guilford Denkleistungen in anderen Bereichen vorausgegangen sein müssen, so die Suche nach Informationen, das Verfolgen bestimmter Ziele, die Suche und Entwicklung von Kriterien, die der Zielerreichung dienen können und schließlich die Beurteilung der Problemlösung, die am Ende dieses Prozesses steht.

Anspruchsvolle Beurteilungen vollziehen sich demnach in vier Phasen, die auch innerhalb eines Beurteilungsgesprächs zum Tragen kommen:

1. Der zu beurteilende Sachverhalt, das Ereignis oder die Person werden einer genauen Betrachtung unterzogen. Nur wer sich um eine möglichst gründliche Information bemüht, das zu Beurteilende genau kennt, darf sich ein Urteil erlauben. Andernfalls entbehrt das Urteil jeder Grundlage.
2. Sodann wird nach Normen, Setzungen, Wertvorstellungen gesucht, die zur Beurteilung herangezogen werden können. Manchmal liegen solche Kriterien vor, z.B. in Form des positiven Rechtes. Oft müssen diese Beurteilungskriterien aber auch erst entwickelt werden, wobei wiederum übergeordnete Normen und Wertvorstellungen die Grundlage für die Entwicklung bilden.
3. Der zu beurteilende Sachverhalt, das Ereignis oder die Person sind mit den gefundenen oder entwickelten Beurteilungskriterien in Beziehung zu setzen. Dabei handelt es sich um ein gedankliches Hin- und Herpendeln zwischen den Ereignissen und den Kriterien, um ein Abwägen, inwieweit das Ereignis einem bestimmten Kriterium entspricht.
4. Am Ende dieses Prozesses steht nun die anspruchsvolle Entscheidung, die Stellungnahme, die persönliche Beurteilung aufgrund eines eingehenden Bemühens und der Versuch, das Urteil stichhaltig zu begründen. Wer sich in dieser Weise um eine Beurteilung bemüht, weiß um die Schwierigkeit des Bemühens, weil er nie davon ausgehen kann, daß ihm alle erdenklichen relevanten Informationen zur Verfügung stehen, und er damit rechnen muß, daß einige Beurteilungskriterien unberücksichtigt bleiben. Dennoch ist es die Aufgabe eines jeden Lehrers auf jeder Schulstufe und in jedem Fach, solche anspruchsvollen Beurteilungsprozesse anzubahnen. Denn die Alternative sieht erschreckend aus: Beurteilungen werden vollzogen, ohne den Sachverhalt, das Ereignis oder die Person überhaupt erst richtig in den Blick zu nehmen, ein Beurteilungskriterium wird einfach übernommen, es setzt kein aktives Suchen oder Ringen ein; die Beurteilung wird vorgenommen, ohne das Urteil, das einer

Verurteilung gleicht, ausreichend begründen zu können, in die Beurteilungen fließen zahlreiche Vorurteile ein.

Einige Beispiele sollen deutlich machen, was wir unter einer anspruchsvollen Beurteilung verstehen:

Zu beurteilen ist z.B. ein Aufsatz. Ein Deutschlehrer möchte gemeinsam mit den Schülern im Gespräch eine Aufsatzbeurteilung beispielhaft vollziehen, um den Schülern ein möglichst konkretes Feedback zu vermitteln, ihnen Hinweise zu bieten, die sie in die Lage versetzen, den nächsten Aufsatz qualifizierter zu schreiben. Also ist der zu beurteilende Aufsatz gründlich zu sichten, mehrmals zu lesen, am besten den Schülern zur Verfügung zu stellen. Dann sind Beurteilungsmaßstäbe zu entwickeln, Kriterien, die der Aufsatzbeurteilung dienen können: Sind die Ausführungen auf das Thema bezogen, sind sie verständlich, gegliedert, angemessen formuliert, problembewußt ...? Als nächstes wären die vorgegebenen oder entwickelten Kriterien auf den betreffenden Aufsatz zu beziehen, und am Ende steht die begründete Entscheidung für eine bestimmte Note. –

Zu beurteilen ist z.B. die Frage, ob ein Lehrstellenangebot annehmbar ist. Gehen wir davon aus, daß die betreffende Lehrstelle dem Berufswunsch des Jugendlichen entspricht, ist es mit den bedeutsamen Größen – Lehrherr, Lehrbetrieb, Mitarbeiter, Ausbildungsbeihilfe, Unterbringung, Weg zur Arbeit und zur Berufsschule, Lehrvertrag ... – unter die Lupe zu nehmen und mit anderen Angeboten, sofern sie vorliegen – was in der heutigen Zeit sehr selten sein dürfte –, zu vergleichen. Es sind Beurteilungskriterien für die einzelnen Variablen zu entwickeln bzw. heranzuziehen, und das Angebot in seinen Komponenten ist mit den Kriterien in Beziehung zu setzen. Am Ende steht schließlich die begründete Entscheidung für die Annahme bzw. Ablehnung des Lehrstellenangebotes. –

Ein anderes Beispiel: Eine Lerngruppe geht der Frage nach, ob die vom Staat getroffenen Maßnahmen zur Reinhaltung der Luft ausreichend sind. Um diese Frage beantworten und beurteilen zu können, ist es erforderlich, das Ausmaß der Luftverschmutzung zu kennen, die getroffenen staatlichen Maßnahmen möglichst genau zu sichten, andere noch nicht getroffene Maßnahmen in den Blick zu nehmen und die Ergebnisse beim Bemühen um die Reinhaltung der Luft zu registrieren. Sodann wären weitere Möglichkeiten und Maßnahmen hinsichtlich ihrer Praktikabilität abzuwägen, um schließlich zu dem Urteil zu gelangen: Die getroffenen Maßnahmen reichen aus bzw. nicht aus. Die Kritik an den derzeitigen Maßnahmen kann nun aufgrund dieses intensiven Bemühens ausreichend begründet werden. –

Eine Lerngruppe steht vor der Frage, ob sie sich für eine bestimmte Jugendherberge entscheiden soll, um den Landschulheimaufenthalt dort durchzuführen. Das zu beurteilende Ereignis in Form einer telefonischen Zusage des Herbergsvaters und der Sachverhalt, die Herberge und die Umgebung, sind in den Blick zu nehmen. Die Größe der Herberge, der Zeitpunkt des Aufenthaltes, die Entfernung vom Schulort, die Reisekosten, die Kosten für Unterbringung und Verpflegung, die Wandermöglichkeiten, das Raumprogramm, die Mitbelegung der Herberge durch andere Gruppen und auch die Herbergseltern, sofern die Möglichkeit besteht, sie vorher kennenzulernen, sind in den Beurteilungsprozeß einzubeziehen. Schließlich sind für die einzelnen Punkte Kriterien zu entwickeln, die für die Beurteilung und Entscheidung, ob der Aufenthalt dort stattfinden soll oder nicht, herangezogen werden können. Die Schüler werden in einem solchen Beurteilungsgespräch die Einsicht gewinnen, daß es die ideale Jugendherberge nicht geben kann, und werden einige Unzulänglichkeiten in Kauf nehmen.

Mögliche Handlungsindikatoren

H-1: *Das Gesprächsthema aufgreifen oder nennen.*
Anspruchsvolle Beurteilungsprozesse benötigen Zeit, und deshalb hat sich der Lehrer die Frage zu beantworten, ob in der zur Verfügung stehenden Zeit eine Beurteilung vorgenommen werden kann.

H-2: *Über die Gesprächsregeln sprechen.*
Sofern die Schüler noch keine Erfahrungen mit Beurteilungsgesprächen gesammelt haben, ist deutlich zu machen, daß es sich nicht um eine vordergründige, voreilige Bewertung, sondern um einen anspruchsvollen, fundierten Prozeß handeln soll, der aus den Schritten – Ereignis sichten, Beurteilungskriterien suchen, Ereignis mit den Kriterien in Beziehung setzen, Beurteilung und Entscheidung begründen – besteht. Methodisch besteht nun die Möglichkeit, einzelne Schritte in Partner- oder Kleingruppenarbeit vollziehen zu lassen.

Handlungsstruktur – Beurteilungen vollziehen

Formblatt zum situativen Lehrtraining,
zur Beobachtung
und zur Handlungsanalyse.

Mögliche Handlungsindikatoren:

H-1: Das Gesprächsthema aufgreifen oder nennen.
H-2: Über die Gesprächsregeln sprechen.
H-3: Das zu beurteilende Ereignis sichten lassen.
H-4: Sich um Zusatzinformationen bemühen.
H-5: Beurteilungskriterien zusammentragen.
H-6: Das zu beurteilende Ereignis mit den Beurteilungskriterien in Beziehung setzen.
H-7: Das Ereignis beurteilen und die Beurteilung begründen.
H-8: Eine eigene Stellungnahme abgeben.

Weitere Indikatoren ? ...

H-3: *Das zu beurteilende Ereignis sichten lassen.*
Dieses Sichten gleicht weitgehend einem Aktualisieren schon vorhandener Kenntnisse oder Erfahrungen, Einsichten oder Erkenntnisse. Hier kommt es darauf an, eine aktive Fragehaltung aufzubauen, die Schüler konstruktiv zu verunsichern, so daß sie sich selbst darum bemühen, zwischen Tatsachen und Vermutungen zu trennen.

H-4: *Sich um Zusatzinformationen bemühen.*
In Verbindung mit dem H-3 wird der Lerngruppe fast immer deutlich, daß ihr bedeutsame Informationen fehlen. Diese müssen nun gesucht bzw. bereitgestellt werden, um die Beurteilungsbasis zu verbessern.

H-5: *Beurteilungskriterien zusammentragen.*
Die Frage, nach welchen Kriterien ein Ereignis beurteilt werden kann, steht nun im Mittelpunkt des Gespräches. Liegen z.B.

Kriterien in Form von Gesetzesnormen vor, sind diese zu sichten und zu hinterfragen. Nur wer Gesetzesnormen reflektiert und dann akzeptiert, wird bewußt für sie eintreten. – Beurteilungskriterien können von Schülern oder vom Lehrer genannt oder gemeinsam erarbeitet werden.

H-6: *Das zu beurteilende Ereignis mit den Beurteilungskriterien in Beziehung setzen.*
In dieser Gesprächsphase sind die Schüler aufgefordert, das zu beurteilende Ereignis mit den Beurteilungskriterien zu verknüpfen. Je komplexer das Ereignis und je zahlreicher die Kriterien, umso schwieriger ist dieser Prozeß.

H-7: *Das Ereignis beurteilen und die Beurteilung begründen lassen.*
In der letzten Gesprächsphase sind die Schüler zur persönlichen Stellungnahme und zu einer möglichst stichhaltigen Begründung aufgerufen. Der jeweiligen Altersstufe entsprechend müssen einige Stellungnahmen vordergründig oder unkritisch ausfallen.

H-8: *Eine eigene Stellungnahme abgeben.*
Soweit es die Zeit erlaubt, sollten die Schüleraktivitäten immer im Vordergrund stehen. Schließlich kommt es darauf an, daß die Schüler das Ereignis sichten, Schüler nach Zusatzinformationen suchen, Schüler die Beurteilungskriterien zusammentragen und sich die Schüler um eine Beurteilung bemühen, doch haben auch die Schüler das Recht, den Lehrer nach dessen Meinung zu fragen und ihn um eine persönliche Stellungnahme zu bitten. Umgekehrt besteht für den Lehrer die Möglichkeit, in seiner Stellungnahme vordergründige Argumente zu widerlegen und aufgrund einer problembewußten Argumentation die Grenzen des Bemühens deutlich zu machen.

Weitere Indikatoren?...

Gegensätzliche Positionen diskutieren – auch wenn dies viel Zeit kostet

Eine demokratische und pluralistische Gesellschaft benötigt Bürger, die an der Lösung gesellschaftlicher und politischer Probleme aktiv teilnehmen. Unser Gesellschaftssystem beruht sowohl auf der Solidarität ihrer Mitglieder als auch auf Gegensätzlichkeiten, so z.B. auf dem Gegensatz zwischen Arbeitgebern und Arbeitnehmern, zwischen Regierungspartei oder Regierungskoalition und Opposition, Wehrdienstbefürwortern und Wehrdienstverweigerern. Auseinandersetzungen aufgrund gegensätzlicher Positionen sind natürlicher Bestandteil einer demokratischen Gesellschaft, und sie sind auch notwendig, um Mißstände anzuprangern oder überfällige Reformen voranzutreiben (vgl. Dahrendorf 1971). Deshalb erscheint es sinnvoll, wenn sich Schüler in der Diskussion gegensätzlicher Positionen üben, um sich so auf die politische und gesellschaftliche Wirklichkeit vorzubereiten.

Leider betrachten viele Politiker, Bürger, Eltern und auch Lehrer die Auseinandersetzung mit gegensätzlichen Positionen als etwas Mißliches. Auseinandersetzungen stören die Harmonie, das „Miteinander-Füreinander". Die Beschäftigung mit vorhandenen Gegensätzen wird zuweilen als eine Ungehörigkeit angesehen, als eine Störung des sozialen Friedens. Wer zur Diskussion gegensätzlicher Positionen anregt, gilt als Unruhestifter. Diese funktionalistische Sichtweise (Parsons 1971) muß als wirklichkeitsfremd zurückgewiesen werden.

Sicher kann es im Unterricht nicht darum gehen, bei jeder sich bietenden Gelegenheit Gegensätze aufzugreifen, um sie diskutieren zu lassen. Aber dort, wo sie unser gesellschaftliches Leben kennzeichnen und sie im Lehr-Lern-Prozeß in Erscheinung treten, hat es keinen Sinn, sie zu ignorieren.

Diskutieren muß erlernt werden. Schließlich ist es nicht ganz einfach, die grundlegenden Diskussionsregeln einzuhalten, zu warten, bis die Meldung berücksichtigt wird, dem Diskussionsverlauf zu folgen, die eigene Position zu vertreten, sie mit angemessenen Mitteln zu verteidigen, dem Kontrahenten gegenüber fair zu bleiben, gegensätzliche Meinungen als solche zu respektieren u.a.m. Wird heftig diskutiert, sind die Emotionen stark beteiligt. Dies ist in fast jeder Versammlung der Fall, bei der Jahreshauptversammlung eines Interessenverbandes genauso wie bei der Sitzung eines Fraktionsausschusses im Bundestag.

Die Diskussion gegensätzlicher Positionen eignet sich zum Erwerb grundlegender Diskussionsfertigkeiten, weil sie sich wegen der eindeutigen Positionen, A oder B, verhältnismäßig einfach strukturieren und steuern läßt. Wenn Lehrer solche Diskussionen initiieren, sollen die Schüler u.a. in ihrer Diskussionsbereitschaft und -fähigkeit gefördert werden, grundlegende Diskussionsfertigkeiten erlernen, Regeln kennen- und einhalten lernen, Argumente suchen, um die eine oder andere Position zu stützen, eine Position vertreten und verteidigen lernen, die entgegengesetzte Position tolerieren, das Beziehen der entgegengesetzten Position nach vorangegangener Diskussion respektieren und sich dem Mechanismus demokratischer Beschlußfassung beugen lernen.

Thematisch ist eine Unterscheidung zu treffen zwischen jenen Diskussionsthemen, welche die Schüler direkt betreffen und jenen, die sie nur indirekt berühren. Wenn z.B. zwei Ausflugsziele zur Diskussion stehen, die Entscheidung getroffen werden soll, ob der Sportunterricht am Nachmittag im Schwimmbad oder in der Turnhalle stattfindet, ob das Fach Hauswirtschaft oder Textiles Gestalten auch für die Jungen und die Werkerziehung auch für die Mädchen verpflichtend eingeführt werden soll, dann sind die Schüler unmittelbar betroffen und fühlen sich direkt angesprochen. – Andere Diskussionsthemen, wie z.B. die Frage, welcher von zwei Kandidaten sich besser für den Posten des Oberbürgermeisters eignet, ob ein Minister hätte zurücktreten sollen, Frauen einen Wehrdienst in Form eines Ersatzdienstes ableisten sollten, das Leben in einer Großstadt mehr Vorzüge aufweist als das Leben auf dem Lande, ein Urlaub im Hochgebirge erholsamer wirkt als am Meer, berühren die Schüler nicht unmittelbar oder doch erst in der Zukunft. Diskussionsthemen, die den Schüler nicht direkt angehen, verlangen von ihm eine Abstraktionsleistung, indem er von der eigenen Person absieht, sich in die gegensätzlichen Positionen eindenkt und eine Position vertritt.

Die Schwierigkeiten, die im Verlauf einer Diskussion auftreten können, wurden schon angedeutet. Wenn eine Diskussionsgrundlage fehlt, aus der die Argumente gewonnen werden können, muß die Diskussion recht oberflächlich bleiben. Leistungsstarke und redegewandte Schüler reißen häufig die Diskussion an sich, dominieren und lassen die Mitschüler nicht zu Wort kommen. Diskussionsregeln werden mißachtet, die Auseinandersetzung wird mit fragwürdigen Mitteln geführt, es wird versucht, den Gegner herabzusetzen. Und schließlich fehlt oftmals die Zeit, um Gegensätze ausdiskutieren zu lassen. Kommt es zu einer Abstimmung, wird das Abstimmungsergebnis von den Unterlegenen häufig nicht akzeptiert.

Mögliche Handlungsindikatoren

H-1: *Das Diskussionsthema aufgreifen oder nennen.*
Den Schülern ist hier zu erklären, daß es sich um zwei Positionen handelt, um A oder B, es also in diesem Fall keine weiteren Möglichkeiten gibt.

H-2: *Über die Diskussionsregeln sprechen.*
Es kommt darauf an, daß möglichst viele Schüler etwas sagen können, die Reihenfolge der Meldungen registriert wird, der jeweils sprechende Schüler ausreden darf, die Redezeit begrenzt ist, möglichst viele Argumente gebracht werden, welche die Positionen stützen, um sich dann an eine der beiden Positionen heranzutasten, diese zu vertreten und zu verteidigen.

H-3: *Eine Diskussionsgrundlage schaffen.*
Dieser Handlungsindikator bezieht sich auf das Aktualisieren erforderlicher Vorkenntnisse (vgl. S. 124 ff.) oder auf den Erwerb neuer Kenntnisse als Voraussetzung für eine anspruchsvolle Diskussion. So kann z.B. der Diskussion ein Medieneinsatz vorgeschaltet werden, oder die Schüler überlegen sich in Einzel-, Partner- oder Kleingruppenarbeit Argumente, welche für die eine oder andere Position sprechen. Nach einer solchen Besinnungs-, Lese- oder Gesprächsphase wird die nachfolgende Diskussion meist viel ergiebiger.

H-4: *Zu Diskussionsbeiträgen auffordern.*
Der Lehrer hält sich zurück, nimmt die Meldungen entgegen, fordert auf und steuert den Gesprächsverlauf überwiegend nichtverbal (vgl. S. 182 ff.).

H-5: *Die eine oder andere Position stützen.*
Sofern die Diskussion einseitig verläuft, erscheint es sinnvoll, die vernachlässigte Position hervorzuheben, auf sie hinzuweisen, Argumente für diese Position zu provozieren oder selbst welche einzubringen.

Handlungsstruktur – Gegensätzliche Positionen diskutieren

Formblatt zum situativen Lehrtraining,
zur Beobachtung
und zur Handlungsanalyse.

Mögliche Handlungsindikatoren:

H-1: Das Diskussionsthema aufgreifen oder nennen.
H-2: Über die Diskussionsregeln sprechen.
H-3: Eine Diskussionsgrundlage schaffen.
H-4: Zu Diskussionsbeiträgen auffordern.
H-5: Die eine oder andere Position stützen.
H-6: Auf die Diskussionsregeln hinweisen.
H-7: Zur Stellungnahme auffordern.
H-8: Eine Abstimmung vornehmen.

Weitere Indikatoren? ...

H-6: *Auf die Diskussionsregeln hinweisen.*
In lebhaften Lerngruppen ist dieser Hinweis unentbehrlich, sei es, weil Schüler dazwischenrufen, dem Mitschüler ins Wort fallen oder durch Lautstärke und nicht durch Argumente beeindrucken wollen. – Eine Diskussionsleitung erfordert viel Geschick, Aufmerksamkeit, Erfahrung und soziale Anerkennung in der Lerngruppe, und deshalb sollte die Leitung nur dann einem Schüler übertragen werden, wenn er innerhalb der Lerngruppe allgemein akzeptiert wird.

H-7: *Zur Stellungnahme auffordern.*
Sofern eine Entscheidung vorbereitet und getroffen werden muß, erscheinen gegen Ende der Diskussion Stellungnahmen sinnvoll, die nochmals die bedeutsamen Argumente enthalten.

H-8: *Eine Abstimmung vornehmen.*
Abstimmungen werden manchmal erforderlich, wenn die Zeit fehlt, bestehende Gegensätze auszudiskutieren. In solchen Fällen muß der Mechanismus demokratischer Beschlußfassung greifen. Gleichzeitig ist den unterlegenen Schülern zu erklären, daß sie nun dem Beschluß der Mehrheit zu folgen haben, sich ihm beugen müssen, die Minderheit aber das Recht hat, mit demokratischen Mitteln auf eine Änderung und erneute Beschlußfassung hinzuarbeiten.

Weitere Indikatoren?...

Viele Diskussionen führen in der zur Verfügung stehenden Unterrichtszeit zu keinem eindeutigen Ergebnis. Auch haben die Schüler fast immer erhebliche Schwierigkeiten, sich an die Diskussionsregeln zu halten - was übrigens auch für Erwachsene gilt. Es lassen sich keine Lernziele abhaken, die Diskussion bleibt manchmal offen oder verläuft im Sande. Schließlich kommt es zu zahlreichen sozialen Konflikten, indem die für das Lehren und Lernen erforderliche soziale Ordnung empfindlich gestört wird. Und diese Erfahrungen verleiten dann einige Lehrer zu dem Schluß, bei Diskussionen komme nicht viel heraus, die Schüler wollten zwar gerne diskutieren, aber eigentlich doch nur, um von der härteren Arbeit abzulenken – ein Kurzschluß.

Verschiedene Sichtweisen diskutieren – auch wenn sie sich nicht ganz nachvollziehen lassen

Viele Ereignisse, Sachverhalte oder Probleme unterliegen verschiedenen Sichtweisen. Personen oder Personengruppen betrachten dasselbe Ereignis aus ganz anderen Blickwinkeln und nehmen so eine unterschiedliche Haltung ein. Da die Interessen der Personen oder Personengruppen voneinander abweichen, kommt es je nach Perspektive zu einer andersartigen Beurteilung. In dieser Lehr-Lern-Situation sollen Schüler verschiedene Sichtweisen kennenlernen, diskutieren und sich so einen Bezugsrahmen schaffen, der zu einer problembewußten Einschätzung und Beurteilung führen kann.

Ein „Bezugsrahmen" (frame of reference) läßt sich als

inhaltlicher oder methodischer Kontext definieren, innerhalb dessen ein Lerninhalt – Ereignis, Sachverhalt, Problem – wahrgenommen, diskutiert und beurteilt wird, wobei der Bezugsrahmen die Struktur und die Grundlage für eine Beurteilung liefert (vgl. Wehmeyer 1966, 6).

Werden wir konkret. Eine herausragende sportliche Leistung, der Gewinn einer Goldmedaille, läßt sich aus der Perspektive des Olympiasiegers, des Gewinners der Silbermedaille, der das Gold knapp verfehlte, aus der Sicht des Trainers, der Mannschaftskameraden, der Zuschauer, der Angehörigen, der Staatsangehörigen, des verantwortlichen Ministers, einer Sportartikelfirma, für die dieser Sportler wirbt oder aus der Perspektive eines Sportreporters betrachten, dem es zufällig gelang, diese außergewöhnliche Leistung im Bild festzuhalten. Natürlich ließe sich dieses Ereignis noch aus der Sicht weiterer Personen oder Personengruppen betrachten, und deshalb ist es möglich, daß wichtige Perspektiven nicht in das Blickfeld geraten. Doch wenn nun dieses Ereignis in den Mittelpunkt einer Diskussion gestellt wird und sich die Schüler um die hier angesprochenen verschiedenen Sichtweisen bemühen, wird ein Bezugsrahmen geschaffen, der eine differenzierte Betrachtung und Beurteilung ermöglicht. –

Politiker sind in jedem Fall gut beraten, wenn sie vor einer wichtigen Entscheidung einen Bezugsrahmen herstellen. So läßt sich ein Großprojekt wie die „Startbahn West" aus der Sicht der Piloten, der Flughafenleitung, der Flugsicherung, der Fluggäste, der verschiedenen politischen Parteien, der Anwohner, der Bereitschaftspolizei, der Juristen, welche die rechtlichen Grundlagen zu vertreten haben, der Beamten in den Ministerien, der hessischen Landesregierung und der Bauunternehmer betrachten, die sich für die Ausschreibungen interessieren. In den Blick zu nehmen wären sicher noch die Sichtweisen des Verteidigungsministers, der Bundesluftwaffe und der verbündeten NATO-Staaten, Perspektiven, die jetzt fast übersehen worden wären. –

Ein anderes Beispiel: Der „numerus clausus" an den deutschen Universitäten läßt sich betrachten aus der Sicht jener Schüler, die schon vom 11. Lebensjahr an auf ihn hinarbeiten, um ihn zu schaffen, jener Abiturienten, die ihn nicht schaffen, jener Studenten, die ihn geschafft haben, der Dozenten, die den Hörerkreis überschaubar halten und eine qualifizierte Ausbildung garantieren möchten, aus der Sicht der Bildungspolitiker, die ein Überangebot an Akademikern in bestimmten Bereichen befürchten, aus der Sicht jener jungen Menschen, deren Recht auf freie Berufswahl eingeschränkt wird, und jener, denen die Lehrstellen und Ausbildungsplätze weggenommen werden, weil immer mehr Abiturienten in mittlere und gehobene Berufe drängen. –

Oder ein Ereignis wie der 20. Juli 1944 kann aus der Perspektive Stauffenbergs vor seiner Hinrichtung, Hitlers, der nationalsozialistischen Führung, der verschiedenen Widerstandsgruppen, der Soldaten an der Front, der kriegführenden ausländischen Mächte und, je nach politischem Standort, aus der Perspektive eines jeden Bürgers betrachtet werden, der von diesem Ereignis erfuhr.

Und ein letztes Beispiel: Jeder arbeitende Mensch macht sich Gedanken über sein Rentenalter, legt sich die Frage vor, welchen Aktivitäten er nach dem Ausscheiden aus dem Berufsleben nachgehen möchte. So sieht sich der eine als Dauerurlauber in Spanien, sehen sich andere als Hobbykünstler, graue Panther, rüstige Omas oder als Kommunarden in Wohnstätten für ältere Menschen. Auf jeden Fall ist eine breite Palette möglicher Lebensformen in diesem Lebensabschnitt denkbar, die es in Betracht zu ziehen gilt.

Was können nun die Schüler im Verlauf einer solchen Diskussion lernen? Zuerst gilt es, Personen oder Personengruppen mit unterschiedlichen Sichtweisen in den Blick zu nehmen. Dann wird geübt, sich in die Lage der Betroffenen hineinzuversetzen. Dies geschieht über einen sog. Perspektivenwechsel, indem die Schüler die Motive, Gefühle, Denkweisen und Handlungen ansatzweise nachvollziehen (vgl. Becker 1983a, 49). Auf diese Weise lernen sie verschiedene Sichtweisen oder Perspektiven kennen, lernen aber auch, sie zu verknüpfen, einen Bezugsrahmen zu schaffen. Und es ist zu hoffen, daß sie aufgrund solcher Diskussionen an Problembewußtsein und Toleranz gewinnen.

Wie bei der Pro-Kontra-Diskussion gibt es auch hier die Möglichkeit einer direkten und einer indirekten Beteiligung. Direkt beteiligt sind die Schüler z.B. bei der Bewältigung eines sozialen Konfliktes, der die ganze Lerngruppe betrifft. Jeder einzelne Schüler kann seine Sichtweise in die Lerngruppe einbringen, sofern die Zeit dazu ausreicht. Eine indirekte Beteiligung liegt vor, wenn die Schüler bestimmte Rollen übernehmen, sich in eine Person oder Personengruppe eindenken und in deren Sinn argumentieren. Das unmittelbare Beteiligtsein führt meist zu einem starken Engagement, die mittelbare Beteiligung erfordert ein entsprechendes Abstraktionsvermögen.

Mögliche Handlungsindikatoren

H-1: *Das Diskussionsthema aufgreifen oder nennen.*
Zu Beginn der Diskussion ist den Schülern zu erklären, daß das betreffende Ereignis, der Sachverhalt oder das Problem ganz unterschiedlich betrachtet werden kann.

H-2: *Über die Diskussionsregeln sprechen.*
Neben den formalen Regeln (vgl. H-2, S. 211), die für jede Diskussion zu gelten haben, wird nun der Diskussionsverlauf skizziert, die Suche nach Personen bzw. Personengruppen, die Übernahme verschiedener Rollen, die Vertretung der Standpunkte, das Herstellen eines Bezugrahmens sowie die abschließende Beurteilung.

H-3: *Eine Diskussionsgrundlage schaffen.*
Wie bei der Pro-Kontra-Diskussion kommt es darauf an, daß die Schüler ihr Informationspotential aufstocken, sich gründlich über das Ereignis, den Sachverhalt oder das Problem informieren, weil nur so ein Perspektivenwechsel möglich ist.

H-4: *Personen oder Personengruppen nennen.*
Lehrer und Schüler können sich gemeinsam überlegen, welche Personen oder Personengruppen von dem Ereignis in besonderer Weise betroffen sind. Dabei empfiehlt es sich, das Diskussionsthema an die Tafel zu schreiben und es mit den gefundenen Personen bzw. Personengruppen „einzurahmen“. Auf diese Weise wird das Anliegen auch optisch sichtbar.

H-5: *Zur Rollenübernahme auffordern.*
Die Schüler wählen sich nun eine Person oder Personengruppe aus, mit der sie sich am ehesten identifizieren können. Bei der Übernahme der Rollen ist darauf zu achten, daß zentrale Personen bzw. Perspektiven auch wirklich berücksichtigt werden. Der Lehrer kann zögernde Schüler zur Rollenübernahme ermutigen, indem er ihnen Argumentationshilfen verspricht.

Handlungsstruktur – Verschiedene Sichtweisen diskutieren

Formblatt zum situativen Lehrtraining,
zur Beobachtung
und zur Handlungsanalyse.

Mögliche Handlungsindikatoren:

H-1: Das Diskussionsthema aufgreifen oder nennen.
H-2: Über die Diskussionsregeln sprechen.
H-3: Eine Diskussionsgrundlage schaffen.
H-4: Personen oder Personengruppen nennen.
H-5: Zur Rollenübernahme auffordern.
H-6: Die Diskussion vorbereiten lassen.
H-7: Zu Diskussionsbeiträgen auffordern.
H-8: Bestimmte Sichtweisen stützen.
H-9: Eine Beurteilung vornehmen lassen.

Weitere Indikatoren ? . . .

H-6: *Die Diskussion vorbereiten lassen.*
Dies kann in Einzel-, Partner- oder Kleingruppenarbeit erfolgen, sofern z.B. mehrere Schüler eine bestimmte Personengruppe vertreten. Der Lehrer steht in dieser Phase auf Anfrage zur Beratung bereit.

H-7: *Zu Diskussionsbeiträgen auffordern.*
Nun ist lediglich darauf zu achten, daß jede Person bzw. Personengruppe ihre Argumente einbringen kann. Häufig bedarf es nur einer überwiegend nichtverbalen Diskussionssteuerung (vgl. S. 182 ff.).

H-8: *Bestimmte Sichtweisen stützen.*
Wenn leistungsschwache oder gehemmte Schüler bedeutsame Rollen übernehmen, die Sichtweisen aber nicht zur Geltung

bringen können, erscheint es gerechtfertigt, wenn der Lehrer deren Argumentation stützt.

H-9: *Eine Beurteilung vornehmen lassen.*
Haben die Schüler die Argumente der verschiedenen Personen oder Personengruppen dargelegt, ist der Bezugsrahmen gegeben, mit dessen Hilfe sich eine Beurteilung vornehmen läßt. Dabei sollte deutlich werden, daß es sich immer nur um eine vorläufige Beurteilung auf der Basis der zur Verfügung stehenden Informationen und der gewonnenen Sichtweisen handeln kann.

Weitere Indikatoren?...

Das Bemühen, sich in die Lage anderer Menschen oder Personengruppen zu versetzen und deren Perspektive einzunehmen, wird immer unvollkommen bleiben. Motive, Gefühle und Handlungen können stets nur ansatzweise nachvollzogen oder nachempfunden werden. Und doch bietet ein solches Bemühen erst die Voraussetzung dafür, andersdenkenden, -fühlenden und -handelnden Menschen mit mehr Verständnis zu begegnen.

Mit den Schülern über den Unterricht sprechen – sofern sie dazu bereit und in der Lage sind

Ein Gespräch über den Unterricht (Metaunterricht) oder über die Art der Kommunikation (Metakommunikation) ist der Versuch, die Schüler an der Planung, Durchführung und Auswertung der Lehr-Lern-Prozesse direkt zu beteiligen. Metaunterricht und Metakommunikation werden in der Absicht durchgeführt, die Lehr-Lern-Prozesse zu optimieren und die Kommunikation zu verbessern. Die Befürworter metaunterrichtlicher und metakommunikativer Bemühungen erhoffen sich bei den Schülern einige positive Erfolge wie mehr Eigenständigkeit, intellektuelle Beweglichkeit, Mündigkeit und Kritikfähigkeit, aber auch eine erhöhte Verantwortungsbereitschaft für den Lehr-Lern-Prozeß. Wer Schüler in echter Weise einbeziehen und beteiligen will, muß eigentlich in dieser Weise verfahren (vgl. Dresel 1982).

Kritiker solcher Bestrebungen billigen den Schülern kein

generelles Mitspracherecht zu und sind nicht bereit, die sich bietenden Beteiligungsspielräume voll zu nutzen. Sie argumentieren, Schüler seien zu jung und unerfahren, um über den Unterricht sprechen zu können. Es fehle ihnen an wichtigen Informationen, um mitreden zu können. Sie mißbrauchten solche Gesprächssituationen, um vom Unterricht abzulenken, diskutierten gerne, ohne daß etwas dabei herauskomme, und insgesamt betrachtet koste ein solches Gespräch zu viel Zeit. –

Dem ist entgegenzuhalten, daß alle Schüler, gleichgültig wie alt sie sind, im Rahmen ihrer Möglichkeiten mitreden können, Lehrer ihnen die erforderlichen Informationen liefern können, die sie in die Lage versetzen, mitzuentscheiden, der Lehrer das Gespräch auf die bedeutsamen Ziele hinlenken kann und die Zeit, die eingesetzt wird, dem nachfolgenden Unterricht zugute kommt, weil sich die Schüler einbezogen fühlen, die Ziele ansatzweise erkennen und deshalb aktiver mitarbeiten können.

Gespräche dieser Art können nur dann erfolgreich sein, wenn sich Lehrer und Schüler im Gespräch offen begegnen, sie sich ehrlich sagen, was ihnen gefällt bzw. mißfällt. Diese Offenheit erfordert Mut, nicht so sehr von seiten des Lehrers, sondern eher von seiten der Schüler. Lehrer nahmen schon immer für sich in Anspruch, den Schülern gründlich die Meinung zu sagen, einen Stapel Hefte auf den Tisch zu knallen, um dann den Schülern zu erklären, wie unaufmerksam und faul sie gewesen seien. Umgekehrt haben die Schüler kaum die Gelegenheit, dem Lehrer offen ins Gesicht zu sagen, wie unverständlich die Erklärungen waren, wie wenig geübt worden ist, und daß der Lehrer Aufgaben gestellt hat, die noch nicht oder nur vom Primus gelöst werden konnten. Und sie tun auch gut daran, dies nicht offen zum Ausdruck zu bringen, weil die nächste Klassenarbeit wieder von eben diesem Lehrer korrigiert wird. Die Forderung nach einer repressionsfreien Atmosphäre oder nach einem rationalen Diskurs, einem herrschaftsfreien Gespräch, in dem die Herrschaftsausübung immer wieder neu legitimiert werden muß, ist etwas unrealistisch, weil die realen Machtverhältnisse, die zwischen den Lehrern und Schülern bestehen, verschleiert werden. Schüler befinden sich nun einmal in einem Abhängigkeitsverhältnis, und die Schüler empfinden das auch so, wenn sie darüber nachdenken, ob sie bei einem Lehrer gut oder weniger gut angeschrieben sind. Schüler fürchten die willkürliche Herrschaftsausübung (vgl. Moser 1982, 11 ff.).

Wenn wir nun um die Tatsache wissen, daß sich ein Diskurs im Sinne von Habermas nicht ohne weiteres im Lehr-Lern-Prozeß verwirklichen läßt, weil die Kommunikation in bestimmten Bereichen doch asymmetrisch verläuft, die Schüler Nachteile zu befürchten haben, sofern sie sich offen äußern, dann bedeutet dies nicht, daß der Lehrer ein an sich sinnvolles Konzept voreilig aufgeben darf, nur sollte er sich der Schwächen dieses Konzeptes bewußt sein. Nach wie vor erscheint es sinnvoll, mit den Schülern an jenen Stellen, wo es sich anbietet, über den Unterricht zu sprechen, sich um die Ausübung gerechtfertigter Herrschaft zu bemühen, eine freie Atmosphäre zu schaffen, die es den Schülern erlaubt, sich einzubringen, den Schülern einen Mündigkeitsvorschuß zu geben, ihnen zu gestatten, die sonst zwischen Erwachsenen üblichen Grenzen auch mal zu überschreiten und den Versuch zu unternehmen, von der eigenen Person zu abstrahieren. Dies ist sicher ein hoher Anspruch – denn welcher Lehrer läßt sich schon gerne vor der ganzen Lerngruppe in Frage stellen –, doch muß er im Interesse eines freien Lern- und Gruppenklimas gestellt werden.

Die nachstehenden Handlungsindikatoren beziehen sich nicht auf eine Gesprächssituation, sondern sie umschreiben die Vielzahl der Anlässe, bei denen es sinnvoll sein kann, metaunterrichtlich oder metakommunikativ zu verfahren. Sie sind weitgehend identisch mit dem Beteiligungsspektrum (vgl. Band I dieser handlungsorientierten Didaktik, 102 ff.).

Mögliche Handlungsindikatoren

H-1: *Mit den Schülern über den nachfolgenden Unterricht sprechen.*

Hier ergeben sich zahlreiche Möglichkeiten, indem manchmal die Auswahl der Lerninhalte gemeinsam erfolgt, Lernziele vorgestellt werden, Lehrer und Schüler gemeinsam das Vorgehen überlegen, den Medieneinsatz planen, die Sozialform festlegen u.a.m.

H-2: *Mit den Schülern über den laufenden Unterricht sprechen.*

Kommt es im Lehr-Lern-Prozeß zu methodischen Schwierigkeiten, z.B. zu massiven Lernschwierigkeiten, die Lehrer und Schüler in dieser Weise nicht voraussehen konnten, ist ein

Handlungsspektrum – Über den Unterricht sprechen, Metaunterricht und Metakommunikation

Formblatt zum Training des Lehrverhaltens,
zur Beobachtung
und zur Handlungsanalyse.

Mögliche Handlungsindikatoren:

H-1: Mit den Schülern über den nachfolgenden Unterricht sprechen.
H-2: Mit den Schülern über den laufenden Unterricht sprechen.
H-3: Mit den Schülern über den zurückliegenden Unterricht sprechen.
H-4: Soziale Konflikte offen ansprechen.
H-5: Beabsichtigte Leistungsmessungen offenlegen.
H-6: Über die Hausaufgaben sprechen.
H-7: Über die Rahmenbedingungen beraten.
H-8: Besondere Aktivitäten absprechen.
H-9: Über die mangelnde Gesprächsbereitschaft reden.

Weitere Indikatoren ? ...

Anmerkung: Hier handelt es sich um ein Spektrum möglicher Anlässe.

metaunterrichtliches Bemühen angebracht, d.h. gemeinsam ist die Frage zu beantworten, wie diese Schwierigkeiten überwunden werden können.

H-3: *Mit den Schülern über den zurückliegenden Unterricht sprechen.*

Oft bleiben am Ende des Unterrichts Fragen unbeantwortet zurück, oder der Lehrer hat den Eindruck, eine Frage unzureichend beantwortet zu haben, ihm wird bewußt, daß er einen zentralen Schülerbeitrag falsch aufgegriffen oder nicht richtig zugehört hat. In solchen Fällen zeichnet es ihn aus, wenn er zu Beginn der nächsten Stunde nochmals auf den zurückliegenden Unterricht zu sprechen kommt. Und die Schüler haben das Gefühl, daß sich der Lehrer mit ihren Fragen und Beiträgen befaßt.

H-4: *Soziale Konflikte offen ansprechen.*
Dies kann retrospektiv, aus aktuellem Anlaß oder prospektiv geschehen. Haben die Schüler im zurückliegenden Unterricht die für das Lehren und Lernen erforderliche soziale Ordnung empfindlich gestört, können die konfliktträchtigen Ereignisse nochmals angesprochen werden. Ist Lehren und Lernen nicht mehr oder nur noch unter sehr hohem Zeitverlust möglich, muß der Prozeß unterbrochen werden, um die Frage zu beantworten, wie es nun weitergehen soll. Und im Hinblick auf bestimmte Problemschüler oder -klassen ist auch mal ein Gespräch angebracht, um bestimmte konfliktträchtige Ereignisse gar nicht erst auftreten zu lassen. Ein solches Gespräch dient dann der Konfliktprophylaxe (vgl. Becker/Dietrich/Kaier 1982).

H-5: *Beabsichtigte Leistungsmessungen offenlegen.*
Ein solches Gespräch wirkt angstreduzierend und verbessert das Lehr-Lern-Klima. Hier geht es um die Abgrenzung des Lerngebietes, um Art und Umfang der Leistungsmessung, Aufgabenformen, Übungsaufgaben, Hilfsmittel, um den Zeitpunkt und um die Rahmenbedingungen, unter denen die Leistungsmessung stattfinden soll.

H-6: *Über die Hausaufgaben sprechen.*
Hausaufgaben werden gemeinhin erteilt, von den Schülern hingenommen – manchmal allerdings unter Protest. Bei diesem Protest sollte es nicht bleiben. Statt dessen wäre von beiden Seiten kurz zu begründen, warum die Anforderung gerechtfertigt bzw. ungerechtfertigt erscheint.

H-7: *Über die Rahmenbedingungen beraten.*
Ob kurzfristig eine Veränderung der Rahmenbedingungen möglich ist, z.B. eine Stundenverlegung, der Unterricht in einem anderen Raum oder im Freien erfolgen kann, muß schließlich nicht nur von Lehrern beraten und entschieden werden. Die Schüler kommen oft auf viel bessere Ideen.

H-8: *Besondere Aktivitäten absprechen.*
Alle Aktivitäten, die das Schulleben betreffen, der Landschulheimaufenthalt, der Ausflug, der Wandertag, die Weihnachts- oder Abschlußfeier, das Sportfest oder das Faschingsvergnügen, alle diese Aktivitäten sollten von Lehrern und Schülern gemeinsam beraten werden. In diesem Bereich bietet sich ein uneingeschränkter Beteiligungsspielraum an.

H-9: *Über die mangelnde Gesprächsbereitschaft reden.*
Läßt sich aus dem Verhalten der Schüler eindeutig auf eine mangelnde Gesprächsbereitschaft schließen, kann dieser Eindruck vom Lehrer verbalisiert werden – oder er unterrichtet einfach weiter, in der Hoffnung, daß der folgende Lehr-Lern-Prozeß eine Einstellungsänderung bewirkt.

Weitere Indikatoren?...

Gespräche über Unterricht erscheinen nur sinnvoll, wenn die Gesprächsanteile einigermaßen gerecht verteilt sind, also nicht der Lehrer 2/3 der Zeit für sich in Anspruch nimmt, wie das sonst meist der Fall ist (vgl. Borg et al. 1970). Das bedeutet: Überwiegend nichtverbal steuern, den Schülern Gelegenheit geben, sich zu äußern, sich für Vorschläge der Schüler offenhalten und sie akzeptieren, auch wenn sie nicht ganz den eigenen Vorstellungen entsprechen, zunehmend strukturieren und gegen Ende die eigene Position einbringen. Nur mit dieser Grundhaltung werden metaunterrichtliche und metakommunikative Gespräche erfolgreich sein.

Die Grenzen dieses Bemühens wurden schon mit dem Handlungsindikator 9 angedeutet. Wenn Schüler nicht bereit oder nicht in der Lage sind, über den Unterricht zu sprechen, muß ein solches Vorgehen versagen.

Einzelgespräche führen – sofern sie sich durchführen lassen

Gespräche mit einzelnen Schülern wären im Schulalltag immer wieder wünschenswert, doch finden sie leider zu selten statt. Betrachten wir uns zuerst einige mögliche Gesprächsthemen, dann die derzeitige häufig negative Praxis, um schließlich

Handlungsindikatoren für Einzelgespräche in den Blick zu nehmen.

Die Frage nach den Gesprächsthemen soll an einigen Beispielen beantwortet werden:

- Ein Schüler im dritten Schuljahr verhält sich seinen Mitschülern gegenüber aggressiv, indem er sie immer wieder quält. Mitschüler und Eltern beschweren sich beim Klassenlehrer.
- Eine 13jährige Schülerin, die sonst immer gute Leistungen zeigt, schreibt plötzlich in einer Klassenarbeit ein Mangelhaft. Nachdem die Hefte ausgeteilt worden sind, weint die Schülerin und ist nicht mehr in der Lage, dem Unterricht zu folgen.
- Ein 15jähriger Schüler zeigt in einem Hauptfach mangelhafte Leistungen. Nach dem ersten Halbjahr wird offensichtlich, daß die Gefahr des Sitzenbleibens besteht, da er auch in anderen Fächern nicht ausreichende Leistungen bescheinigt bekommen hat.
- Eine 10jährige Schülerin soll nach Auffassung ihrer Eltern unbedingt das Gymnasium besuchen. Die Lehrerin ist jedoch ganz anderer Meinung und hält das Mädchen für wenig geeignet.
- Eine Lehrerin beschwert sich beim Klassenlehrer über das Verhalten eines bestimmten Schülers. Es heißt, er störe fortgesetzt den Unterricht, beschäftige sich mit anderen Dingen, sei vorlaut und frech. Der Klassenlehrer wird gebeten, auf diesen Schüler in geeigneter Weise Einfluß zu nehmen.

Diese Beispiele mögen als Einführung genügen, und es zeichnen sich zwei Schwerpunkte ab, die Anlaß für Einzelgespräche sein können, einmal der Bereich der Leistungsmessung und dann der des Sozialverhaltens (vgl. Becker 1983a). In allen Beispielen sind Gespräche mit den direkt betroffenen Schülern, Eltern oder Kollegen angebracht – sofern sie sich durchführen lassen.

Der Schulalltag steht solchen Gesprächen häufig entgegen. Wenn Lehrer und Schüler etwa 30 Stunden pro Woche in der Schule zubringen, am Nachmittag Hefte korrigieren, den Unterricht vorbereiten oder Hausarbeiten erledigen, sind sie nicht besonders motiviert, Einzelgespräche zu führen. Die Lehrer möchten sich entspannen, und die Schüler verlangen nach ihren Freunden und dem Spielplatz. Lehrer und Schüler haben keine große Lust, den Schulweg zweimal zurückzulegen.

Gespräche am Vormittag können nur unter ungünstigen Rahmenbedingungen stattfinden, z.B. in einer Rand- oder Hohlstunde. Oder diese Gespräche finden in den Pausen statt, in der Hektik des Schulalltags, zwischen Tür und Angeln. Der Lehrer ist in Gedanken schon bei der nächsten Gruppe oder steht noch unter dem Eindruck der letzten Stunde. Es fehlt ihm an Ruhe und Ausgeglichenheit, um sich dem betreffenden Schüler voll zuwenden zu können. Und dem Schüler geht es ganz ähnlich, er hat vielleicht gerade eine Klassenarbeit zurückerhalten oder muß in der nächsten Stunde eine schreiben.

Aufgrund dieser ungünstigen Bedingungen kommt es statt der anzustrebenden Einzelgespräche zu höchst fragwürdigen Handlungsweisen der Lehrer, indem sie gar nicht erst fragen, was wirklich vorgefallen ist, sondern einen Schüler voreilig aburteilen, die Position des Schülers nicht berücksichtigen, bedeutsame Ursachen übersehen, die erstbeste Handlungsmöglichkeit ergreifen, ohne das breite Handlungsspektrum zu berücksichtigen, für den Schüler entscheiden, ohne ihn selbst entscheiden zu lassen. Unter Zeit- und Handlungsdruck verhalten sich Lehrer manchmal rechthaberisch, monologisieren, stellen Fehldiagnosen, liefern Fehlinterpretationen und treffen Fehlentscheidungen. In der Führung von Einzelgesprächen sind sie wenig geschult, und viele betrachten solche Gespräche auch nicht als ihre Aufgabe. Wie soll man sich mit einzelnen Schülern unterhalten, wenn man am Vormittag über 100 zu instruieren hat? – Dieser Einwand trifft für einen Fachlehrer an einer weiterführenden Schule auch zu, nicht für Lehrer an Grund- und Sonderschulen, auch nicht für Klassenlehrer, die ihren Schülern gegenüber eine generelle Gesprächsbereitschaft zeigen sollten. –

Nun ist es in unserer arbeitsteiligen Gesellschaft modern geworden, bei einem sich abzeichnenden Mangelzustand Fachkräfte auszubilden, die in besonderer Weise geeignet sind, die auftretenden Mängel zu beheben. Da Lehrer ihre Beratungstätigkeit nicht oder doch nicht in vollem Umfang wahrnehmen oder wahrnehmen können, ist man dazu übergegangen, Beratungslehrer zu schulen. Diese verfügen über besondere Qualifikationen zur Gesprächsführung. Doch muß die kritische Frage erlaubt sein, wer denn im Hinblick auf die eingangs genannten

Beispiele die erforderlichen Gespräche führen soll, wenn nicht der direkt beteiligte Lehrer? Notwendig werdende Einzelgespräche können nicht beliebig an dafür ausgebildete Experten delegiert werden. –

Noch fragwürdiger erscheint eine Schulung angehender oder praktizierender Lehrer im Bereich der Gesprächspsychotherapie. Stellt sich z.B. in einem Einzelgespräch heraus, daß der betreffende Schüler therapeutisch oder gesprächspsychotherapeutisch betreut werden müßte, ist ein entsprechend ausgebildeter Lehrer aufgrund seiner zahlreichen Lehr- und Arbeitsverpflichtungen gar nicht in der Lage, eine solche Therapeuten-Funktion zu übernehmen. Auch dem zuvor angesprochenen Beratungslehrer fehlt für eine solche Aufgabe noch die Zeit. Außerdem lassen sich die Variablen, die eine Therapiesituation kennzeichnen, weder auf den Lehr-Lern-Prozeß noch auf die berufsbedingten Gesprächssituationen übertragen.

Die Zielsetzungen der Gesprächspsychotherapie sind allgemeiner gehalten, die eines Einzelgesprächs im schulischen Bereich weitaus konkreter. Lehrer, Eltern und Schüler können nicht monatelang warten, bis sich über den Weg der Selbsterkenntnis eine Einstellungsänderung vollzieht, die den Betroffenen in die Lage versetzt, sich selbst zu helfen. Im Anschluß an schulische Einzelgespräche sind häufig konkrete Entscheidungen zu treffen, die keinen Aufschub dulden. So muß z.B. mit dem aggressiven Schüler, der seine Mitschüler quält, bald mit der Arbeit begonnen werden, es sind Gespräche mit den Beteiligten zu führen, evtl. ist der Rat eines Therapeuten einzuholen oder es muß eine Einzeltherapie einsetzen, die der Lehrer nicht durchführen kann. – Mit der Schülerin, die ihre Arbeit „verhauen“ hat, ist vielleicht ein Lernplan auszuarbeiten, mit dessen Hilfe sie Vorkenntnisdefizite ausgleichen kann. – Ähnliche Maßnahmen sind im Gespräch mit dem versetzungsgefährdeten Schüler abzusprechen. Auch bei ihm geht es um die Frage der Vorkenntnislücken und deren Ausgleich, um die Bildung einer außerschulischen Arbeitsgruppe oder um einen qualifizierten Nachhilfeunterricht. – Das 10jährige Mädchen bedarf ebenfalls recht bald konkreter Hilfen durch andere kompetente Gutachter, damit es nicht von den ehrgeizigen Eltern permanent überfordert wird. Was an Gemeinsamkeiten zwischen gesprächspsychotherapeutischen Verfahren und schulischen Einzelgesprächen bleibt, sind wenige Techniken, wie die des aktiven Zuhörens.

Mögliche Handlungsindikatoren

H-1: *Den Gesprächsanlaß aufgreifen oder nennen.*
Die Aufforderung zu einem Gespräch kann vom Lehrer oder vom Schüler ausgehen. Sie sollte durch den Lehrer mehr indirekt vorgetragen werden, um auf diese Weise die Gesprächsbereitschaft zu fördern. Eine solche Aufforderung kann gleichzeitig das Interesse des Lehrers am Schüler dokumentieren und zum Ausdruck bringen, daß er an einer Änderung der Verhältnisse mitarbeiten will. Häufig gibt es aber auch einen aktuellen Anlaß, der keinen Handlungsaufschub duldet und der ein Gespräch sofort notwendig werden läßt.

H-2: *Einen Gesprächstermin vereinbaren.*
Ein solcher Termin ist mit dem Schüler abzusprechen. Auch ein Schüler hat einen „Terminkalender", muß zum Training oder zur Klavierstunde. In diesem Zusammenhang wäre dem Schüler zu erklären, daß ein Gespräch ohne Zeit- und Handlungsdruck stattfinden sollte.

H-3: *Einen geeigneten Gesprächsort suchen.*
Neben der Gesprächszeit spielt die Umgebung eine beträchtliche Rolle, in der das Gespräch stattfinden soll. Der Ort muß die nötige Ruhe bieten, damit Lehrer und Schüler ungestört miteinander sprechen können. Und je nach Gesprächsanlaß ist darauf zu achten, daß Sitzmöbel und Raum kein Abbild „struktureller Gewalt" bieten. Ein Direktor, der eine Schülerin hinter seinem Schreibtisch empfängt, darf nicht auf ein gutes Gespräch hoffen.

H-4: *Eine Bestandsaufnahme vornehmen.*
Zuerst muß fast immer die Frage geklärt werden, was wirklich vorgefallen ist. Sie wird sich zwar oft nicht eindeutig beantworten lassen, doch gilt es, zwischen Tatsachen und Vermutungen zu trennen. Diese Bestandsaufnahme kann zum Augangspunkt weiterer Überlegungen werden.

H-5: *Im Gespräch Ursachen abklären.*
Natürlich beschäftigt sich jeder Lehrer mit der Frage nach den Ursachen. Bezogen auf die einleitenden Beispiele wird er sich fragen: Warum quält er eigentlich seine Mitschüler? Wie konnte es zu dem plötzlichen Leistungsabfall kommen? Warum

Handlungsstruktur – Einzelgespräche

Formblatt zum situativen Lehrtraining,
zur Beobachtung
und zur Handlungsanalyse.

Mögliche Handlungsindikatoren:

H-1: Den Gesprächsanlaß aufgreifen oder nennen.
H-2: Einen Gesprächstermin vereinbaren.
H-3: Einen geeigneten Gesprächsort suchen.
H-4: Eine Bestandsaufnahme vornehmen.
H-5: Im Gespräch Ursachen abklären.
H-6: Den Standpunkt des Schülers klären.
H-7: Handlungsmöglichkeiten in den Blick nehmen.
H-8: Vereinbarungen treffen.
H-9: Vereinbarungen überprüfen.

Weitere Indikatoren ? . . .

ist der Schüler heute versetzungsgefährdet? . . . Die Schüler finden auf diese Frage kaum jemals eine Antwort, sie sind fast immer überfordert. Der Lehrer kann an jenen Stellen des Gespräches die Ursachen andeuten, aktiv zuhören und nachfragen, umschreiben und präzisieren lassen (vgl. S. 148 ff.).

H-6: *Den Standpunkt des Schülers klären.*
Bedeutsam ist die Beantwortung der Frage, wie der Schüler das Ereignis, den Sachverhalt oder das Problem sieht, wie er ganz persönlich zu dem Gesprächsinhalt steht. Bei einer eklatanten Fehleinschätzung wird der Lehrer Zweifel anmelden, die Aussagen in Frage stellen. Mit diesem Handlungsindikator wird im Gespäch eine zunehmend realistischere Selbsteinschätzung angestrebt. Sollen Probleme mit dem Schüler und für ihn bewältigt werden, muß der Ausgangspunkt der Schüler sein, und eine annähernd realistische Selbsteinschätzung fördert den Prozeß der Problembewältigung.

H-7: *Handlungsmöglichkeiten in den Blick nehmen.*
Vorrangige Aufgabe des Lehrers ist es nicht, eine bestimmte Maßnahme vorzustellen und diese zu favorisieren, vielmehr sind dem Schüler viele mögliche Maßnahmen aufzuzeigen, die in Betracht kommen könnten, oder es ist gemeinsam nach solchen Maßnahmen zu suchen. Dieses Vorgehen kostet Zeit, die im Lehr-Lern-Prozeß oder in einer Pause nicht zur Verfügung steht.

H-8: *Vereinbarungen treffen.*
Dieser Prozeß der Entscheidungsfindung muß manchmal verschoben werden, weil zwischenzeitlich die Realisierungsmöglichkeiten abzuklären sind. Die Entscheidung für bestimmte Maßnahmen und für zu treffende Vereinbarungen sollte gemeinsam getroffen werden. Nur so erhöht sich die Wahrscheinlichkeit, daß Maßnahmen akzeptiert und Vereinbarungen auch eingehalten werden.

H-9: *Vereinbarungen überprüfen.*
Abgesprochene Maßnahmen oder getroffene Vereinbarungen sind nichts wert, wenn sie nicht auch eingehalten werden. Konsequenz ist hier auf beiden Seiten gefordert, auf der Seite des Schülers, der sich an die Vereinbarungen zu halten hat, und des Lehrers, der die leidige Kontrolle vorzunehmen hat. Genügt der Lehrer dieser Kontrollpflicht nicht, verliert er an Autorität und Glaubwürdigkeit.

Weitere Indikatoren?...

Einzelgespräche können ohne Zeit- und Handlungsdruck nur außerhalb des Unterrichts stattfinden. Von Lehrern und Schülern werden Gesprächsbereitschaft, zusätzliche Zeit und deshalb ein zusätzliches Engagement verlangt. An Halbtagsschulen kommen sie leider selten zustande. Wichtige Einzelgespräche lassen sich nicht an Experten delegieren, an Beratungs-, Verbindung- oder Vertrauenslehrer. Lehrer, die wichtige Gespräche nicht selbst wahrnehmen, erweisen sich als pädagogisch inkompetent, und die betroffenen Schüler fühlen sich abgeschoben. Ein verantwortungsbewußter Lehrer wird das Gespräch gerade auch mit Problemschülern suchen.

5.5 Handlungskompetenzen im Präsentationsbereich

Lehrer stehen immer wieder vor der Aufgabe, Informationen zu übermitteln, indem sie etwas erklären, zeichnen, vormachen, demonstrieren oder Medien präsentieren. Die Art und Weise der Präsentation kann nun verständlich oder unverständlich, geschickt oder ungeschickt, überlegt oder unüberlegt erfolgen. Jeder Lehrer gilt in den Augen der Schüler als besonders qualifiziert, wenn er in der Lage ist, schwierige Sachverhalte verständlich zu erklären. Für typische Lehr-Lern-Situationen zeichnen sich auch hier spezifische Handlungsstrukturen ab, die es zu erwerben gilt.

Sachverhalte verständlich erklären – auch wenn sie von einigen Schülern nicht verstanden werden

Es ist geradezu das Qualitätsmerkmal eines Lehrers, ob er in der Lage ist, schwierige Sachverhalte verständlich zu erklären, oder ob ihm dies nicht gelingt. Schüler beurteilen viele Lehrer nach dieser Fähigkeit. Wird ihnen zu Beginn eines Schuljahres ein neuer Mathematiklehrer zugeteilt, dann steht die Frage im Mittelpunkt: Kann er nun erklären oder nicht? Und nach einigen Tagen kommen die Schüler nach Hause und erklären ihren Eltern: „Du, wir haben einen neuen Mathelehrer, der ist prima, der kann gut erklären. Wenn einer was nicht verstanden hat, dann darf er sich melden und fragen, und dann erklärt Herr M. die Sache nochmal anders, so lange, bis alle es verstanden haben.“ Oder anders: „Bei der Mathelehrerin kapiert kein Mensch was. Das geht allen so, das ist schlimm. Niemand wagt zu fragen, sie wird immer gleich ungeduldig und tut so, als sei das alles ganz einfach.“

Verständlichkeit im Unterricht ist eine Variable, die den gesamten Lehr-Lern-Prozeß und die Lehrer-Schüler-Beziehung beeinflußt. Kann sich ein Lehrer seinen Schülern nicht verständlich machen, bleiben die erwarteten Lehr-Lern-Erfolge aus. Bemüht sich der Lehrer nicht um Verständlichkeit, werden die Beziehungen zu seinen Schülern erheblich belastet, die Schüler „schalten ab“ oder werden aggressiv.

Es ist erstaunlich, daß trotz der vorliegenden Forschungsergebnisse diese Variable nicht im Mittelpunkt der Lehrerausbildung steht. Zumindest erhält man auch heute noch nicht von jedem Lehrer eine ausreichend differenzierte und verständliche Antwort auf die Frage: Wie erkläre ich Schülern einen Sachverhalt verständlich?

Die Verständlichkeitsdimension kommt schon im Verlauf der Unterrichtsplanung zum Tragen, bei der Auswahl und Analyse der Lerninhalte, bei dem Bemühen, kompliziertere Strukturen zu elementarisieren, ohne sie dabei zu verfälschen. Sie spielt bei der Formulierung der Arbeitsaufträge eine große Rolle, bei der Aufgabenformulierung im Bereich der Leistungsmessung und bei der Beantwortung von Frage- und Problemstellungen, soweit die Schüler nicht selbst dazu in der Lage sind. Immer dann, wenn sich im Lehr-Lern-Prozeß Lernschwierigkeiten zeigen, die nicht ohne weiteres überwunden werden können, ergibt sich für den Lehrer die Frage, ob er den betreffenden Sachverhalt verständlicher machen kann, ob es nicht gerade im Hinblick auf leistungsschwache Schüler eine Möglichkeit gibt, diesen Sachverhalt noch einmal anders, und dann für diese Schüler verständlich, zu erklären. Besonders wichtig ist diese Dimension des Lehrverhaltens bei der Rückgabe von Klassenarbeiten, der Fehleranalyse und den sich anschließenden Übungen. Jene Aufgaben, die von vielen Schülern nicht gelöst werden konnten, sind unter dem Aspekt der Verständlichkeit unter die Lupe zu nehmen, mögliche Lernschwierigkeiten sind aufzuspüren und Lernhilfen zu formulieren, welche geeignet erscheinen, die Aufgaben verständlich werden zu lassen. Lernhilfen werden hier zu Lösungshilfen auf dem Weg des Verstehens.

Nun ließe sich die Auffassung vertreten, ein Bemühen um Verständlichkeit im Unterricht sei gar nicht so wichtig, weil die Schüler in derzeitigen und künftigen Lebens- und Berufssituationen immer wieder mit Informationen konfrontiert werden, die für sie nicht ohne weiteres verständlich sind, so z.B. mit Informationen aus Presse, Funk und Fernsehen oder später mit Vorlesungen an einer Hochschule, und es liege nun eine besondere Lernchance darin, herauszufinden, was gemeint sein könnte. Wenn sich also ein Lehrer häufig unverständlich ausdrückt, bestehe für die Schüler ein besonderes Vergnügen darin zu raten, zu tüfteln und zu knobeln, was er wohl gemeint haben könnte.

Die Argumentation gleitet ins Sarkastische ab. Auch wenn – lernpsychologisch betrachtet – das Problem des Umweges noch längst nicht gelöst ist und wohl auch niemals gelöst werden kann, wir also nicht sagen können, welche Lernchancen sich für leistungsstarke Schüler tatsächlich auftun, so muß im Interesse der zu unterrichtenden leistungsschwachen Schüler immer wieder die Forderung nach Verständlichkeit im Unterricht erhoben werden. Wer unverständlich lehrt, frustriert viele Schüler, berücksichtigt den Aspekt der Lehr-Lern-Ökonomie nicht ausreichend und verzichtet auf die für Lehrer und Schüler gleichermaßen so wichtigen Lehr-Lern-Erfolge.

Im folgenden beziehen wir uns auf die Ausführungen und Forschungsarbeiten von Ausubel (1963), Gage/Berliner (1979), Groeben (1978 und 1982), Miltz (1972) und Rosenshine (1968). Die Handlungsindikatoren 4 bis 7 werden im Anschluß an Groeben (1982) ausgewiesen und kommentiert. Die insgesamt 12 Indikatoren zeigen, wie schwierig es ist, Sachverhalte im Unterricht verständlich zu erklären. Dieses Handlungsspektrum geht weit über jenes hinaus, das zur verständlichen Textformulierung benötigt wird.

Mögliche Handlungsindikatoren

H-1: *Den Anlaß für die Erklärung aufgreifen oder nennen.*
Hier kommt es darauf an, den Schülern eine möglichst stichhaltige Begründung für die Notwendigkeit der nachfolgenden Erklärung zu bieten. Sind die Schüler davon überzeugt, daß die Erklärung hochbedeutsam ist, werden sie ihr vermutlich aufmerksamer folgen. Der Hinweis auf eine Klassenarbeit oder auf einen hohen Schwierigkeitsgrad, der aber gemeistert werden kann, läßt die Motivation merklich ansteigen (vgl. Gage/Berliner 1979).

H-2: *Vorkenntnisse aktualisieren.*
An dieser Stelle zeigt sich einmal mehr, wie wichtig es ist, Vorkenntnisse, die zum Verständnis erforderlich sind, in Erinnerung zu rufen. Nur so wird gewährleistet, daß auch leistungsschwache Schüler der Erklärung folgen können (vgl. Weinert/Zielinski 1977).

Handlungsstruktur – Sachverhalte erklären

Formblatt zum situativen Lehrtraining,
zur Beobachtung
und zur Handlungsanalyse

Mögliche Handlungsindikatoren:

H-1: Den Anlaß für die Erklärung aufgreifen oder nennen.
H-2: Vorkenntnisse aktualisieren.
H-3: Die Schüler einbeziehen.
H-4: Sich um sprachliche Einfachheit bemühen.
H-5: Eine kognitive Gliederung/Ordnung anstreben.
H-6: Auf Kürze und Prägnanz achten.
H-7: Zusätzliche Stimulanz bieten.
H-8: Wichtige Punkte hervorheben.
H-9: Zu Zwischenfragen ermutigen.
H-10: Die Erklärung wiederholen lassen.
H-11: Beziehungen herstellen lassen.
H-12: Gelegenheit zur Aussprache bieten.

Weitere Indikatoren ? ...

H-3: *Die Schüler einbeziehen.*
Natürlich wird sich jeder Lehrer die Frage vorlegen, ob die Schüler evtl. in der Lage sind, selbst nach einer Erklärung zu suchen und diese zu finden, ob es nicht sinnvoller erscheint, einen entsprechenden Arbeitsauftrag zu formulieren, um diesen in Einzel-, Partner- oder Kleingruppenarbeit von den Schülern bearbeiten zu lassen. – Wenn ein oder wenige Schüler den Sachverhalt erklären können, muß von Fall zu Fall entschieden werden, ob diese Schüler die Erklärung liefern sollen, auf die Gefahr hin, daß einige Verständlichkeitsmerkmale nicht zum Tragen kommen, oder ob es nicht doch zweckmäßiger erscheint, gerade im Hinblick auf leistungsschwache Schüler die Erklärung durch den Lehrer vorzuziehen. – Darüberhinaus bietet sich eine Kombination beider Möglichkeiten an, indem

Schüler mit der Erklärung beginnen, und der Lehrer an entscheidenden Stellen eingreift, hilft, unterstützt oder klärt. Oder er beginnt selbst mit der Erklärung und läßt sie an entscheidenden Stellen durch die Schüler weiterführen. Auf diese Weise verschafft er sich auch ein Feedback, ob die Schüler in der Lage sind, dem Erklärungsvorgang zu folgen.

H-4: *Sich um sprachliche Einfachheit bemühen.*
Merkmale für diesen Indikator sind: ,,Kurze, einfache Sätze; geläufige Wörter; Fachwörter erklärt; konkret; anschaulich" (Groeben 1982, 23). Fehlt einem Schüler ein zentraler Begriff, und geht dieser nicht aus dem Kontext hervor, hat er keine Möglichkeit mehr, der Erklärung zu folgen (vgl. Ausubel 1963). Ein einfacher Sprachgebrauch beinhaltet den Versuch, vage oder nichtssagende Begriffe zu vermeiden. Miltz (1972) ist diesem Problem nachgegangen, indem er im Verlauf seiner Untersuchungen ein Wörterbuch vager Begriffe und Umschreibungen erstellt hat.

H-5: *Eine kognitive Gliederung/Ordnung anstreben.*
Merkmale für diesen Indikator sind: ,,Gegliedert; folgerichtig; übersichtlich; gute Unterscheidung von Wesentlichem und Unwesentlichem; roter Faden sichtbar; alles der Reihe nach" (Groeben, a.a.O.). Eine stimmige Gliederung und ein reduziertes Lehrtempo erleichtern vor allem leistungsschwachen Schülern die Aufnahme der Erklärung.

H-6: *Auf Kürze und Prägnanz achten.*
Merkmale: ,,Aufs Wesentliche beschränkt; gedrängt, aufs Lehrziel konzentriert; knapp; jedes Wort notwendig" (Groeben a.a.O.). Hier wäre zu ergänzen, daß es im Hinblick auf leistungsschwache Schüler in der Lehr-Lern-Situation gerechtfertigt erscheint, bedeutsame Elemente der Erklärung zu wiederholen.

H-7: *Zusätzliche Stimulanz bieten.*
Merkmale: ,,Anregend; interessant; abwechslungsreich; persönlich" (Groeben, a.a.O.). In den Lehr-Lern-Prozeß fließt stets ein motivationaler Faktor mit ein, d.h. eine Erklärung kann einfach, gegliedert und kurz, aber für die Schüler höchst langweilig sein. Deshalb muß sich der Lehrer überlegen, wie er die Erklärung mit einem Lernanreiz versehen kann.

H-8: *Wichtige Punkte hervorheben.*
Dazu bieten sich verschiedene Möglichkeiten der verbalen und nichtverbalen Kommunikationen an,indem der Lehrer bedeutsame Elemente wiederholt, sie stimmlich hervorhebt, die Stimme hebt oder senkt, leiser oder lauter spricht und auch das Schweigen gezielt einsetzt. Außerdem empfiehlt es sich, die bedeutsamen Elemente zu veranschaulichen, neue Begriffe an die Tafel zu schreiben oder die verbale Erklärung z.B. durch eine Zeichnung oder Demonstration zu stützen. – Zum Hervorheben wichtiger Punkte gehört auch das Herausarbeiten des zugrundeliegenden Prinzips, sofern es ein solches gibt. Miltz (1972) hat in diesem Zusammenhang das Regel-Beispiel-Regel-Muster erarbeitet, bei dem es darum geht, die allgemeine Regel vorauszuschicken, sie auf das besondere Beispiel zu beziehen und an diesem Beispiel nochmals die Regel zu verdeutlichen: Luftverschmutzung schadet allen Pflanzen und Lebewesen, so auch den Bäumen vor uns, die offensichtlich stark unter der Verschmutzung leiden.

H-9: *Zu Zwischenfragen ermutigen.*
Besonders bei umfangreichen Erklärungen sollten die Schüler Gelegenheit für Zwischenfragen erhalten. Das bedeutet einmal, daß der Lehrer Zäsuren schafft, Zeit für Zwischenfragen läßt, und zum andern, daß die Schüler um die Möglichkeit wissen und diese auch nutzen, sie also gerade dann fragen, wenn sie nicht folgen können, dies offen zugeben. – Zahlreiche Zwischenfragen können allerdings auf Kosten der Flüssigkeit gehen, und es besteht die Gefahr, den roten Faden zu verlieren.

H-10: *Die Erklärung wiederholen lassen.*
Im Anschluß an die Erklärung sollten die Schüler sich selbst beweisen und dem Lehrer zeigen können, ob sie in der Lage waren, den Sachverhalt aufzufassen. Bei anspruchsvolleren Erklärungen empfiehlt sich die Wiederholung durch die Schüler mit eigenen Worten. Formulierungen wie: „Ich bin gespannt, ob jemand . . . erklären kann. Wenn der betreffende nicht weiter weiß, helfen wir gern," – können Hemmungen und Ängste abbauen. Viele leistungsschwache Schüler sind dankbar, wenn sie die Erklärung noch einmal aus dem Mund eines Mitschülers hören.

H-11: *Beziehungen herstellen lassen.*
Eine neue Erklärung sollte in schon vorhandene Strukturen integriert werden, indem der Lehrer Beispiele bringt oder suchen läßt, Verknüpfungen zu anderen Lerngebieten herstellt oder herstellen läßt, die Schüler auffordert, den Sachverhalt mit anderen Sachverhalten in Beziehung zu setzen oder mit früher gesammelten Erfahrungen zu verbinden.

H-12: *Gelegenheit zur Aussprache bieten.*
Dieser Indikator schließt sich an den vorstehenden an und verfolgt ein ähnliches Ziel. Schüler sollten Gelegenheit erhalten, über das Gelernte nachzudenken, an ihm herumzudenken, sich zu überlegen, was sie mit dem Gelernten anfangen können. Auf diese Weise erhöhen sich die Behaltwerte beträchtlich. Eine Aussprache kann mit Formulierungen eingeleitet werden wie: „Ich kann mir vorstellen, daß einige schon weitergedacht haben," oder: „Jetzt sollten wir gemeinsam darüber nachdenken, was diese Einsicht zu bedeuten hat."

Weitere Indikatoren?...

Dennoch werden Lehrer aller Schulart bei allem Bemühen um Verständlichkeit immer wieder die betrübliche Feststellung treffen müssen, daß einige Schüler nicht bereit oder in der Lage waren, der Erklärung zu folgen, und sie kein Verständnis für den Sachverhalt entwickeln konnten. Diese Erfahrung darf nicht vom Bemühen um Verständlichkeit ablenken.

Sachverhalte mit Hilfe von Zeichnungen erklären – und das eigene zeichnerische Unvermögen berücksichtigen

Noch vor wenigen Jahrzehnten gab es in der traditionellen Lehrerausbildung das Fach „Tafelzeichnen". Lehrer übten sich in der Darstellung von Pflanzen, Tieren, Menschen und Gegenständen, um z.B. in der Osterwoche vor den staunenden Kinderaugen den Osterhasen über die Wandtafel hoppeln zu lassen. Im Zuge einer falsch verstandenen Verwissenschaftlichung der Lehrerausbildung ist dieses Fach abgeschafft worden, und seine Wiedereinführung wäre bei der Vielzahl vorhandener Medien wohl auch nicht sehr sinnvoll, doch gibt es immer wieder Lehr-Lern-Situationen, in denen ein Lehrer vor der Aufgabe steht, seinen Schülern einen Sachverhalt mit Hilfe einer Zeichnung zu erklären.

Da stellt z.B. ein Schüler eine bedeutsame Frage, die vom Lehrer eine fachkompetente Antwort verlangt. Ein entsprechendes Medium steht nicht zur Verfügung, und so wendet er sich der Tafel zu und sagt: „Ich will versuchen, Dir diesen Sachverhalt mit einer einfachen Skizze zu erklären ..." Oder ein Lehrer überlegt sich im Rahmen der Unterrichtsplanung, wie er seinen Schülern einen komplizierten Sachverhalt verständlich machen kann. Er sucht in verschiedenen Lehrbuchwerken nach einer entsprechenden Abbildung oder Zeichnung und gelangt zu der Auffassung, daß keine seinen Vorstellungen entspricht. Also fertigt er sich eine Overheadfolie in dem Bemühen, den Sachverhalt verständlich darzustellen und die besonderen Vorkenntnisse seiner Schüler zu berücksichtigen.

Zeichnungen dienen der Veranschaulichung, es werden mehrere Sinneskanäle gefordert, der Unterricht wird abwechslungsreicher, aufgelockert und interessanter. Dann sind sie notwendig, wenn kein anderes Medium zur Verfügung steht oder die vorhandenen Medien nicht den Vorstellungen des Lehrers oder den besonderen Vorkenntnissen der Schüler entsprechen. Und schließlich haben vor allem jene Zeichnungen, die im Unterricht entstehen, einen hohen motivationalen Anreiz.

Worauf ist dieser motivationale Anreiz zurückzuführen? – Einmal kann der Lehrer die Zeichnung direkt in den Lehr-Lern-Prozeß einfügen, sie einpassen. Dann muß er zumeist sein Lehrtempo drastisch reduzieren, und damit wird natürlich auch das Lerntempo stark herabgesetzt. Auf diese Weise erhalten auch viele leistungsschwache Schüler eine Chance, dem Prozeß folgen zu können. Und dann sind die Schüler ganz einfach gespannt, was dort an der Tafel entsteht, und sind neugierig, ob der Lehrer über die erforderlichen zeichnerischen Fähigkeiten verfügt.

Es ist ziemlich schwierig, eine Zeichnung im Unterricht entstehen zu lassen. Die Lehr-Lern-Situation ist hochkomplex. Der Lehrer hat den Sachverhalt verbal möglichst verständlich zu erklären, muß in der Lage sein, die Zeichnung unter methodischen Aspekten zu qualifizieren, verbale Erklärung und Zeichnung sind aufeinander abzustimmen und schließlich ist noch der Kontakt zur Lerngruppe zu wahren. Ein Mangel an

Handlungskompetenz liegt z.B. vor, wenn der Lehrer an der Tafel steht, mit Spucke die Zeichnung korrigiert und dazu bemerkt: „Kinder, ich glaube, ihr wißt schon, was ich meine."

Weil diese Lehr-Lern-Situation so hohe Anforderungen an den Lehrer stellt, erscheint es sinnvoll, einige Zeichnungen im Rahmen der Unterrichtsvorbereitung zu fertigen, z.B. eine Overhead-Folie zu benutzen, die teilweise abgedeckt werden kann, um auf diese Weise den Eindruck zu vermitteln, als würde die Zeichnung entstehen. Eine solche Folie steht immer wieder zur Verfügung, sie kann auch den Schülern als Arbeitsunterlage dienen, doch hat sie den Nachteil, daß sie sich nicht unmittelbar in den Lehr-Lern-Prozeß einfügt, und Folien dann nicht zur Verfügung stehen, wenn Schüler unvermutet Fragen stellen, die fachkompetente Antworten und Zeichnungen verlangen. Folien eignen sich demnach mehr für Standarderklärungen, die also in einer ganz bestimmten Form abgegeben werden müssen. Wenn der Lehrer prozeßorientiert arbeitet, haben präparierte Folien einen geringen Stellenwert. Demnach kann die häufig gestellte Frage – Wandtafel oder Overheadprojektor? – nicht eindeutig entschieden werden, sondern sie ist immer wieder neu zu beantworten.

Mögliche Handlungsindikatoren

H-1: *Die Zeichnung mit einer Überschrift versehen.*
Überschriften dienen den Schülern zur Orientierung, weil sie meist eine Lernzielangabe beinhalten. Schüler, die Konzentrationsschwierigkeiten haben, werden durch die Überschrift immer wieder an den zu erklärenden Sachverhalt erinnert. Außerdem wird die Überschrift mit in die Aufzeichnungen übernommen, sofern solche gefertigt werden.

H-2: *Die Zeichenfläche ausnutzen.*
Großangelegte Zeichnungen werden von den Schülern besser wahrgenommen, die Schüler ermüden nicht so schnell, und sie erhalten wiederum einen Hinweis für die Übernahme der Zeichnung in das eigene Heft, d.h. es gelingt ihnen eher, das Heftformat zu berücksichtigen.

H-3: *Die Zeichnung gliedern.*
Die Gliederung ist ja eine Verständlichkeitsvariable. Eine sinnvoll gegliederte Zeichnung läßt sich deshalb einfacher

Handlungsstruktur – Sachverhalte mit Hilfe von Zeichnungen erklären

Formblatt zum situativen Lehrtraining,
zur Beobachtung
und zur Handlungsanalyse.

Mögliche Handlungsindikatoren:

H-1: Die Zeichnung mit einer Überschrift versehen.
H-2: Die Zeichenfläche ausnutzen.
H-3: Die Zeichnung gliedern.
H-4: Bedeutsame Punkte hervorheben.
H-5: Farben begründet einsetzen.
H-6: Symbole konsequent verwenden.
H-7: Zentrale Begriffe anschreiben.
H-8: Die Perspektive deutlich machen.
H-9: Auf den notwendigen Grad der Exaktheit achten.
H-10: Zum Weiterzeichnen auffordern.
H-11: Über die Zeichnung und Erklärung sprechen lassen.
H-12: Zum Mit- oder Nachzeichnen auffordern.

Weitere Indikatoren ? . . .

aufnehmen als eine weniger gegliederte. Der Lehrer kann von einer Grundzeichnung ausgehen und diese variieren, die Zeichnung in Teilzeichnungen zerlegen oder eine Nebenzeichnung anlegen, wenn es darum geht, einen Punkt besonders hervorzuheben.

H-4: *Bedeutsame Punkte hervorheben.*
Eine Möglichkeit wurde soeben angesprochen, die Anlage einer Nebenzeichnung, um z.B. einen Punkt vergrößert darzustellen. Oder es werden bestimmte Stellen der Zeichnung stärker oder farbig angelegt.

H-5: *Farben begründet einsetzen.*
Einmal muß es darum gehen, die Symbolkraft der Farben zu nutzen, d.h. das Blut rot und den Wald grün, das Wasser blau und die Gebirge braun anzulegen. Auch erscheint es gerechtfertigt, eine wichtige Stelle farbig zu zeichnen. Aber dann hat der Einsatz auch bald seine Grenzen. Läßt er sich nicht begründen, werden die Schüler von dem zu erklärenden Sachverhalt abgelenkt, indem sie darüber nachdenken, warum nun eigentlich dieser Teil der Zeichnung rot, der andere braun und der dritte grün gezeichnet worden ist.

H-6: *Symbole konsequent verwenden.*
Eingeführte Symbole sind konsequent zu gebrauchen, weil neue, nicht eingeführte nur Verwirrung stiften würden. Werden Symbole benötigt, sind sie mit den Schülern abzusprechen.

H-7: *Zentrale Begriffe anschreiben.*
Welches nun die zentralen und die weniger zentralen Begriffe sind, muß von Fall zu Fall entschieden werden. Sind zahlreiche Begriffe unerläßlich, besteht die Möglichkeit, eine Legende anzulegen, d.h. einzelne Teile der Zeichnung werden mit Ziffern bezeichnet, die Ziffern und die Begriffe tauchen wohlgeordnet an einer anderen Tafelfläche auf.

H-8: *Die Perspektive deutlich machen.*
Vor allem jüngere und leistungsschwache Schüler benötigen manchmal Hinweise auf die gewählte Perspektive, ob es sich also um eine Vorderansicht, Seitenansicht, Draufsicht, um einen Längsschnitt oder Querschnitt handelt.

H-9: *Auf den notwendigen Grad der Exaktheit achten.*
Lehrer üben zwar eine Modellfunktion aus, doch gibt es kaum etwas Schlimmeres als einen pedantischen Lehrer. Hier gilt es also, ein vernünftiges Maß an Exaktheit zu finden. Wer in der Geometriestunde ein rechtwinkliges Dreieck aus freier Hand zeichnet, ein Dreieck, das keine 90 Grad hat, und den Schülern sagt: ,,Das soll ein rechter Winkel sein,“ der braucht sich nicht zu wundern, wenn anschließend keine rechten Winkel in den Geometrieheften vorzufinden sind. Andererseits soll es Lehrer geben, die nie etwas ohne Lineal zeichnen können, die sich offensichtlich am Lineal festhalten müssen.

H-10: *Zum Weiterzeichnen auffordern.*
Manchmal besteht die Möglichkeit, Schüler eine Zeichnung weiterführen oder vervollständigen zu lassen. Der Lehrer unterbricht den Zeichenvorgang und die Erklärung und fragt nun, wie es weitergehen soll. Auf diese Weise werden die Schüler direkt einbezogen, erhalten Gelegenheit zu Zwischenfragen und der Lehrer bekommt ein Feedback.

H-11: *Über die Zeichnung und Erklärung sprechen lassen.*
Rückfragen der Schüler und ein sich anschließendes Gespräch über die Zeichnung und den Sachverhalt tragen dazu bei, die neuen Einsichten oder Erkenntnisse in bereits vorhandene Strukturen zu integrieren. Auftretende Lernschwierigkeiten werden sichtbar und können ausgeräumt werden.

H-12: *Zum Mit- oder Nachzeichnen auffordern.*
Ob nun mit- oder nachgezeichnet wird oder der Lehrer ein entsprechendes Arbeitsblatt zur Verfügung stellt, muß von Fall zu Fall entschieden werden. Handelt es sich um eine kompliziertere Zeichnung und einen schwierigen Sachverhalt, erscheint es sinnvoll, die Schüler aufzufordern, erst einmal dem Zeichen- und Erklärungsvorgang in Ruhe zu folgen und dann die Übernahme der Zeichnung vorzunehmen. Im Geometrieunterricht, beim Einüben bestimmter Konstruktionen, wird sich oftmals ein Mitzeichnen empfehlen.

Weitere Indikatoren?...

Einleitend wurde schon ein mögliches zeichnerisches Unvermögen des Lehrers angesprochen. Es kann nicht von jedem Lehrer erwartet werden, besondere zeichnerische und künstlerische Fähigkeiten zu entwickeln. Eine solche Erwartung käme einer grotesken Überforderung gleich. Doch die Kenntnis der vorstehenden Handlungsindikatoren sowie die Fähigkeit zu deren Berücksichtigung kann wohl zu Recht erwartet werden. In der konkreten Lehr-Lern-Situation muß jeder Lehrer selbst entscheiden, ob er in der Lage ist, auf eine Schülerfrage mit einer Zeichnung zu antworten.

Etwas erzählen –
auch wenn einige Schüler nicht zuhören werden

Im Orient galt jemand nur dann als gebildet, wenn er Geschichten kannte und sie zu erzählen verstand. Die Besucher der Kaffee- und Teestuben ließen sich von gewerbsmäßigen Erzählern unterhalten. Dabei spielten Sprachvermögen und Wortreichtum eine große Rolle. Aus dieser Tradition heraus entstanden die Bibel, die Thora und der Koran (vgl. Assaf-Nowak 1977).

Nun verfügen wir über keine vergleichbare Erzähltradition. Kunstvolle Erzählungen werden den Kindern heute auf Schallplatten serviert, von Schauspielern gesprochen, technisch perfekt und für einen breiten Markt produziert. Kinder empfinden diese Art der Erzählung als steril, und sie sind dankbar, wenn es auch heute noch Eltern oder Großeltern, Kindergärtnerinnen oder Lehrer gibt, die erzählen können. Die Unmittelbarkeit des Erzählers, die spontanen Äußerungen in der Lehr-Lern-Situation, die Möglichkeiten, die der Erzählprozeß bietet, können durch kein Medium ersetzt werden.

Der Erzähler spricht und gestaltet frei und ist bemüht, den Zuhörern seine Bedeutungserlebnisse zu übermitteln. Dabei handelt es sich um „Vorstellungen von Personen und ihren Handlungen und Sachen und den darin sich abspielenden Vorgängen. Das Ganze ist von Gefühlen und Stimmungen durchwoben, Werterlebnisse besetzen einzelne Vorstellungen und die diesen übergeordneten Ideen ... Diese Bedeutungserlebnisse werden vom Sprecher laufend in Sprache übersetzt. Sprachmelodie, Sprachrhythmus und nichtsprachliche Ausdrucksbewegungen, insbesondere die Mimik und die Gestik, unterstützen die Kommunikation mit dem Zuhörer" (Aebli 1983, 42).

Eine Erzählung ist an Vorgänge oder Ereignisse gebunden, die der erzählende Lehrer einem vorliegenden Text entnimmt, z.B. einem Märchen, einer Legende, Fabel, Sage oder einem Gleichnis, an Vorgänge oder Ereignisse, die er selbst durchlebt und miterlebt hat, z.B. eine politische Demonstration, eine Hochgebirgstour, eine Reise in ein fremdes Land, Begegnungen mit interessanten Menschen u.dgl.m. – oder die er frei erfindet. Auf jeden Fall wird die Erzählung durch die Art des Erzählers stark subjektiv geprägt. Der Erzähler bringt sich in die Erzählsituation ein, er übermittelt Stimmungen, Gefühle,

Wertungen und löst bei den Schülern eine emotionale Beteiligung, Anteilnahme oder Betroffenheit aus.

Mit einer Erzählung lassen sich recht unterschiedliche Zielsetzungen verfolgen: Sie kann informieren, unterhalten oder auch einstellungsändernd wirken. Erzählt ein Geographielehrer von seiner Fahrt mit der Transsibirischen Eisenbahn, dann steht wahrscheinlich der Informationsaspekt im Mittelpunkt. Erzählt er von einer Folklore-Veranstaltung, die ihm zu einem Erlebnis wurde, mag dieser Aspekt hervortreten, und berichtet er schließlich von der überwältigenden Gastfreundschaft, die ihm erwiesen wurde, obgleich die Gastgeber selbst kaum über das Nötigste verfügten, dann möchte er mit dieser Erzählung einstellungsändernd und gesinnungsbildend wirken.

Erzählungen haben keineswegs nur in der Grundschule ihren Platz. Qualifizierte Erzählungen gehören in jedes Fach, gerade auch der weiterführenden Schulen und der Schulen des beruflichen Bildungswesens. Wenn z.B. ein Lehrer im kaufmännischen Bereich erzählt, was er mit einem Kunden erlebt hat, im therapeutischen Bereich, wie sich der Umgang mit einem schwierigen Patienten gestaltet hat, im Bereich der Elektronik, was alles passieren kann, wenn der Computer falsch gefüttert wird, dann werden die Schüler ihm aufmerksam lauschen. Erzählungen gestalten den Unterricht lebendig, lockern ihn auf, betonen die emotionale und affektive Komponente des Unterrichts, die so häufig vernachlässigt wird. Erzählungen des Lehrers ermöglichen den Schülern Gefühls- und Sozialerfahrungen, die ohne sie oft nicht möglich wären (vgl. Schulz 1980).

Erzählungen unterscheiden sich von einem Kurzvortrag in erster Linie durch das persönliche Engagement des Erzählers und durch die Vermittlung von Gefühlsqualitäten. Sie sind umfangreicher als eine Erklärung und emotional stärker gefärbt. Erzählungen werden offener gestaltet als ein konvergierendes Gespräch, weil der Lehrer den Versuch unternimmt, die zuhörenden Schüler in die Erzählsituation einzubinden.

Qualifizierte Erzählungen können zu einer Verbesserung des Lern- oder Gruppenklimas beitragen. Im Verlauf der Erzählung treffen sich Lehrer und Schüler im gemeinsamen Erlebnis. Über der Lehr-Lern-Situation liegt etwas Besonderes, wenn nicht sogar Intimes, weil sich der Erzähler den Zuhörern öffnet, seine Gefühle offenbart, Stimmungen wiedergibt und persönliche Wertungen vollzieht. Die Schüler ihrerseits sind bereit, sich dem Lehrer zu öffnen.

So wie es die Kunst des Zuhörens gibt, gibt es auch die des Erzählens. Um eine Kunst ausüben zu können, bedarf es jedoch bestimmter künstlerischer Fähigkeiten, die fast immer mühsam erworben werden müssen. Es gibt viele Grundschullehrer, die aus der Sicht ihrer Schüler besonders gut oder spannend erzählen können, welche die Lehrqualifikation des Erzählens zumindest ansatzweise zu einer Kunst entwickelt haben.

Mögliche Handlungsindikatoren

H-1: *Eine angemessene Sitzordnung herstellen.*
Das Besondere der Lehr-Lern-Situation erfordert meist eine entsprechende Sitzordnung. Die Schüler scharen sich um den Lehrer, bilden einen Kreis. Nicht umsonst spricht man von dem „Kreis der Zuhörer". Dieser Kreis ermöglicht allen Beteiligten die Übermittlung der nichtverbalen Zeichen. Jüngere Schüler rücken gerne ganz nahe an den Lehrer heran, damit ihnen auch ja nichts entgeht. – Falls aggressives Verhalten zwischen den Schülern dominiert, muß in Problemgruppen manchmal auf diese Sitzordnung verzichtet werden.

H-2: *Eine Erzählhaltung einnehmen.*
Wer etwas erzählen will, nimmt eine ruhige, sitzende Haltung ein, strahlt emotionale Ausgeglichenheit aus, damit sich die Zuhörer bei ihm geborgen fühlen. Da die Schüler in dieser Situation *mit*-denken, *mit*-fühlen und *mit*-erleben sollen, ist es zweckmäßig, sich *mit* den Schülern auf eine Ebene zu begeben, sich *mit* ihnen in den Kreis zu setzen.

H-3: *Die Aufmerksamkeit gewinnen.*
Ein Erzähler hat in der ursprünglichen Situation viel Zeit, läßt sich bitten, um schließlich dann, wenn er den Zeitpunkt für gekommen hält, mit der Erzählung zu beginnen. Wartet also ein Lehrer, bis sich alle Schüler gesammelt haben, kann dies der nachfolgenden Erzählung nur förderlich sein. Ein Erzähler darf am Beginn seiner Erzählung absolute Ruhe fordern. Diese Stille, in der man eine Stecknadel fallen hört, trägt zu einer knisternden Spannung bei.

H-4: *Informationen vorausschicken.*
Ist die Präsenz eines bestimmten Begriffes oder die Einsicht in einen Sachverhalt erforderlich, um der Erzählung folgen zu

Handlungsstruktur – Erzählen

Formblatt zum situativen Lehrtraining,
zur Beobachtung
und zur Handlungsanalyse.

Mögliche Handlungsindikatoren:

H-1: Eine angemessene Sitzordnung herstellen.
H-2: Eine Erzählhaltung einnehmen.
H-3: Die Aufmerksamkeit gewinnen.
H-4: Informationen vorausschicken.
H-5: Konkret und anschaulich werden.
H-6: Zum Perspektivenwechsel auffordern.
H-7: Zur Weiterführung der Handlung ermutigen.
H-8: Die Spannung erhöhen.
H-9: Spontane Äußerungen aufgreifen.
H-10: Die Erzählung beschließen.

Weitere Indikatoren ? . . .

können, erscheint es sinnvoll, den Begriff zu klären oder den Sachverhalt zu erklären, bevor mit der Erzählung begonnen wird. Handlungen dieser Art würden sonst den Fluß der Erzählung hemmen.

H-5: *Konkret und anschaulich werden.*
Dazu gibt es ein breites Spektrum von Möglichkeiten. So kann der Erzähler den Ort der Handlung schildern, ihn ausmalen, vor den Augen der Schüler entstehen lassen (lokalisieren), er kann Einzelheiten berichten, die jedoch den Gesamteindruck verstärken (detaillieren), den Ablauf der Handlung hervorheben, bestimmte Teilhandlungen rasch aufeinander folgen lassen oder bewußt verzögern (dynamisieren), oder er hat die Möglichkeit, einen Bezug zur Gegenwart und zur Umwelt der Schüler herzustellen (aktualisieren). Wird z.B. eine Kriminalgeschichte erzählt, die sich in einem Labyrinth unterirdischer Gänge

abspielt, mal in der Untergrundbahn und mal in der Kanalisation, dann muß der Schacht von einem eisigen Luftzug durchweht werden, die Zigarettenkippen auf dem Bahnsteig spielen eine besondere Rolle, weil der Dealer eine bestimmte Marke bevorzugt, der Zug bremst scharf ab, der Gangster springt hinein, die Fahnder blitzschnell ihm nach, der Zug zieht schon wieder an ...

H-6: *Zum Perspektivenwechsel auffordern.*
An bestimmten Schlüsselstellen der Erzählung ist manchmal ein Perspektivenwechsel angebracht, der mit Aufforderungen oder Fragen eingeleitet werden kann, wie: „Versetzt Euch in die Lage des Patienten!“ – oder: „Wie würdet Ihr an seiner Stelle handeln?“ Ein solcher Perspektivenwechsel trägt zur Identifikation mit den handelnden Personen bei.

H-7: *Zur Weiterführung der Handlung ermutigen.*
Dieses Weiterführen der Handlung kann unterschiedlich aussehen. Entweder produzieren die Schüler zahlreiche Einfälle zum Ausgang der Erzählung, der Lehrer erzählt anschließend weiter, und die Einfälle werden mit dem tatsächlichen Ausgang verglichen, oder die Schüler führen auf ihre Art die Erzählung zu Ende, werden kreativ, und der tatsächliche Ausgang bleibt offen.

H-8: *Die Spannung erhöhen.*
Dazu gibt es zahlreiche rhetorische Mittel, so z.B. das Einlegen einer Spannungspause, das Heben oder Senken der Stimme, ein leises, aber eindringliches Sprechen oder die verbale Ankündigung, daß nun bald etwas Ungeheuerliches geschehen werde.

H-9: *Spontane Äußerungen aufgreifen.*
Durch spontane Schüleräußerungen wird das Miteinander in der Erzählsituation deutlich. Äußerungen lockern die Situation auf, wirken entspannend oder spannungssteigernd, sie zeigen dem Lehrer, ob die Schüler der Erzählung folgen können, ob sie mitgehen. Sie sind Ausdruck einer aktiven Anteilnahme am Geschehen. – Wenn Schüleräußerungen die Erzählung stören oder vom Ablauf zu weit ablenken, sind sie, sofern dies möglich ist, zu übergehen.

H-10: *Die Erzählung beschließen.*
Das Ende einer Erzählung kann sehr unterschiedlich sein. Je nach dem Inhalt kann es z.B. zu einem Aufatmen unter den Schülern kommen, zu einem reflektierend-bewertenden Gespräch oder zu Mutmaßungen darüber, was aus der Königstochter, dem Seeräuber oder Dieb geworden sein mag. Wichtig ist auch in diesem Fall die Möglichkeit zu einer Aussprache, in deren Verlauf die Eindrücke verarbeitet und neue Einsichten und Erkenntnisse integriert werden können.

Weitere Indikatoren?...

Nun hat sich ein Lehrer im Rahmen der Unterrichtsvorbereitung in der Kunst des Erzählens geübt, sich den Handlungsablauf vergegenwärtigt, sich bedeutsame Stellen ausgemalt und sich überlegt, wie er seine Schüler fesseln kann. Und dann kommt die betreffende Stunde, die Schüler sind unruhig, können sich nicht konzentrieren, einige bleiben unaufmerksam, und die Lehr-Lern-Situation mißlingt – eine Alltagssituation.

Kurzvorträge qualifizieren – sofern auf sie nicht verzichtet werden kann

Lehrervorträge gehören nicht in das Bild eines schülerorientierten Unterrichts. Sofern der Lehrer einen Vortrag hält, steht er im Mittelpunkt des Geschehens, er beansprucht fast die gesamte Sprechzeit für sich, und die Schüler sind zum Zuhören verurteilt. Zuhören ist aber eine sehr anstrengende Tätigkeit (vgl. S. 117 ff.), und so ist es verständlich, wenn einige Schüler schon nach kurzer Zeit nicht mehr zuhören können, weil sie überfordert sind. Ein Lehrervortrag zwingt die Schüler aber auch in eine überwiegend passiv-rezeptive Lernhaltung, und deshalb werden sie meist sehr bald auf ihre Weise aktiv, indem sie unruhig werden, mit dem Nachbarn sprechen, den Unterricht stören oder vor sich hinträumen.

Da nun der Lehrervortrag in vorigen Jahrhunderten dominierte und in neuerer Zeit als ein Grundübel des Schulunterrichts verdammt wurde, gingen Lehrer aller Schulstufen und Schularten zum erarbeitenden oder konvergierenden Gespräch über. Diese Gesprächsform wird nun überstrapaziert, und sie erscheint genauso fragwürdig wie ein Vortragsstil. „Aber es wäre verfehlt, den Lehrervortrag als völlig ungeeignetes Mittel aus dem Repertoire der Lehrverfahren zu verbannen. Es gibt durchaus Aufgaben, in denen der systematisch aufgebaute, sorgfältig gegliederte und auf die Bedürfnisse der Schüler abgestimmte Lehrervortrag anderen Übermittlungsformen überlegen ist“ (Dichanz/Mohrmann 1980, 100).

In einigen Fächern erscheinen Kurzvorträge unentbehrlich, so z.B. in den Fächern Geschichte, Sozialkunde, Religionslehre sowie in allen Fächern, in denen es Sprache zu vermitteln gilt. Vorträge haben in den ersten Grundschulklassen kaum etwas zu suchen. In ihnen herrscht die mehr emotional getönte Erzählung des Lehrers vor. Wenn im Lehr-Lern-Prozeß ein Vortrag gehalten wird, sollte es ein Kurzvortrag sein, der auf die Konzentrationsfähigkeit der Schüler Rücksicht nimmt. Je geringer die Konzentrationsfähigkeit, desto kürzer muß der Vortrag ausfallen. Als Zeitmaß erscheinen 10 bis 20 Minuten angemessen. Wird über längere Zeit hinweg doziert, verursacht der Lehrer durch seinen vortragenden Lehrstil Disziplinschwierigkeiten.

Mit Hilfe von Vorträgen übermittelt der Lehrer meist Informationen, die auf andere Weise nicht verfügbar sind, oder er ist bestrebt, die Informationen direkt den Vorkenntnissen seiner Schülergruppe anzupassen. Dennoch sollte sich jeder Lehrer wiederholt die Frage vorlegen, ob diese Informationen nicht doch in anderer Weise als über einen Vortrag vermittelt werden können.

Wenn wir des weiteren von einem Kurzvortrag sprechen, dann ist das im Angelsächsischen weitverbreitete „lecturing“ gemeint. Der Lehrer steht für einige Minuten im Zentrum des Geschehens, läßt jedoch Zwischenfragen zu, beantwortet diese kurz, führt seine Ausführungen zu einem vorläufigen Abschluß und provoziert eine Aussprache. Diese Form des Vortrages kann anregend und lehrreich sein. Leider wird sie in deutschen Schulen zu wenig praktiziert.

Flanders (1970) möchte den Einsatz eines Kurzvortrages – the lecture pattern – von einigen Faktoren abhängig machen, die erst einen Lehr-Lern-Erfolg garantieren: „The most constructive use of this pattern is likely to occur when the learning goals are clear and attractive, when most of the pupils need the information which is provided by teacher lecture and look forward eagerly to hearing it, when what is said by the teacher is of high quality, and when the information is being applied by pupils in some kind of problem-solving activity before and after the lecture period" (a.a.O., 281).

Eindeutige und attraktive Lernziele, eifrig zuhörende Schüler, welche die Informationen benötigen, nach ihnen lechzen, glänzende Ausführungen des Lehrers, die sich an einen Problemlöse-Prozeß anschließen oder auf ihn hinlenken – wann gibt es das schon?

Für einen Kurzvortrag gelten all jene Handlungsindikatoren, die für das verständliche Erklären eines Sachverhaltes maßgebend sind (vgl. S. 229 ff.). Was allerdings den zeitlichen Umfang betrifft, so geht ein Kurzvortrag über eine Erklärung hinaus, und deshalb werden weitere Überlegungen notwendig.

Mögliche Handlungsindikatoren

H-1: *Eine Einführung geben.*
Hier kann das Thema und der Anlaß für den Kurzvortrag genannt oder die Bedeutung des Themas hervorgehoben werden. Schüler sind dann eher bereit und in der Lage, dem Kurzvortrag zu folgen, wenn sie wissen, worum es geht und warum sie nun zuhören sollen. Auch empfiehlt sich eine kurze Zielansprache, ohne bedeutsame Informationen vorwegzunehmen.

H-2: *Eine Gliederung vorausschicken.*
Sofern der Lehrer die wichtigsten Gliederungspunkte nennt oder anschreibt oder auf einem Blatt zur Verfügung stellt, er also seinen roten Faden bekanntgibt, können sich die Schüler laufend an dieser Gliederung orientieren, und der Lehrer hat die Möglichkeit, sich auf sie zu beziehen, indem er z.B. vermerkt: „Und nun komme ich zu Punkt 3."

H-3: *Rhetorische Grundregeln beachten.*
Die nachstehenden Ausführungen beziehen sich auf die „Merkmale des Rednerverhaltens" bei Clemens-Lodde, Jaus-Mager und Köhl (1978): Danach ist es wichtig, auf eine etwas gespannte und dennoch natürliche Körperhaltung zu achten, den Blickkontakt zu den Schülern zu wahren, durch eine angemessene Gestik die Ausführungen zu unterstreichen, was in gleicher Weise für die Mimik gilt, die Lautstärke auf den Raum,

Handlungsstruktur – Kurzvorträge

Formblatt zum situativen Lehrtraining,
zur Beobachtung
und zur Handlungsanalyse.

Mögliche Handlungsindikatoren:

H-1: Eine Einführung geben.
H-2: Eine Gliederung vorausschicken.
H-3: Rhetorische Grundregeln beachten.
H-4: Die Schüler einbeziehen.
H-5: Bedeutsame Stellen hervorheben.
H-6: Auf Zwischenfragen eingehen.
H-7: Sich vergewissern, ob die Schüler folgen können.
H-8: Einen persönlichen Bezug zum Thema herstellen.
H-9: Eine Zusammenfassung bieten.
H-10: Zur Aussprache anregen.

Weitere Indikatoren ? . . .

den Anlaß und Inhalt abzustimmen, das Sprechtempo zu variieren, um z.B. durch schnelleres Sprechen die Schüler aufzurütteln oder durch betont langsames bestimmte Punkte hervorzuheben, durch eine entsprechende Modulation der Stimme Lebendigkeit zu verleihen, also einen monotonen Sing-Sang zu vermeiden, und Pausen gezielt einzusetzen, also mit Spannungspausen vor bedeutsamen Aussagen und mit Wirkungspausen im Anschluß an dieselben zu arbeiten.

H-4: *Die Schüler einbeziehen.*
Für diesen Handlungsindikator bietet sich ein breites Handlungsspektrum an. So besteht die Möglichkeit, auf Vorkenntnisse oder Vorerfahrungen hinzuweisen, einzelne Schüler oder Schülergruppen direkt anzusprechen oder eine rhetorische Frage zu stellen, welche die Schüler in eine Fragehaltung versetzt.

H-5: *Bedeutsame Stellen hervorheben.*
Einige rhetorische Möglichkeiten wurden schon unter H-3 genannt, doch bieten sich weitere an, indem der Lehrer zentrale Begriffe visualisiert, den Vortrag durch einen weiteren Medieneinsatz stützt oder im Verlauf direkt darauf aufmerksam macht, daß nun besonders wichtige Informationen folgen (vgl. Allen/-Ryan 1972, 16 – focusing).

H-6: *Auf Zwischenfragen eingehen.*
Hier geht es meist um die knappe und direkte Beantwortung der Schülerfragen, damit die Flüssigkeit des Vortrages und der rote Faden nicht verlorengehen. Auch ist es in dieser Situation oftmals gerechtfertigt, Schülerfragen begründend zurückzustellen (vgl. S. 178 ff.).

H-7: *Sich vergewissern, ob die Schüler folgen können.*
Bei einem Kurzvortrag ist die Gefahr besonders groß, über die Köpfe der Schüler hinwegzureden. Deshalb werden bei etwas längeren Vorträgen Zäsuren erforderlich, Pausen, in denen die Schüler Gelegenheit zum Fragen erhalten oder in denen der Lehrer Verständnisfragen stellt.

H-8: *Einen persönlichen Bezug zum Thema herstellen.*
Wenn der vortragende Lehrer den Schülern sagt, wie wichtig ihm das Thema ist, was er alles mit den Inhalten anfangen kann, wie es ihn selbst immer wieder betrifft oder betroffen macht, führen solche persönlichen Äußerungen meist zu einer erhöhten Aufmerksamkeit.

H-9: *Eine Zusammenfassung bieten.*
Sie kann in gedrängter Form die zentralen Informationen umfassen, so daß auch jene Schüler, die sich nicht konzentrieren konnten, Gelegenheit erhalten, die Lücken zu schließen. Oder die Zusammenfassung bezieht sich nur auf den Brennpunkt, die bedeutsame Einsicht oder Erkenntnis.

H-10: *Zur Aussprache anregen.*
Wie schon in den vergleichbaren Lehr-Lern-Situationen, in denen Sachverhalte erklärt oder mit einer Zeichnung erläutert werden, sollten die Schüler Gelegenheit haben, über das Gehörte zu sprechen. Eine Aussprache läßt sich durch den

vortragenden Lehrer provozieren, indem er z.B. am Ende des Vortrages Fragen aufwirft.

Weitere Indikatoren?...

Wenn schon ein Kurzvortrag gehalten werden muß, sollte er möglichst qualifiziert ausfallen, und dazu gehört u.a. auch, daß der Lehrer nicht krampfhaft an seinem Konzept klebt, sondern über jene Informationen frei verfügt, die er vermitteln will. Nur so wird er emotional ausgeglichen referieren und die Schüler fesseln können.

Den Medieneinsatz optimieren – und Pannen gelassen hinnehmen

Die nachstehenden Ausführungen beziehen sich auf alle jene Situationen, in denen der Lehrer ein Medium einsetzt, es präsentiert, einen Sachverhalt an einem Objekt demonstriert oder mit Hilfe eines technischen Mediums einbringt. Da es aus Raumgründen nicht möglich ist, die verschiedenen Medien in den Blick zu nehmen und die Lehr-Lern-Situationen zu analysieren, wird der Versuch gemacht, bedeutsame Elemente der Handlungsstruktur für die Lehr-Lern-Situation des Medieneinsatzes aufzuzeigen.

Im ersten Band dieser handlungsorientierten Didaktik wurde dem Leser eine Art Check-Liste für Medienwahl und -einsatz in Form von 22 Fragen geboten (vgl. Bd. I, 122 ff.). Bevor ein Pilot einen Start wagt, prüft er anhand einer Check- Liste die Funktionstüchtigkeit seiner Maschine, denn der Ausfall eines Gerätes könnte ja tödlich sein. In ähnlicher Weise kann ein Lehrer in Verbindung mit den 22 Fragen zentrale Überlegungen anstellen, die die Medienwahl und den Medieneinsatz betreffen, so z.B., wie sich die Auswahl begründen läßt, welche Ziele mit Hilfe des Mediums angestrebt werden sollen, welche Lehrfunktionen das Medium übernehmen kann oder an welcher Stelle das Medium im Lehr-Lern-Prozeß eingesetzt werden soll. Und wenn dennoch der Medieneinsatz mißlingt, kann er eine solche Panne gelassen hinnehmen, weil er nicht in einem Flugzeug sitzt.

Medien dienen der Veranschaulichung, sie motivieren und

aktivieren die Schüler zumeist, sie lockern den Unterricht auf, gestalten ihn interessant und abwechslungsreich. Medien können Eindrücke über verschiedene Sinneskanäle vermitteln, die Schüler umfassend fordern, deren Konzentrationsfähigkeit fördern, die Lernbereitschaft und das Lernvermögen erhöhen. Medien sind in vielen Bereichen dem Lehrer überlegen. Sie können Einblick in fremde Welten vermitteln, vergrößern oder verkleinern, hervorheben oder zurücktreten lassen, realistisch darstellen oder verzerren. Medien können zurückliegende Ereignisse aktualisieren, einen verstorbenen Staatsmann auftreten und sprechen lassen, alles Dinge, die der Lehrer nicht kann. Medien sind für einen anspruchsvollen Unterricht unentbehrlich geworden.

Medien können sich aber auch auf den Lehr-Lern-Prozeß negativ auswirken, wenn z.B. der gehäufte Einsatz eines Mediums zur Medienmonotonie führt, ein unreflektierter Einsatz die Schüler manipulativen Tendenzen aussetzt oder ein Zuviel an Medien den Unterricht entpersönlicht, indem ein Einsatz den anderen jagt, zuerst der Filmprojektor schnurrt, dann der Overhead-Projektor surrt, der Dia-Projektor klickt, die Lerngruppe schließlich einnickt ... Bei der Vielzahl der Variablen, welche es beim Medieneinsatz zu berücksichtigen gilt, lassen sich Fehler kaum vermeiden.

Mögliche Handlungsindikatoren

H-1: *Rahmenbedingungen verbessern.*
Meist möchten die Schüler vom Medieneinsatz möglichst viel profitieren, also ganz genau hören, sehen, fühlen, riechen, schmecken, die angebotenen Sach-, Gefühls- oder Sozialerfahrungen sammeln, möchten dabeisein. Deshalb sind die Rahmenbedingungen gemeinsam mit den Schülern vor dem Einsatz zu verbessern, ist die Sitzordnung zu verändern, sind Kleingruppen zu bilden, in denen z.B. eine Demonstration wiederholt werden kann, während die anderen Gruppen einem Arbeitsauftrag nachgehen.

H-2: *Einsatzbereitschaft des Medienträgers prüfen.*
Zu diesem Indikator gehören vor allem drei Punkte, die Verfügbarkeit des Gerätes im entscheidenden Augenblick, seine Funktionstüchtigkeit und die sachgerechte Bedienung des

Handlungsstruktur – Medieneinsatz

Formblatt zum situativen Lehrtraining,
zur Beobachtung
und zur Handlungsanalyse.

Mögliche Handlungsindikatoren:

H-1: Rahmenbedingungen verbessern.
H-2: Einsatzbereitschaft des Medienträgers prüfen.
H-3: Einsatz flexibel gestalten.
H-4: Die Schüler auf den Einsatz vorbereiten.
H-5: Beobachtungsaufträge erteilen.
H-6: Das Medium präsentieren.
H-7: Den Präsentationsablauf strukturieren.
H-8: Den Präsentationsablauf unterbrechen.
H-9: Den Präsentationsablauf ganzheitlich gestalten.
H-10: Beobachtungen verbalisieren lassen.
H-11: Gelegenheit zur Aussprache bieten.
H-12: Pannen gelassen hinnehmen.

Weitere Indikatoren ? ...

Gerätes. Während in der Grundschule die Bedienung Sache des Lehrers sein wird, kann diese Aufgabe an weiterführenden Schulen kompetent handelnden Schülern übertragen werden.

H-3: *Einsatz flexibel gestalten.*
In einem Lehr-Lern-Prozeß läßt sich nie genau sagen, wann ein bestimmtes Medium zum Einsatz kommen wird. So kann die Aktualisierung wichtiger Vorkenntnisse mehr Zeit in Anspruch nehmen als vorgesehen, ein Gespräch über Vorerfahrungen kann sich in die Länge ziehen, ein sozialer Konflikt ist vorrangig zu bewältigen oder ein Medienträger ist nicht einsatzbereit. So ist der Lehrer fast immer in seiner Flexibilität gefordert, er muß die geplante Lehr-Lern-Folge umstellen oder den Einsatz verschieben können.

H-4: *Die Schüler auf den Einsatz vorbereiten.*
Im Verlauf der Unterrichtsplanung wird der Lehrer einerseits die Lernvoraussetzungen seiner Schüler, andererseits die Medienstruktur in den Blick nehmen. Zwischen beiden gilt es zu vermitteln. Damit die Schüler dem Medieneinsatz besser folgen können, sind Vorkenntnisse zu aktualisieren, Vorerfahrungen anzusprechen, Hinweise oder Erklärungen abzugeben oder zentrale Begriffe zu definieren.

H-5: *Beobachtungsaufträge erteilen.*
Nun hat sich der Lehrer zu entscheiden, ob er vor dem Medieneinsatz einen Beobachtungsauftrag erteilt oder das Medium als solches wirken läßt. Beobachtungsaufträge führen zu einer gezielteren Wahrnehmung, lenken diese auf bestimmte Aspekte und schränken das Wahrnehmungsfeld etwas ein. Die uneingeschränkte und nicht zielgerichtete Wahrnehmung führt zu einem mehr ganzheitlichen Eindruck.

H-6: *Das Medium präsentieren.*
Wichtig ist hier die Unterscheidung zwischen dem Präsentationsobjekt und dem Präsentationsablauf. Das Objekt beinhaltet die statische Komponente, der Ablauf die dynamische des Medieneinsatzes. Demonstriert ein Physiklehrer die Arbeitsweise des Viertaktmotors, stellt das Modell das Objekt, die Arbeitsweise den Ablauf dar. Schüler können einem Ablauf nur dann einsichtig folgen, wenn ihnen das Objekt hinreichend bekannt ist. Deshalb sind fast immer vorlaufende Hinweise oder Erklärungen zum Objekt erforderlich, indem der Lehrer Einzelheiten beschreibt oder beschreiben läßt oder Beziehungen zwischen den Elementen der Objektstruktur herstellt oder herstellen läßt.

H-7: *Den Präsentationsablauf strukturieren.*
Ein Präsentationsablauf sollte den Verständlichkeitsvariablen genügen (vgl. S. 229 ff.). Insbesondere leistungsschwache Schüler sind dankbar, wenn der Ablauf sorgfältig gegliedert ist, Pausen eingelegt werden, wichtige Elemente betont und entsprechende Hinweise und Erklärungen gegeben werden. Während sich der Präsentationsablauf in einigen Lehr-Lern-Situationen im Tempo variieren läßt, besteht in anderen diese Möglichkeit nicht, d.h. es ist zwar erheiternd, aber nicht sinnvoll, ein Ton- oder Tonbild-Dokument langsamer oder

schneller zu präsentieren. In anderen Situationen ist es durchaus möglich, das Lehrtempo nach dem Lernvermögen der Schüler auszurichten, das Tempo drastisch zu reduzieren, bestimmte Handlungen zu wiederholen, zu betonen oder zu übertreiben.

H-8: *Den Präsentationsablauf unterbrechen.*
Für eine Unterbrechung des Ablaufs gibt es zahlreiche Gründe, so z.B., um bestimmte Eindrücke zu vertiefen, hervorzuheben oder wirken zu lassen, um den Schülern Gelegenheit für Zwischenfragen zu bieten, um dem Lehrer Gelegenheit für Rückfragen zu geben, damit er sich vergewissern kann, wo die Schüler im Lehr-Lern-Prozeß stehen. Oder eine Unterbrechung wird erforderlich, weil sich die Schüler nicht mehr konzentrieren können oder die Zeit für die Vollendung des Präsentationsablaufes nicht mehr ausreicht.

H-9: *Den Präsentationsablauf ganzheitlich gestalten.*
Zwischen den Indikatoren 7 bis 9 besteht eine Wechselbeziehung. Die ganzheitliche Gestaltung kann am Beginn oder am Ende einer Sequenz stehen, die sich wie folgt umschreiben läßt: Objekt beschreiben, Ablauf strukturieren, Ablauf unterbrechen, Ablauf zu Ende führen, den gesamten Ablauf ganzheitlich wiederholen. Doch läßt sich die Sequenz auch umkehren, indem am Anfang der Präsentationsablauf ganzheitlich gestaltet wird und sich dann ein strukturanalytisches Vorgehen anschließt. Um konkret zu werden: Ein Sachverhalt läßt sich zuerst demonstrieren, indem der Ablauf sorgfältig gegliedert und mit stark reduziertem Tempo präsentiert wird. Zum Abschluß erfolgt die Demonstration in einem Zug. Oder umgekehrt: Zuerst wird ein Film geschlossen gezeigt, danach werden noch einmal bestimmte Ausschnitte präsentiert, die auf bedeutsame Aspekte aufmerksam machen.

H-10: *Beobachtungen verbalisieren lassen.*
Im Anschluß an die Präsentation eines Objektes oder eines Handlungsablaufes sind die Eindrücke der Schüler aufzugreifen und zu sichten, wobei dies entweder gezielt, in Verbindung mit dem vorher gestellten Arbeitsauftrag, geschehen kann oder mehr allgemein und ganzheitlich, wenn kein Arbeitsauftrag erfolgte. Es lassen sich einzelne Präsentationsphasen ansprechen, sofern strukturanalytisch verfahren wurde, oder es werden jene Eindrücke zusammengetragen, die sich aus einer geschlossenen Präsentation ergeben.

H-11: *Gelegenheit zur Aussprache bieten.*
In ihr sollen Eindrücke verarbeitet, Einsichten und Erkenntnisse formuliert, Querverbindungen hergestellt, Übertragungsmöglichkeiten angeregt oder Schlußfolgerungen gezogen werden. Aussprachen dienen der Informationsverarbeitung und fördern die Integration neuer Elemente in schon vorhandene Strukturen.

H-12: *Pannen gelassen hinnehmen.*
Ein Lehramtskandidat hält im Fach Chemie eine Prüfungslehrprobe. Der Demonstrationsversuch, der im Mittelpunkt der Stunde stehen soll, ist sorgfältig vorbereitet. Es handelt sich um einen ziemlich komplizierten Versuchsaufbau mit vielen Flaschen, Gläsern und Schläuchen. Unser Kandidat spricht engagiert, er untermalt seine Aussagen mit eindrucksvollen Gesten und – fegt mit einer kräftigen Armbewegung den Versuchsaufbau vom Tisch. Doch noch mit erhobenem Arm sagt er: „So, und nun singen wir ein Lied!"

Weitere Indikatoren?...

5.6 Handlungskompetenzen im Anleitungsbereich

Lehrer stellen Arbeitsaufträge, formulieren Übungsaufgaben, leiten zum Rollenspiel an, fordern die Schüler zum Experimentieren auf, bringen Arbeitsblätter ein oder stellen Hausaufgaben. Die Qualität eines jeden Unterrichts ist mit davon abhängig, wie der Lehrer die Schüler anregt, anleitet und beim Lernen betreut. In diesem Bereich zeichnet sich eine typische Situationsfolge ab, eine Mikrostruktur von Unterricht, die sich mit den Begriffen „anleiten", „betreuen" und „auswerten" umschreiben läßt. In diesem Kapitel werden Lehr-Lern-Situationen dargestellt, in denen der Lehrer die Schüler zum Lernen anleitet und sie beim Lernen betreut. Die dritte Situation der Auswertung leitet zum Band III dieser handlungsorientierten Didaktik über.

Zum Üben anleiten – auch wenn sich nicht alle Übungsgrundsätze erfüllen lassen

Kenntnisse, Fähigkeiten und Fertigkeiten müssen wiederholt, erweitert oder vertieft werden, bis sie den Schülern abrufbar zur Verfügung stehen, übertragen oder in neue Zusammenhänge hineingestellt werden können. Diese automatisierten, frei verfügbaren Kenntnisse, Operationen oder Fertigkeiten bilden die Grundlage für anspruchsvollere Lernprozesse. Erst wenn die Schüler lesen, schreiben, rechnen oder mit einem Werkzeug umgehen können, sind sie in der Lage, anspruchsvollere Texte zu erarbeiten, selbst ein kleines Gedicht zu schreiben, kompliziertere Berechnungen anzustellen oder ein Werkstück zu gestalten. Wird auf Übungsphasen im Unterricht verzichtet, sind einige Nachteile zu erwarten. Die Schüler wissen dann zwar eine ganze Menge, aber alles nur halb oder oberflächlich, sie können zwar vieles, aber nichts richtig, sie werden zunehmend verunsichert und äußern sich schließlich am Ende der Schulzeit: „Eigentlich kann ich nichts, ich habe keinen Beruf, ich kenne nicht das Leben, ich habe nur das Abitur ."

Übungen sind für einen qualifizierten Unterricht unerläßlich. Durch sie wird der Lehr-Lern-Prozeß bis zu jenem Punkt geführt, an dem Schüler und Lehrer erkennen, was gelernt und gelehrt worden ist. Durch Übungen werden vor allem leistungsschwache Schüler emotional stabilisiert, nur durch sie läßt sich Funktionstüchtigkeit erlangen. Arbeitgeberverbände und Lehrherren können zu Recht von der Schule als Institution erwarten, daß sie funktionstüchtige Schüler entläßt (vgl. Eisenhut/Heigl/Zöpfl 1981, 12). Doch erscheint es vordergründig, die mangelnde Funktionstüchtigkeit vieler Schulabgänger allein auf fehlende Übungsphasen im Unterricht zurückführen zu wollen.

Verantwortungsbewußte Lehrer wissen um die Notwendigkeit der Übungen. Für sie stehen nicht so sehr die Einführungsstunden im Vordergrund, sondern sie bemühen sich immer wieder um eine anspruchsvolle Gestaltung der Übungsphasen, um vor allem auch den leistungsschwachen Schülern gerecht zu werden. Sie integrieren zentrale Übungen in den Lehr-Lern-Prozeß und geben den Schülern jene Übungshilfen, die sie in die Lage versetzen, zu Hause beim Üben ökonomisch zu verfahren. Und bevor eine Leistungsmessung erfolgt, werden besondere Übungs- und Wiederholungsstunden eingeplant. Sicher gibt es auch einige Lehrer, die sich vom Lehrplan ständig unter Druck setzen lassen, die in jeder Stunde neue Ziele ansteuern, Einführungsstunden für wichtiger als Übungsstunden halten, das Üben im Unterricht als Zeitverlust betrachten, die Übungsphasen in den häuslichen Bereich verlagern und denen es an methodischer Kreativität zur angemessenen Gestaltung der Übungen fehlt.

Die Auffassung, das Üben gehöre grundsätzlich in den Unterricht, ist ebenso abwegig wie die Meinung, alles Üben könne außerhalb des Unterrichts stattfinden, denn hier gibt es beträchtliche schulstufen- und fachspezifische Unterschiede. An Grund-, Haupt- und Sonderschulen werden die Übungsphasen unter der direkten Anleitung des Lehrers einen größeren Raum einnehmen müssen, als dies an den anderen weiterführenden Schulen und an den Schulen im Bereich des beruflichen Bildungswesens der Fall ist. Ein Grundschullehrer übt mit seinen Schülern im Unterricht z.B. das Einmaleins, bis es von möglichst allen Schülern beherrscht wird. Ein Fachlehrer an einer Fachschule wird häufiger nur eine bestimmte Fertigkeit ansatzweise vermitteln können, während die Erlangung der Handlungskompetenzen in den außerschulischen Bereich, in das Berufsfeld, verlagert werden muß. – Kein Sprachlehrer kann darauf verzichten, daß die Schüler außerhalb des Unterrichts Vokabeln lernen.

Wenn im folgenden einige Leitlinien für die Formulierung

von Übungsaufträgen und für die Durchführung von Übungsphasen entwickelt werden, können die lernpsychologischen Implikationen, wie sie bei Aebli (1983) dargestellt sind, nur berührt werden.

Mögliche Handlungsindikatoren

H-1: *Möglichst bald üben.*
Die erste Übung nach 24 Stunden erscheint in den meisten Fällen ideal, weil neu erworbene Kenntnisse und Einsichten noch weitgehend präsent sind; aber ein Blick auf jeden beliebigen Stundenplan zeigt dem Praktiker sofort, daß oft nicht dieser Leitlinie entsprechend gehandelt werden kann.

H-2: *Kurz und oft üben.*
Viele kurze Übungen sind effektiver als wenige lange. Doch wie kurz oder wie lang eine Übungsphase sein soll, läßt sich im Hinblick auf den einzelnen Schüler nicht ohne weiteres entscheiden. Für einen leistungsschwachen Schüler wird eine kurze Übung oft zu kurz sein, die häufigen Phasen nicht häufig genug, für einen leistungsstarken Schüler können die kurzen Phasen zu lang sein, und es kommt bei ihm schon zu Übersättigungseffekten.

H-3: *Störende Lernprozesse fernhalten.*
Der beabsichtigte Übungsprozeß kann durch nachfolgende oder durch vorangehende Prozesse erheblich beeinträchtigt werden, so daß es bei den lernenden Schülern zu unerwünschten retro- oder proaktiven Hemmungen kommt. Folgt auf eine Englisch- eine Französischstunde oder umgekehrt, werden die Übungen im Englischunterricht empfindlich gestört, weil ähnliche Übungen im Französischunterricht den Übungserfolg mindern. Auch hier zeigt ein flüchtiger Blick auf den Stundenplan eines Schülers an einer weiterführenden Schule, daß nicht immer gemäß dieser Leitlinie verfahren wird. Auch können die Schüler nicht nach jeder Übungsphase zum Spielen oder Schlafen entlassen werden, um den Übungserfolg nicht zu gefährden.

H-4: *Übersättigungseffekte vermeiden.*
Übungen sollten möglichst bis zu jenem Punkt fortgeführt werden, an welchem die momentane Bestleistung des Schülers

Handlungsstruktur – Üben

Formblatt zum situativen Lehrtraining,
zur Beobachtung
und zur Handlungsanalyse.

Mögliche Handlungsindikatoren:

H-1: Möglichst bald üben.
H-2: Kurz und oft üben.
H-3: Störende Lernprozesse fernhalten.
H-4: Übersättigungseffekte vermeiden.
H-5: Übungsphasen individualisieren.
H-6: Übungsbereitschaft fördern.
H-7: Übungsziele konkretisieren.
H-8: In Sinneinheiten üben lassen.
H-9: Die Übungsinhalte strukturieren.
H-10: Die Übungsformen variieren.
H-11: Die Übungsaufgaben variieren.
H-12: Die Übungsanforderungen steigern.
H-13: Übungshilfen geben.
H-14: Übungsfehler korrigieren.
H-15: Die Übungsatmosphäre verbessern.
H-16: Übungserfolge dokumentieren.

Weitere Indikatoren ? . . .

erreicht wird. Ein Weiterführen der Übung ist gefährlich, weil sich dann Übersättigungseffekte einstellen. Die Schüler lehnen sich gähnend zurück, beschäftigen sich mit anderen Dingen, fühlen sich gelangweilt oder schalten ab. Wann nun die momentane Bestleistung im Hinblick auf jeden einzelnen Schüler erreicht ist, läßt sich nicht ohne weiteres erkennen.

H-5: *Übungsphasen individualisieren.*
Dieser Indikator ergibt sich aus dem vorstehenden. Doch nicht immer ist es möglich, die Übungsaufgaben so zu formulieren,

daß jeder Schüler seinem individuellen Lernvermögen entsprechend gefordert und gefördert wird.

H-6: *Übungsbereitschaft fördern.*
Um diese Leitlinie zu realisieren, gibt es ein breites Spektrum möglicher Handlungsweisen. So kann der Lehrer auf schon vorliegende Übungserfolge hinweisen, die Bedeutung der Übung hervorheben, einen Übungsmaßstab setzen, der erreicht werden muß oder eine Konkurrenzsituation schaffen, die anregend wirkt (vgl. S. 130 ff.).

H-7: *Übungsziele konkretisieren.*
Lassen sich die Übungsziele genau umschreiben – was allerdings nur für den operationalisierbaren Lernzielbereich möglich ist –, sind Lehrer und Schüler besser in der Lage, auf das Übungsziel hinzuarbeiten. Aber auch hier sollte sofort wieder der Versuch unternommen werden, leistungsstarken und leistungsschwachen Schülern unterschiedliche Ziele zu setzen.

H-8: *In Sinneinheiten üben lassen.*
Sinnerfülltes Üben ist angebrachter als sinnentleertes. Eine geschlossene Gestalt, eine Sinneinheit, die Struktur eines Lerninhaltes, das sich abzeichnende Beziehungsgefüge, darf nicht unbegründet zerrissen werden. So ist es z.B. sinnvoller, einen ganzen Vers auswendig zu lernen als eine isolierte Zeile, die für sich betrachtet kaum einen Sinn ergibt.

H-9: *Die Übungsinhalte strukturieren.*
Dieser Indikator steht in einem scheinbaren Gegensatz zum vorstehenden. Wird der Übungsinhalt zu komplex, bedarf er einer Strukturierung. Doch mit zunehmender Untergliederung geht die geschlossene Gestalt verloren. Und da nun leistungsschwache Schüler auf eine stärkere Gliederung angewiesen sind, werden sie mit zunehmender Strukturierung der Übungsinhalte auch zunehmend fragwürdigen, manchmal sogar sinnentleerten Lernprozessen ausgesetzt. Hier ergibt sich ein unauflösbares Dilemma, und an den Lehrer kann nur die Aufforderung gerichtet werden, die Strukturierung nicht zu weit voranzutreiben.

H-10: *Die Übungsformen variieren.*
Eine Variation der Übungsformen läßt sich vor allem über einen Wechsel der Sozialformen erreichen, indem z.B. in

Partnerarbeit geübt wird. Außerdem spielt ein Wechsel der Übungsmaterialien eine große Rolle. So kann der Lehrer die Übungen z.B. durch Lernspiele, Rätsel oder Lückentexte auflockern.

H-11: *Die Übungsaufgaben variieren.*
Diese Leitlinie ist äußerst problematisch, denn für leistungsschwache Schüler gilt sicher der Grundsatz, daß die Übungsaufgabe so lange nicht variiert werden darf, bis grundlegende Einsichten oder Erkenntnisse gefestigt sind. Es hat keinen Sinn, von einem Schüler eine Textaufgabe zu verlangen, wenn er die zugrundeliegende Rechenart nicht beherrscht. Also muß erst einmal diese Rechenart geübt werden, bevor die Übungsaufgabe variiert werden kann. Ein leistungsstarker Schüler empfindet hingegen ein exaktes Wiederholen oder Nachvollziehen als langweilig, und er wird nur dann gefordert und gefördert, wenn die Übungsaufgabe in einem neuen Kleid erscheint und eine Transferleistung von ihm verlangt.

H-12: *Die Übungsanforderungen steigern.*
Dieser Indikator ergibt sich als Konsequenz aus den vorstehenden Indikatoren, nur darf eine solche Steigerung nicht vorzeitig erfolgen, weil sonst die Übungserfolge in Frage gestellt werden. Eine Steigerung der Anforderungen ist unter quantitativem oder qualitativem Aspekt möglich, indem z.B. in kürzerer Zeit mehr Übungsaufgaben verlangt oder zunehmend anspruchsvollere Aufgaben gestellt werden.

H-13: *Übungshilfen geben.*
Für das Erteilen von Übungshilfen gilt wiederum das Minimalprinzip (vgl. Aebli 1983, S. 300). Typische Übungshilfen sind Hinweise auf bestimmte Lerntechniken, sind Strukturierungshilfen (vgl. Indikator 9), Hinweise auf „Eselsbrücken“ oder aufgabenspezifische Übungsmethoden. Lehrer, die ihren Schülern Übungshilfen geben, zeigen ihr Interesse am Übungsfortschritt und tragen so zu einer Verbesserung der Lehrer-Schüler-Beziehung und der Übungsatmosphäre bei.

H-14: *Übungsfehler korrigieren.*
Fehler, die im Verlauf der Übung gemacht werden, müssen sofort korrigiert werden, damit die Schüler nicht etwas Falsches einüben. Ein solcher Übungsfehler läßt sich später nur mit viel

Kraft- und Zeitaufwand ausmerzen. Auftretende Fehler dürfen nicht übermäßig betont werden, weil sonst die Gefahr besteht, daß sich vor allem die leistungsschwachen Schüler gerade diese Fehler merken.

H-15: *Die Übungsatmosphäre verbessern.*
Erfolgreiche Übungen erfordern eine angemessene Atmosphäre, sie fordern Übungsbereitschaft, Konzentrationsfähigkeit und viel Geduld auf seiten des Schülers, Takt und Verständnis für die auftretenden Schwierigkeiten von seiten des Lehrers.

H-16: *Übungserfolge dokumentieren.*
Ein Übungserfolg ist eine besondere Form des Lehr-Lern-Erfolges, der am Ende einer Übungsphase festgestellt werden sollte, auch wenn er noch so gering war. Übungserfolge steigern das Selbstwertgefühl und werden so zum Ausgangspunkt für weiterführende Übungen.

Weitere Indikatoren?...

In Verbindung mit den vorgenannten Leitlinien für das Üben wird einmal mehr deutlich, wie schwierig es für den Lehrer ist, gerechtfertigt erscheinende Ansprüche auf die Handlungsebene zu übertragen. Leider muß davon ausgegangen werden, daß sich einige dieser Indikatoren nicht berücksichtigen lassen, es also kaum jemals Übungsphasen geben wird, die für alle Schüler optimal verlaufen werden.

Hausaufgaben stellen – oder auf sie verzichten

Gegen die derzeitige Hausaufgabenpraxis lassen sich viele Argumente finden. So ist es äußerst schwierig, den empirischen Nachweis zu führen, daß Hausaufgaben überhaupt eine Steigerung der Lernleistungen bewirken. Hausaufgaben tragen zur Verschulung der Gesellschaft bei, indem schon die Schüler gesagt bekommen, was sie außerhalb des Unterrichts zu tun haben. Sie verstärken die Schulmüdigkeit vieler Schüler und steigern die Schulangst. Wenn leistungsschwache Schüler mittags nach Hause kommen, haben sie Angst, die Aufgaben nicht bewältigen zu können, und wenn sie morgens in die Schule gehen, haben sie Angst vor der Kontrolle, Angst vor dem Drankommen, Angst, das Heft vorzeigen zu müssen. Hausaufgaben können so zu einer starken physischen und psychischen Belastung werden. Wenn Schüler nach dem Mittagessen im physiologischen Leistungstief die Hausaufgaben erledigen, sind die Lernerfolge gering, weil es an dem notwendigen Lernvermögen fehlt. Hausaufgaben verschärfen bestehende soziale Ungerechtigkeiten und führen zu vermehrter Chancenungleichheit. Finanziell gut gestellte Eltern können die Kinder bei ihren Aufgaben betreuen, zu Hause bleiben oder die Bezahlung der Nachhilfestunden übernehmen.

Hausaufgaben belasten aber vor allem auch die Beziehungen zwischen Schule und Elternhaus, Lehrern und Erziehungsberechtigten, zwischen den Familienmitgliedern, den Schülern und zwischen Lehrern und Schülern. Obgleich sie Hausaufgaben nicht generell ablehnen, sehen viele Eltern nicht ein, daß sie sich als Hilfslehrer zur Verfügung stellen sollen. Sie werden indirekt zu Arbeiten herangezogen, die ihrer Meinung nach in den Aufgabenbereich der Schule gehören. Hinsichtlich der Art und des Umfangs der Hausaufgaben kommt es ebenfalls zu Meinungsverschiedenheiten, vor allem dann, wenn die Mutter früher selbst einmal Lehrerin war. Die Auseinandersetzungen innerhalb der Familie sind allgemein bekannt. Noch nicht erledigte Hausaufgaben, unvollständige oder flüchtig gemachte Aufgaben, aber auch die Frage, wer die Hausaufgaben betreut, führen immer wieder zu Kontroversen. – Zwischen den Schülern kommt es zu Beziehungsstörungen, wenn leistungsstarke Schüler, die „Streber", die Hausaufgaben immer vorzeigen können, andere leistungsschwache ihr Unvermögen eingestehen müssen. Die Gruppe spaltet sich auf diese Weise in die „guten" und die „schlechten" Schüler, die den Erwartungen des Lehrers gerecht bzw. nicht gerecht werden (vgl. Höhn 1967). Und die Beziehungen zwischen Lehrern und Schülern werden schließlich gestört, weil sich die Schüler im Erfinden von Ausreden üben, die Lehrer belügen, letztere zwar um die Problematik wissen, sie aber nicht aus der Welt schaffen können.

Aus der Sicht vieler kritischer Lehrer bedeuten Hausaufgaben eine Zeitvergeudung, weil die Zeit, die zum Erteilen, Kontrollieren und zur Konfliktbewältigung benötigt wird, besser für das Lernen im Unterricht verwendet werden kann. Diese Lehrer integrieren Übungsphasen in den Unterricht, betreuen die Schüler beim Lernen und versuchen, sich viel Ärger zu ersparen und den Schülern die Freizeit zu bewahren.

Nun gibt es einige Argumente, die für die Hausaufgaben sprechen, indem Schüler am Nachmittag Zeit und Gelegenheit zum Wiederholen und Üben erhalten, am Vormittag Versäumtes im Sinne eines lückenschließenden Lernens nachholen können, und sie genötigt sind, eigenständig zu arbeiten. Wer sich emanzipieren möchte, muß letztlich auch zum selbständigen Lernen bereit und fähig sein. So betrachtet sind Hausaufgaben ein wichtiger Schritt auf dem mühsamen Weg zur Emanzipation.

Die Frage nach den Hausaufgaben läßt sich nicht in einer Pro-Kontra-Diskussion beantworten, wenngleich mehr Argumente gegen die Hausaufgaben sprechen. Statt dessen müssen die jeweilige Schulart, das Fach, die Aufgabe und die Rahmenbedingungen in den Blick genommen werden, um eine Entscheidung für oder gegen eine Hausaufgabe zu treffen. Weiterführende Schulen, die als Halbtagsschulen betrieben werden, können auf die außerschulische Arbeit der Schüler in bestimmten Fächern nicht verzichten.

Hausaufgaben sollten nie zu einer Routineangelegenheit werden. Die Auffassung einiger Lehrer, die Schüler müßten stets Aufgaben erhalten, weil sonst die Anstrengungsbereitschaft sinken würde, ist höchst fragwürdig. Die Schüler stöhnen dann unter dem schweren Joch der routinemäßig erteilten Hausaufgaben. Letztere konkurrieren schließlich mit vielen anderen außerschulischen Aktivitäten, auf welche die Kinder ein Anrecht haben.

In jedem Bundesland gibt es im Schulrecht entsprechende Hinweise zum Umfang der Hausaufgaben. Aufgrund dieser ministeriellen Regelungen dürfen die jüngeren Schüler nur gering, die älteren hingegen zeitlich stärker belastet werden. Aber die Übertragung dieser Richtlinien in den Schulalltag ist doch recht kompliziert. Sie setzt eine Analyse des Stundenplanes und Absprachen mit den Fachkollegen voraus. Selbst wenn Eintragungen hinsichtlich der Hausaufgaben ins Klassenbuch erfolgen, sagen diese noch nichts über den Schwierigkeitsgrad aus. Hinzu kommen die starken interindividuellen Schwankungen, was das Lernvermögen einzelner Schüler betrifft. Über- oder Unterforderungen lassen sich nicht vermeiden. Nur Klassenlehrer, die mehrere Fächer in ihrer Klasse erteilen, sind in der Lage, die tatsächliche Arbeitsbelastung ihrer Schüler realistisch einzuschätzen.

Auf Elternabenden bietet sich die Gelegenheit, mit den Eltern der Schüler – soweit diese anwesend sind – über die Art der Hausaufgabenbetreuung zu reden, so z.B., daß die Schüler in der Lage sein sollten, die Aufgabe ohne fremde Hilfe zu erledigen, eine direkte Mitarbeit der Eltern nicht erstrebenswert sei, damit der Lehrer die Lernlücken besser erkennen und ausgleichen kann, und die Mitarbeit auf eine generelle Überprüfung beschränkt bleiben soll. Doch Absprachen dieser Art halten einige Eltern nicht davon ab, nachmittags mit ihren Kindern das nachzuarbeiten, was am Vormittag nicht gelernt werden konnte. – An den weiterführenden Schulen stellt sich die Situation ganz anders dar, weil die Eltern bald nicht mehr fachkompetent sind. Ihre Mithilfe bei den Hausaufgaben beschränkt sich dann auf die Finanzierung der Nachhilfestunden.

Lehrer, die sich um die leistungsschwachen Schüler bemühen, werden die Bildung außerschulischer Lerngruppen anregen, in denen die Hausaufgaben erledigt werden. Leistungsschwache Schüler fertigen Hausaufgaben unter der Anleitung leistungsstarker Mitschüler. Die Schüler eines bestimmten Wohngebietes schließen sich zu einem „Hausaufgabenkollektiv" zusammen. Mehrere leistungsschwache Schüler werden durch die Mutter oder den Vater eines Mitschülers betreut. Ein arbeitsloser Lehrer wird engagiert, der Nachhilfeunterricht erteilt und zu dem der betreffende Lehrer engen Kontakt hält. Die Möglichkeiten zur Bildung außerschulischer Lerngruppen sind vielfältig und längst noch nicht ausgeschöpft.

Sinnvolle Hausaufgaben müssen sich in den Lehr-Lern-Prozeß einfügen, verständlich und meist im Rahmen der Unterrichtsplanung vorformuliert sein. Auf jene Hausaufgaben, die beim Klingelzeichen schnell noch gestellt werden, ist im Interesse aller Beteiligten zu verzichten. Art, Umfang und Schwierigkeitsgrad der Aufgabenstellung lassen sich nicht innerhalb von Sekunden bestimmen. Werden Hausaufgaben ad hoc gestellt, arbeiten die Schüler meist auch lustlos vor sich hin, weil ihnen der geringe Stellenwert bewußt ist.

Mögliche Handlungsindikatoren

H-1: *Den Umfang der Hausaufgaben abschätzen.*
Zu umfangreiche Hausaufgaben führen bei leistungsschwachen Schülern zu einer Überforderung. Das Mißerfolgserlebnis und die Angst zu versagen, bestimmen dann den Nachmittag. – Hinweise der Schüler auf schon erteilte Hausaufgaben durch andere Lehrer sind deshalb ernstzunehmen.

H-2: *Den Schwierigkeitsgrad abschätzen.*
Dieser Indikator ist in enger Beziehung zum Indikator 1 zu sehen. Da es fast unmöglich ist, Hausaufgaben zu formulieren, die allen Schülern einer Lerngruppe gerecht werden, sind Differenzierungsmaßnahmen zu erwägen.

H-3: *Auf leistungsschwache Schüler Rücksicht nehmen.*
Dies kann erfolgen, indem der Lehrer diesen Schülern weniger Aufgaben stellt (Indikator 1), einfachere Aufgaben stellt (Indikator 2) oder ein Mehr an Lernhilfen anbietet, also den leistungsschwachen Schülern konkrete Hinweise zur Bearbeitung gibt. Bei einem solchen Vorgehen läßt sich nicht ausschließen, daß einige Schüler doch alle schwierigen Aufgaben lösen wollen.

H-4: *Die Aufgabenstellungen variieren.*
Die Unterscheidung zwischen nachbereitenden und vorbereitenden Hausaufgaben ist üblich. In Verbindung mit ersteren werden Kenntnisse, Fähigkeiten und Fertigkeiten wiederholt, erweitert, vertieft oder geübt (vgl. S. 257 ff.), und sie erinnern sofort an die negative Hausaufgabenpraxis. Allerdings darf nicht verkannt werden, daß in einigen Fächern und Lerngebieten diese nachbereitenden Hausaufgaben auch weiterhin überwiegen werden. Ein Fremdsprachenunterricht ist anders kaum denkbar. – Die vorbereitenden Hausaufgaben sind hingegen viel interessanter. Hier werden Zeitungsausschnitte gesammelt, Samenkörner in den Boden gesenkt, Personen befragt, Autos gezählt u.a.m. (vgl. Geißler/Plock 1981, 109 ff.). Jeder Lehrer sollte um die Möglichkeit vorbereitender Hausaufgaben wissen und diese nutzen, um den Lehr-Lern-Prozeß zu einem gemeinsamen Anliegen des Lehrers und der Schüler zu machen.

Handlungsstruktur – Hausaufgaben

Formblatt zum situativen Lehrtraining,
zur Beobachtung
und zur Handlungsanalyse.

Mögliche Handlungsindikatoren:

H-1: Den Umfang der Hausaufgaben abschätzen.
H-2: Den Schwierigkeitsgrad abschätzen.
H-3: Auf leistungsschwache Schüler Rücksicht nehmen.
H-4: Die Aufgabenstellung variieren.
H-5: Zeit für Rückfragen lassen.
H-6: Die Aufgabenstellung wiederholen lassen.
H-7: Die Arbeitszeit begrenzen.
H-8: Zur Aufrichtigkeit anhalten.

Weitere Indikatoren ? . . .

H-5: *Zeit für Rückfragen lassen.*
Kein Lehrer kann davon ausgehen, daß er die Hausaufgaben immer verständlich formuliert. Deshalb ist in der konkreten Lehr-Lern-Situation von einem Recht der Schüler auf Rückfragen auszugehen. Dabei gilt es zu entscheiden, ob die Frage Gegenstand der Aufgabe ist oder ob sie beantwortet werden kann.

H-6: *Die Aufgabenstellung wiederholen lassen.*
Wenn ein Schüler die Hausaufgaben mit eigenen Worten wiederholt, kann sich der Lehrer Gewißheit verschaffen, ob er sie sinngemäß aufgefaßt hat. Für die Mitschüler werden die Aufgaben umschrieben oder präzisiert und so verständlicher. – Zur Förderung einer angemessenen Arbeitshaltung kann die Führung eines Aufgabenheftes beitragen.

H-7: *Die Arbeitszeit begrenzen.*
Formulierungen wie: „Ich möchte nicht, daß Ihr länger als eine Stunde arbeitet. Wer dann noch nicht fertig ist, beendet bitte die Arbeit" –, können den Schülern zeigen, daß der Lehrer um die Hausaufgabenproblematik weiß und sich in die Lage der Schüler eindenken kann.

H-8: *Zur Aufrichtigkeit anhalten.*
Dieser Indikator bedingt einen Metaunterricht (vgl. S. 217 ff.), d.h. der Lehrer kann immer wieder an geeigneter Stelle mit den Schülern darüber sprechen, wie mangelnde Offenheit zu einer Belastung der Beziehungen führen muß: „Ihr habt ein schlechtes Gewissen, wenn Ihr Ausreden erfindet, und ich habe ein seltsames Gefühl, sobald ich merke, daß etwas nicht stimmt." – Wenn Schülern bewußt ist, daß für den Lehrer nicht nur die Leistung zählt, sie im Ausnahmefall auch mal ohne Hausaufgaben in die Schule kommen können, wirkt dieses Bewußtsein sicher angstreduzierend und wird der Lehrer-Schüler-Beziehung förderlich sein.

Weitere Indikatoren?...

Dieser kurze Beitrag sollte den Leser dazu anregen, Hausaufgaben überlegt zu stellen – oder im Interesse der zu unterrichtenden Schüler ganz auf sie zu verzichten.

Arbeitsaufträge formulieren – oder die Schüler den Lernweg suchen lassen

Die Qualität eines Unterrichts ist mit von der Qualität der Arbeitsaufträge abhängig. Arbeitsaufträge sind Anregungen, Anleitungen oder Anweisungen des Lehrers, die geeignet erscheinen, bei den Schülern Lernprozesse auszulösen. Sie können ganz unterschiedliche Funktionen haben, so z.B. die Schüler zum Üben anleiten (Übungsauftrag), zum Experimentieren ermutigen (Experimentalanleitung), zum Rollenspiel anregen (Spielanleitung) oder der Erfolgskontrolle dienen (Arbeitsblätter – Aufgabenblätter). Wir werden die vorstehend genannten Funktionen noch näher betrachen.

Arbeitsaufträge können im Rahmen der Unterrichtsvorbereitung vorformuliert oder im Lehr-Lern-Prozeß selbst gestellt werden. Sie lassen sich schriftlich oder mündlich einbringen, für Einzel-, Partner- oder Kleingruppenarbeit, mit unterschiedlichem Schwierigkeitsgrad, und es besteht die Möglichkeit, bei der Aufgabenstellung die Interessen der Schüler zu berücksichtigen. Es sind arbeitsgleiche und arbeitsteilige Aufträge denkbar, allgemein gehaltene und sehr detaillierte.

Ein qualifizierter Arbeitsauftrag hat vor allem vier allgemeinen Kriterien zu genügen. Er sollte den Lernvoraussetzungen der Schüler entsprechen, verständlich formuliert sein, einen ausreichenden Aufgabenanreiz bieten und das Lernvermögen der Schüler berücksichtigen. Die Lernvoraussetzungen variieren von Schüler zu Schüler, lassen sich nicht exakt bestimmen, sondern immer nur einschätzen (vgl. Bd. I, 15 ff.). Verständlichkeit läßt sich über die Variablen sprachliche Einfachheit, Gliederung und Ordnung, Kürze und Prägnanz anstreben (vgl. S. 229 ff.). Ein Aufgabenanreiz wird über einen mittleren Schwierigkeitsgrad geschaffen, über Formulierungen mit Aufforderungscharakter, über Hinweise auf die Bedeutung der Lernaufgabe oder über eine anregende Gestaltung derselben. Aber auch hier steht der Lehrer vor einem Problem, da nicht alle Schüler in gleicher Weise auf eine Lernaufgabe ansprechbar sind. Das Lernvermögen der Lerngruppe sowie einzelner Schüler variiert schließlich aufgrund der vorangegangenen Belastungen und der sich ergebenden Rahmenbedingungen, unter denen der Unterricht stattfinden muß, der personalen, temporalen, lokalen Einflußgrößen sowie der akustischen, optischen und klimatischen Verhältnisse (vgl. Bd. I, 77 ff.). Auch wenn sich ein Lehrer um die Berücksichtigung vorstehender Kriterien bemüht, wird es ihm kaum gelingen, Arbeitsaufträge zu formulieren, die allen Schülern in gleicher Weise gerecht werden.

Mögliche Handlungsindikatoren

H-1: *Vorformulieren oder nicht vorformulieren?*
Im Rahmen der Unterrichtsplanung vorformulierte Arbeitsaufträge können ohne Zeit- und Handlungsdruck sorgfältig durchdacht werden. Der Lehrer kann in Ruhe nach lohnenden Frage- und Problemstellungen suchen, geeignet erscheinende Formu-

Handlungsstruktur – Arbeitsaufträge

Formblatt zum situativen Lehrtraining,
zur Beobachtung
und zur Handlungsanalyse.

Mögliche Handlungsindikatoren:

H-1: Vorformulieren oder nicht vorformulieren?
H-2: Mündlich oder schriftlich einbringen?
H-3: Für Einzel-, Partner- oder Kleingruppenarbeit?
H-4: Arbeitsgleich oder arbeitsteilig?
H-5: Dem Lernvermögen einzelner Schüler entsprechend?
H-6: Mit oder ohne Angabe der Bearbeitungszeit?
H-7: Angaben zu den Medien?
H-8: Angaben zum Vorgehen?
H-9: Angaben zur Erfolgskontrolle?

Weitere Indikatoren? ...

Anmerkungen: In diesem Fall handelt es sich um Abfragen, die auf die konkrete Lernaufgabe zu beziehen sind. Zahlreiche Angaben legen die Schüler in ihrem Lernverhalten weitgehend fest, doch sind sie bei schwierigen und komplexen Aufgaben manchmal erforderlich.

lierungen wählen, die Verständlichkeitsvariablen berücksichtigen u.a.m. Vorformulierte Arbeitsaufträge lassen sich manchmal nicht nahtlos in den Lehr-Lern-Prozeß einfügen und müssen deshalb entsprechend abgeändert werden. Formuliert der Lehrer die Arbeitsaufträge im Lehr-Lern-Prozeß, steht er unter Handlungsdruck. Zeitaufwendige Überlegungen sind nun nicht möglich. Allerdings lassen sich Art und Umfang der Aufträge auf den Prozeß abstimmen. Wer prozeßorientiert lehrt, wird den Lerninhalt in den Mittelpunkt einer gemeinsamen Arbeit stellen und in dem Augenblick, wo sich eine lohnende Frage- oder Problemstellung anbietet, die Arbeitsaufträge formulieren.

H-2: *Mündlich oder schriftlich einbringen?*
Mündliche Arbeitsaufträge bieten sich für einfachere Lernaufgaben an, die von den Schülern mühelos aufgefaßt werden können. Auch sie können vorüberlegt und dann, dem tatsächlichen Prozeßablauf entsprechend, leicht modifiziert werden. Mündliche Arbeitsaufträge werden im Prozeß notwendig, wenn der Lehrer z.B. beobachtet, daß die Konzentrationsfähigkeit der Schüler nachläßt, eine neue Lehr-Lern-Situation eingeleitet werden muß oder wenn ein Schüler eine Frage- oder Problemstellung aufwirft, der es sich nachzugehen lohnt. Mündliche Arbeitsaufträge haben den Nachteil, daß sich die Schüler während der Bearbeitung nicht am Auftrag orientieren können. Und so kommt es zu Rückfragen und Mißverständnissen, wenn die Aufgabenformulierung nicht verständlich gelingt. – Schriftlich fixierte Arbeitsaufträge erscheinen bei komplizierteren Frage- und Problemstellungen angebracht, die eine umfassendere Darstellung verlangen. Die Schüler können immer wieder auf die vorliegenden Formulierungen zurückgreifen. Bei arbeitsteiliger Kleingruppenarbeit ergibt sich der Vorteil, daß alle Kleingruppen sofort mit der Sichtung der schriftlichen Aufträge beginnen können.

H-3: *Für Einzel-, Partner- oder Kleingruppenarbeit?*
Ein Lehr-Lern-Prozeß wird nur dann über längere Zeit hinweg zufriedenstellend ablaufen können, wenn er sich in einem Wechsel der Sozialformen vollzieht (vgl. Bd. I, 103 ff.). Bestimmte Lernaufgaben eignen sich nun einmal besonders gut für bestimmte Sozialformen, oder sie fordern sogar eine solche. Dazu ein Beispiel aus dem medizinisch-therapeutischen Bereich: Jeder Schüler benötigt Kenntnisse auf dem Gebiet der Anatomie, also ist es auch gerechtfertigt und notwendig, den einzelnen Schüler zu fordern. Überall dort, wo die Interaktion Patient-Therapeut ins Spiel kommt, wird Partnerarbeit die bevorzugte Sozialform sein. Wenn hingegen das medizinisch-therapeutische Team gefragt ist oder ein berufspolitisches Thema zur Diskussion steht, bietet sich die Kleingruppenarbeit an. – Interessant ist in diesem Zusammenhang die Beziehung zwischen der gewählten Sozialform und dem Schwierigkeitsgrad der Aufgabenstellung. Sollen auch leistungsschwache Schüler

den Arbeitsauftrag erfolgreich bewältigen können, muß bei Einzelarbeit der Schwierigkeitsgrad gering sein. Heterogene Kleingruppen können hingegen anspruchsvollere Aufgaben lösen, weil die leistungsstarken Schüler in Kooperation mit den anderen die Kleingruppen zum Erfolg führen.

H-4: *Arbeitsgleich oder arbeitsteilig?*
Bei einem arbeitsgleichen Auftrag werden alle Schüler vor dieselbe Lernaufgabe gestellt, während beim arbeitsteiligen Verfahren verschiedene Lernaufgaben an die Schüler, Partner- oder Kleingruppen ausgegeben werden. Beim arbeitsteiligen Verfahren können die Interessen der Schüler im Rahmen der Arbeitsaufträge berücksichtigt werden. Doch gibt es viele Aufträge, die von allen Schülern bearbeitet werden müssen, bei denen die Notwendigkeit für ein arbeitsgleiches Vorgehen besteht. – Das arbeitsgleiche Verfahren ist für Lehrer und Schüler einfacher zu überschauen. Die Arbeitszeiten entsprechen eher einander. Die Auswertungsphase verläuft zeitsparend, indem ein Schüler, eine Partner- oder Kleingruppe ihr Ergebnis vorträgt und die anderen vergleichen und ergänzen. – Bei arbeitsteiligen Verfahren müssen sich Lehrer und Schüler in die verschiedenen Frage- und Problemstellungen eindenken. Die Arbeitszeiten können erheblich differieren, so daß Zusatzaufgaben gestellt werden müssen. Und die Auswertungsphase fordert viel mehr Zeit, weil mehrere unterschiedliche Ergebnisse vorzutragen sind. Verfügen Lehrer und Schüler erst über geringe Erfahrungen hinsichtlich der Kleingruppenarbeit, empfiehlt sich für den Anfang das arbeitsgleiche Verfahren, es sei denn, ein Vorhaben fordert geradezu die Arbeitsteilung. Wird z.B. ein Klassenfest vorbereitet, ist es nur sinnvoll, daß verschiedene Kleingruppe für die Programmgestaltung, für die Einladungen, die Speisen, Getränke, die Musik etc. sorgen.

H-5: *Dem Lernvermögen einzelner Schüler entsprechend?*
In einigen Fächern ergibt sich die Möglichkeit, mehrere Aufgaben mit zunehmendem Schwierigkeitsgrad in einem Arbeitsauftrag zusammenzufassen und an die Schüler die Aufforderung zu richten, diese, ihrem individuellen Lernvermögen entsprechend, zu bearbeiten. Wer z.B. nur zwei Aufgaben löst, hat in der zur Verfügung stehenden Zeit genauso seine individuelle Lernleistung gebracht wie jener Mitschüler, der alle fünf Aufgaben lösen konnte. – Diese Form der Leistungsdiffe-

renzierung innerhalb eines Arbeitsauftrages läßt sich nur in Verbindung mit ganz bestimmten Lerngebieten praktizieren. Auch kommt es zu Schwierigkeiten in der Auswertungsphase, wenn die leistungsschwachen Schüler nur staunend das nachvollziehen, was ihnen die leistungsstarken vortragen.

H-6: *Mit oder ohne Angabe der Bearbeitungszeit?*
Wenn Schüler gesagt bekommen, daß sie für die Bearbeitung fünf bzw. dreißig Minuten Zeit haben, stellen sie sich in ihrem Lernverhalten darauf ein. Fünf Minuten bedeuten – rasches Eindenken, schnelle Entscheidungen, wenig differenzierte Lernergebnisse. Dreißig Minuten bedeuten – sorgfältiges Eindenken, intensivere Befassung mit dem Lerninhalt, überlegtere Entscheidungen, differenziertere Lernergebnisse. Da sich jedoch der Schwierigkeitsgrad einer Aufgabe, die Lernvoraussetzungen, der Aufgabenanreiz und das Lernvermögen nicht exakt bestimmen lassen, ist auch keine genaue Prognose zur Bearbeitungszeit möglich. Deshalb sind variable Zeitangaben vorteilhaft. Formulierungen wie: „Ich habe dafür etwa eine Viertelstunde vorgesehen", oder: „Arbeitet bitte ganz sorgfältig, die Zeit sollte hier keine Rolle spielen", – deuten den Schülern an, welcher zeitliche Rahmen zur Verfügung steht, und liefern ihnen die erforderliche Orientierung für ihr Lernverhalten. – Der Lehrer kann sich in der Betreuungsphase vom Lernfortschritt überzeugen und die Arbeit dann abbrechen lassen, wenn dies sinnvoll erscheint.

H-7: *Angaben zu den Medien?*
Die Bereitstellung der erforderlichen Medien ist in erster Linie Aufgabe des Lehrers im Rahmen der Unterrichtsvorbereitung. Dies ist schon ein Gebot der Lehr-Lern-Ökonomie. – Sollen Schüler im Rahmen eines Arbeitsauftrages selbst nach geeigneten Medien suchen, muß dieses Suchen und Auffinden eine echte Lernchance bieten, wie z.B. die Gewinnung von Informationen in einem noch unbekannten Bereich.

H-8: *Angaben zum Vorgehen?*
Zahlreiche Angaben zum Vorgehen schränken die Schüler in ihrem Lernverhalten ein und führen meist zu homogenen Ergebnissen. Werden keine Angaben zum Vorgehen gemacht, müssen die Schüler ihren Lernweg selbst suchen, und die Ergebnisse fallen meist heterogen aus. Komplexe Aufgaben mit

hohem Schwierigkeitsgrad fordern genauere Angaben, um in der begrenzt zur Verfügung stehenden Unterrichtszeit ein Lernergebnis erzielen zu können.

H-9: *Angaben zur Erfolgskontrolle?*
In Verbindung mit einigen Lernaufgaben ist es möglich, den Schülern Hinweise zur Überprüfung des Lernerfolges zu geben. Die Information, ob sie nun über das korrekte Zwischen- oder Endergebnis verfügen, stabilisiert die Schüler emotional und macht sie frei für weitere Lernaufgaben.

Weitere Indikatoren?...

Die vorstehenden Abfragen machen eines deutlich: Je detaillierter ein Arbeitsauftrag erteilt wird, je mehr Angaben der Lehrer in einen solchen Auftrag einspeist, desto stärker werden die Schüler in ihrem Lernverhalten festgelegt. Je weniger Angaben, desto größer ist der Freiraum. Zahlreiche Angaben ersparen den Schülern ein eigenständiges Suchen, wenige Angaben fordern mehr Eigenständigkeit, aber auch mehr Zeit für die Bearbeitung. Einige Beispiele sollen dies deutlich machen. Sie stammen aus dem medizinisch-therapeutischen Bereich.

Beispiel 1

Fach: Klinische Chemie. Lerngruppe: 2. Semester. Unterrichtseinheit: Kohlenhydratstoffwechsel. Unterrichtsstunde: Glukose-Bestimmung.
Arbeitsauftrag a), der das Lernverhalten der Schüler kaum festlegt: „Führen Sie eine Glukose-Bestimmung Ihrer Wahl durch."
Arbeitsauftrag b), der das Lernverhalten der Schüler weitgehend festlegt: „Führen Sie in dieser Stunde (Zeitangabe) selbständig (Sozialform) eine Glukose-Bestimmung (Lernziel) nach der GOD-Perid-Methode durch (Methode). Als Lernmittel stehen Ihnen die Boehringer-Arbeitsanleitung und das Eppendorfer-Photometer mit Anleitung zur Verfügung (Lernmittel). Protokollieren Sie die Analyseergebnisse in mmol/l und mg/dl (Angaben zur Erfolgssicherung und zur Lernkontrolle)."

Beispiel 2

Fach: Anatomie. Unterrichtseinheit: Blutkreislauf. Unterrichtsstunde: Blutdruck.

a) „Gehen Sie bitte für etwa 15 Minuten mit Ihrem Tischnachbarn der Frage nach, wie der Blutdruck entsteht."
b) „Bilden Sie heute vier Kleingruppen zu je sechs Schülern, die folgenden Fragen nachgehen:
1. Welcher Zusammenhang besteht zwischen Herztätigkeit und Blutdruck?
2. Welcher Zusammenhang besteht zwischen Gefäßstruktur und Blutdruck?
3. Welche Faktoren beeinflussen vermutlich den Blutdruck?
4. Welche Bedeutung können Blutdruck-Meßwerte haben?

Halten Sie bitte Ihre Ergebnisse schriftlich fest. In etwa 20 Minuten werden wir über die einzelnen Fragen sprechen."

Beispiel 3

Fach: Artikulationsstörungen. Unterrichtseinheit: Lautanbahnung. Unterrichtsstunde: Physiologische Bildung der Laute ts, s, z, sch.

a) „Erfahren und beschreiben Sie durch Ausprobieren und gegenseitiges Beobachten die korrekte Bildung der Laute ts, s, z und sch."
b) „Je ein ‚Therapeut' soll seinem ‚Patienten' verbal Anleitung für die korrekte Artikulation des Lautes s geben. Sie haben für diese Partnerarbeit etwa 20 Minuten Zeit. Der ‚Therapeut' soll möglichst genaue Anweisungen über Kieferöffnungsgrad, Lippenformung, Zungenlage und Luftstromlenkung bei der korrekten Artikulation des s geben. Dabei soll der ‚Patient' allein durch verbale Anleitung zur korrekten Bildung des Lautes fähig sein." (Vgl. Becker 1984a)

Die unter a) formulierten Aufträge legen die Schüler in ihrem Lernverhalten kaum fest, bei den unter b) formulierten bekommen die Schüler genau gesagt, was sie zu tun und wie sie vorzugehen haben. Offene Arbeitsaufträge fördern die divergente Produktion und kreatives Verhalten, geschlossene die konvergente (vgl. Guilford 1964). Letztere ist erforderlich, um bestimmte Techniken zu erlernen. Es ist unergiebig, darüber zu diskutieren, welchen Arbeitsaufträgen der Vorzug zu geben sei, denn die Schüler benötigen die Fähigkeiten zur divergenten und konvergenten Produktion und zum Problemlösen. Wie letztlich ein Arbeitsauftrag formuliert wird, ob er wenige oder zahlreiche Angaben enthält, hängt oft auch von der zur Verfügung stehenden Unterrichtszeit ab.

Enthält ein Arbeitsauftrag lediglich die Frage- und Problemstellung und müssen sich die Schüler den Lernweg suchen, folgt ihr Lernprozeß eher einer entdecken-lassenden Lehr-Lern-Strategie. Enthält der Auftrag hingegen zahlreiche Angaben zum Vorgehen, indem einzelne Schritte vom Lehrer vorgegeben und die Schüler an das Lernergebnis herangeführt werden, orientiert sich der Prozeß am expositorischen Lehren und Lernen (vgl. Eigler et al. 1975). Im Lehr-Lern-Prozeß können diese Strategien kaum beobachtet werden, weil sie Modellcharakter haben. Die Art des Arbeitsauftrages läßt jedoch manchmal eine Tendenz in die eine bzw. andere Richtung erkennen. Die verschiedenen Lerngebiete und Lernaufgaben erfordern zumeist aufgabenspezifische Lehr-Lern-Strategien (vgl. Metz 1980).

Die Schüler beim Lernen betreuen - soweit dies erforderlich und möglich ist

Lehrer, die einen Arbeitsauftrag erteilen, stehen anschließend vor der Aufgabe, die Schüler beim Lernen zu betreuen. In dieser Betreuungsphase kann der Lehrer unterstützend oder störend wirken, überlegt oder unüberlegt handeln. Als Beispiel wird eine Kleingruppenarbeit gewählt, die innerhalb einer Doppelstunde 40 Minuten umfaßt. Dieser Prozeßverlauf bietet sich an, weil Lehrer gerade bei dieser Sozialform besonders viel falsch machen können. Auch ist eine solche Betreuung im Vergleich zur Einzel- oder Partnerarbeit komplizierter, weil es fast immer innerhalb oder zwischen den Kleingruppen zu sozialen Konflikten kommt, bei denen der Lehrer zu vermitteln hat. Die Betreuung der Schüler während der Kleingruppenarbeit verlangt deshalb vom Lehrer eine besondere Flexibilität und

Variabilität, aber auch eine erhöhte Sensibilität für die gruppendynamischen Prozesse.

In Band I dieser handlungsorientierten Didaktik wurden 12 mögliche Phasen für die Kleingruppenarbeit herausgestellt: Metaunterricht, Kleingruppenbildung, informelle Kontaktaufnahme, Arbeitsauftrag stellen, Arbeitsauftrag sichten, Rückfragen stellen, über ein mögliches Vorgehen beraten, Aufgaben verteilen, den Aufgaben nachgehen, Teilergebnisse festhalten, Kleingruppenergebnisse formulieren und die Kleingruppenergebnisse in die Lerngruppe einbringen. Diese Phasen können, müssen aber nicht auftreten. Einige werden entfallen, andere vielleicht hinzukommen. Wenn Schüler an Kleingruppenarbeit gewöhnt sind, ist die erste Phase überflüssig. Sitzen sie z.B. in Kleingruppen zusammen, entfällt sowohl die Phase der Kleingruppenbildung als auch die der informellen Kontaktaufnahme (vgl. Becker 1984 b, 106).

Es wird nun versucht, im Anschluß an diese Phasen das Verhalten des Lehrers zu reflektieren, damit er vermehrt in der Lage ist, bewußt und unterstützend zu handeln.

Mögliche Handlungsindikatoren

H-1: *Mit den Schülern über Sinn, Zweck und Ziel der Kleingruppenarbeit reden.*

Sofern die Schüler noch nicht mit dieser Sozialform vertraut sind, sollten ihnen die Vorzüge erklärt werden, die darin bestehen, daß sich jeder beteiligen und etwas sagen kann, selbständiges Lernen in der Kleingruppe viel mehr Spaß machen kann, sich auch jene Schüler hervorwagen, die sonst nie etwas sagen, im späteren Leben häufig mit anderen Menschen zusammengearbeitet wird und dieses Zusammenarbeiten in der Schule geübt werden sollte. Je nach Schulstufe, Schulart und Vorerfahrungen der Schüler ist eine entsprechende Argumentation zu wählen.

Typische Konfliktkonstellation: Die Schüler halten nichts von der Kleingruppenarbeit aufgrund negativer Erfahrungen (vgl. Becker 1983 a, 171).

H-2: *Die Schüler bei der Kleingruppenbildung unterstützen.*

Es gibt eine Vielzahl von Kriterien für die Kleingruppenbildung, die ein Lehrer kennen und je nach Lehr-Lern-Vorhaben

Handlungsspektrum – Schüler beim Lernen betreuen, Kleingruppenarbeit

Formblatt zum situativen Lehrtraining,
zur Beobachtung
und zur Handlungsanalyse.

Mögliche Handlungsindikatoren:

H-1: Mit den Schülern über Sinn, Zweck und Ziel der Kleingruppenarbeit reden.
H-2: Die Schüler bei der Kleingruppenbildung unterstützen.
H-3: Eine geeignete Sitzordnung herstellen lassen.
H-4: Den Arbeitsauftrag erteilen.
H-5: Den Arbeitsauftrag sichten lassen.
H-6: Rückfragen beantworten.
H-7: Nebengespräche tolerieren.
H-8: Sich für einige Zeit zurückziehen.
H-9: Sich vom Fortschritt der Arbeit überzeugen.
H-10: Wichtige Informationen visualisieren.
H-11: Auf Anforderung zur Verfügung stehen.
H-12: Mit den Schülern flüstern.
H-13: Minimale Lernhilfen geben.
H-14: Auf die begrenzt zur Verfügung stehende Zeit aufmerksam machen.
H-15: Die Schüler um den Abschluß der Arbeit bitten.
H-16: Die Lehr-Lern-Erfolge sichten.

Weitere Indikatoren ? . . .

umsetzen können sollte. Doch kommt es darauf an, daß die Schüler die Kleingruppenbildung akzeptieren, sich deshalb möglichst aktiv beteiligen, und ein bestehendes Sympathiegefüge nicht ohne Grund zerstört wird. Bei älteren Schülern und im Bereich der beruflichen Erwachsenenbildung genügt es oft schon, wenn der Lehrer die Gruppengröße angibt, damit sich die Kleingruppen freiwillig zusammenfinden. Je kleiner die

Gruppe, desto größer ist für den einzelnen Schüler die Möglichkeit, sich einzubringen. Dreiergruppen wären so betrachtet besonders empfehlenswert, doch kommt es bei Meinungsverschiedenheiten zu der Konstellation 2:1, und dieser eine Schüler fühlt sich dann unter Druck gesetzt. Auch fehlt einer Dreiergruppe das Anregungspotential größerer Kleingruppen. Vierergruppen bieten sich oft aufgrund der Sitzordnung und des Mobiliars an, indem zwei Tische zusammengeschoben werden. Bei Meinungsverschiedenheiten ergibt sich eine Pattsituation. Doch ist der Übergang zur Partnerarbeit jederzeit möglich. Eine Fünfergruppe bietet einige Vorzüge, so ein beträchtliches Anregungspotential und bei notwendig werdenden Abstimmungen ein eindeutiges Ergebnis; doch ergeben sich hier manchmal Schwierigkeiten bezüglich der Sitzordnung. Werden die Kleingruppen noch größer, müssen die Schüler verhältnismäßig laut sprechen, weil sie verhältnismäßig weit voneinander entfernt sitzen, und der Lärmpegel steigt an. Je nach Lehr-Lern-Vorhaben wird der Lehrer leistungshomogene oder leistungsheterogene Kleingruppen bilden lassen, Problemschüler in bestimmte Kleingruppen integrieren, eine geschlechtshomogene oder geschlechtsheterogene Kleingruppenbildung bevorzugen, besondere Interessen der Schüler berücksichtigen, die Kleingruppenbildung dem vorhandenen Lernmaterial entsprechend vornehmen lassen, das Zufallsprinzip, die Sitzordnung oder das Los entscheiden lassen, abzählen oder die Schüler auffordern, zwei Kleingruppen zu wählen, wie das z.B. im Sportunterricht sinnvoll sein kann.

Typische Konfliktkonstellationen: Außenseiter finden keine Kleingruppe und irren umher, oder die vollzogene Kleingruppenbildung wird von einigen Schülern nicht akzeptiert.

H-3: *Eine geeignete Sitzordnung herstellen lassen.*
Es empfiehlt sich, die Kleingruppen innerhalb des Klassenzimmers so gut wie möglich zu verteilen, denn je größer die räumliche Entfernung, desto weniger können sich die Gruppen stören. Wenn eine oder mehrere Kleingruppen den Raum verlassen, um an einem anderen Ort ungestört arbeiten zu können, ist dies zu fördern, aber es ist sicherzustellen, daß der Lehrer die Kleingruppen auch auffinden kann.

Typische Konfliktkonstellationen: Schüler sind zu träge, um die Tische und Stühle umzustellen. Sie durchschauen nicht sofort das Anliegen des Lehrers, die Kleingruppen möglichst weit voneinander zu entfernen. Einige Schüler freuen sich über den entstehenden Lärm und zögern das Umräumen bewußt hinaus. Kleingruppen verlassen das Zimmer und werden vom Lehrer vergeblich gesucht.

H-4: *Den Arbeitsauftrag erteilen.*
In dieser Phase kann der Lehrer von den Schülern erwarten, daß sie sich voll auf den Arbeitsauftrag konzentrieren. Wird letzterer nämlich falsch oder unvollständig aufgefaßt, werden alle nachfolgenden Lernbemühungen erschwert.

Typische Konfliktkonstellation: Schüler beschäftigen sich mit anderen Dingen, unterhalten sich und hören nicht zu.

H-5: *Den Arbeitsauftrag sichten lassen.*
Wenn ein Arbeitsauftrag schriftlich erteilt wird, müssen die Schüler Gelegenheit erhalten, sich einzudenken, um anschließend Rückfragen stellen zu können. Auch hier sollte Stillarbeit vorherrschen, also jeder Schüler den Auftrag gründlich lesen, bevor er Fragen stellt.

Typische Konfliktkonstellation: Schüler fragen voreilig, stören die Mitschüler beim Lesen.

H-6: *Rückfragen beantworten.*
Hier muß sich der Lehrer sofort entscheiden, ob die Frage Teil des Arbeitsauftrages ist oder ob sie einer Beantwortung bedarf.

Typische Konfliktkonstellation: Schüler sind mit der Beantwortung nicht zufrieden, möchten mehr wissen, fühlen sich unverstanden.

H-7: *Nebengespräche tolerieren.*
Sind die Gruppen gebildet, und ist der Arbeitsauftrag erteilt und gesichtet, kommt es mitunter zu informellen Gesprächen, die nichts mit dem Auftrag zu tun haben. Nun sind die Schüler in den Kleingruppen unbeobachtet, der Lehrer kann ihnen nicht mehr zuhören. Was liegt also näher, als sich über die Bundesliga-Ergebnisse oder über den neuen Freund zu unterhalten? – Ein erfahrener Lehrer wird also für diese Kommunikationsbedürfnisse Verständnis aufbringen, doch fragt er sich, wie weit die Befriedigung dieser Bedürfnisse gehen kann.

Typische Konfliktkonstellation: Die Schüler unterhalten sich angeregt über ganz andere Dinge, ohne an den Arbeitsauftrag zu denken (vgl. Becker 1983 a, 167).

H-8: *Sich für einige Zeit zurückziehen.*
Ist der Arbeitsauftrag erteilt, und sind Rückfragen beantwortet, sollte sich der Lehrer für einige Minuten ganz zurückziehen, z.B. Hefte korrigieren oder Eintragungen vornehmen, um den Schülern Gelegenheit zu geben, sich mit der Frage- oder Problemstellung in Ruhe zu befassen. Schüler fühlen sich unter Druck gesetzt, wenn ihnen der Lehrer schon über die Schulter sieht, bevor sie erste Überlegungen anstellen konnten.

Typische Konfliktkonstellation: Abwehrreaktionen – lassen Sie uns in Ruhe!

H-9: *Sich vom Fortschritt der Arbeit überzeugen.*
Je nach der Dauer der Arbeitsphase wird der Lehrer nach angemessener Zeit von Kleingruppe zu Kleingruppe gehen, zuhören und überlegen, ob die Schüler mit dem Auftrag zurechtkommen.

Typische Konfliktkonstellationen: Schüler streiten sich über das Vorgehen. Es kommt in Ausnahmefällen sogar zur Gruppenspaltung. Schüler tragen Meinungsverschiedenheiten aus, wer was machen muß, z.B. schreiben, oder wer was machen darf, z.B. experimentieren. Ein Schüler stört die anderen bei der Arbeit. Kleingruppen stören sich gegenseitig. Schüler setzen Mitschüler unter Druck.

H-10: *Wichtige Informationen visualisieren.*
Manchmal kommt es vor, daß der Lehrer wichtige Angaben zum Arbeitsauftrag vergessen hat und dies erst im Lehr-Lern-Prozeß bewußt wird, wenn z.B. eine Kleingruppe eine diesbezügliche Frage stellt. Um nicht alle Kleingruppen bei der laufenden Arbeit zu stören, empfiehlt es sich, jene Informationen, die für alle wichtig sind, an die Tafel zu schreiben.

Konfliktkonstellation: Eine Gruppe erklärt später, sie habe nicht gelesen, was nachträglich angeschrieben worden sei.

H-11: *Auf Anforderung zur Verfügung stehen.*
Vor der Kleingruppenarbeit ist mit den Schülern ein Zeichen zu vereinbaren, das dann gesendet wird, wenn die Kleingruppe den Lehrer unbedingt braucht, weil sie alleine überhaupt nicht mehr weiterkommt. Außerdem sollte darüber gesprochen werden, daß der Lehrer nicht überall zugleich sein kann, also andere Kleingruppen warten müssen, sobald sich der Lehrer einer Kleingruppe zuwendet.

Typische Konfliktkonstellation: Mehrere Kleingruppen fordern den Lehrer gleichzeitig an und werden ungeduldig, weil sie warten müssen.

H-12: *Mit den Schülern flüstern.*
Hier übt der Lehrer eine entscheidende Modellfunktion aus. Sobald er mit den Schülern einer Kleingruppe flüstert, sprechen diese ebenfalls leise, und das Beispiel dieser Gruppe überträgt sich auf die anderen Kleingruppen. Spricht er hingegen in normaler Lautstärke, sprechen die Schüler dieser Kleingruppe ebenfalls lauter, und die Schüler in den anderen Kleingruppen müssen schreien, um sich gegenseitig verstehen zu können.

Typische Konfliktkonstellation: Die für das Lehren und Lernen erforderliche soziale Ordnung ist empfindlich gestört. Lehren und Lernen sind kaum noch möglich. Doch die Konfliktursache liegt im Fehlverhalten des Lehrers begründet.

H-13: *Minimale Lernhilfen geben.*
In Verbindung mit diesem Handlungsindikator kommen alle jene Indikatoren zum Tragen, die auf S. 169 ff. genannt worden sind. Die Lernhilfen erstrecken sich einmal auf den Arbeitsauftrag selbst, zum andern auf den Bereich des Sozialverhaltens. Für letzteren hat das Minimalprinzip ebenfalls zu gelten, indem die Schüler die sozialen Konflikte möglichst selbst bewältigen sollten.

Typische Konfliktkonstellation: Der Lehrer versucht, alles für die Schüler zu regeln.

H-14: *Auf die begrenzt zur Verfügung stehende Zeit aufmerksam machen.*
Der Hinweis „noch 10 Minuten" kann ebenfalls an die Tafel geschrieben werden, um die Kleingruppen nicht aus der laufenden Arbeit zu reißen. Meist sind die Schüler überrascht, daß die Zeit so schnell verfliegt. Um aber greifbare Ergebnisse zu gewinnen, ist der Hinweis auf die begrenzt zur Verfügung stehende Zeit erforderlich.

Typische Konfliktkonstellation: Die Schüler protestieren und erklären, sie könnten unmöglich in der zur Verfügung stehenden Zeit ein annehmbares Ergebnis liefern.

H-15: *Die Schüler um den Abschluß der Arbeit bitten.*
Auch diese Aufforderung läßt sich visualisieren „Ende". Die Schüler sollten allerdings nun Gelegenheit erhalten, den Gedan-

ken zu Ende zu führen oder den betreffenden Satz zu vervollständigen. Wenn es nicht sofort ruhig wird und sich nicht alle Schüler sogleich dem Lehrer zuwenden, dann liegt das ausnahmsweise daran, daß sie arbeiten.

H-16: *Die Lehr-Lern-Erfolge sichten.*
Was bei der Kleingruppenarbeit „herauskommt", ist sowohl von der Qualität des Arbeitsauftrages als auch von der Anstrengungsbereitschaft der Schüler in den Kleingruppen abhängig. Für erstere ist der Lehrer verantwortlich, und deshalb ist es berechtigt, auch hier von einem Lehr-Lern-Erfolg zu sprechen. Außerdem kann sich der Lehrer bei auftretenden sozialen Konflikten recht ungeschickt verhalten. Kleingruppenarbeit ist schließlich konfliktträchtig, doch können die Schüler etwas Wichtigeres lernen – verständnisvoll miteinander umzugehen.

Weitere Indikatoren?...

Diese Ausführungen wurden in der Absicht gemacht, Lehrer zu ermutigen, Kleingruppenarbeit durchzuführen, nicht aber, um sie abzuschrecken oder gar eine Kleingruppenarbeits-Phobie auszulösen. Wenn die Schüler einer Lerngruppe zeitweise in Kleingruppen kooperieren, sind zentrale soziale Lernziele erreicht, und dann war auch der Lehrer erfolgreich.

6 Politische Implikationen

Die politischen Implikationen bei der Durchführung von Unterricht sind zahlreich und vielschichtig, sie können nur angedeutet, nicht aber näher ausgeführt oder gar mit Anspruch auf Vollständigkeit beschrieben werden. Der vage Hinweis auf einen demokratischen Lehrstil genügt allerdings auch nicht. Vielmehr kommt es darauf an, an Beispielen deutlich zu machen, wie das Handeln eines jeden Lehrers unmittelbar in den gesellschaftspolitischen Bereich hinein wirksam wird, der Lehrberuf in jedem Fall ein hochpolitischer ist, gleichgültig, welches Fach der betreffende Lehrer unterrichtet.

Von einem wissenschaftlich gebildeten und verantwortungsbewußt handelnden Lehrer muß die Bereitschaft und Fähigkeit zur ideologiekritischen Auseinandersetzung mit den Lerninhalten, Lernzielen, Medien und Methoden verlangt werden, also die aktive Teilnahme an curricularen Diskussionen und Entscheidungen auf einem hohen Anspruchsniveau. Lehrer, die sich auf die unkritische Übernahme vorgegebener Richtlinien und Pläne beschränken, begeben sich selbst auf die Stufe von Befehlsempfängern und verzichten auf jene Rechte und Pflichten, über die jeder Lehrer als mündiger Staatsbürger verfügt.

Politisch wirksam ist sicher die Art und Weise, wie sich die Lehrer als Person in den Lehr-Lern-Prozeß einbringen, ob sie z.B. zu einem reflektierten Engagement fähig sind, eine selbstkritische Haltung einnehmen und bereit sind, an jenen Stellen, wo es von ihnen verlangt wird, eine Vorbildfunktion zu übernehmen. Ohne Engagement, Selbstkritik und die Übernahme von Pflichten läßt sich ein demokratisches Gesellschaftssystem nicht aufrechterhalten. Es ist zu erwarten und zu hoffen, daß Schüler von solchen Lehrern lernen.

Von großer Bedeutung ist weiterhin die Art, wie Lehrer mit ihren Schülern umgehen. Wenn sie ihnen offen und natürlich begegnen, Geduld und Verständnis aufbringen, gerechtfertigte

Anforderungen stellen und von ungerechtfertigten abrücken, wenn sie sich um Gerechtigkeit bemühen, konsequent verfahren und Solidarität üben, geben sie Beispiele dafür, wie Menschen im außerschulischen und im politischen Bereich miteinander umgehen sollten.

Die politische Dimension des Lehrberufs zeigt sich auch im Umgang mit einzelnen Schülern, im Bemühen, jeden Schüler als Person zu akzeptieren und zu respektieren, seine besonderen Voraussetzungen zu sehen, seine Eigenständigkeit zu fördern, individuelle Freiräume zu schaffen und zu bewahren, aber auch die Pflichten des einzelnen Schülers gegenüber der Lerngruppe deutlich zu machen. Wenn Lehrer immer wieder aufzeigen, daß Lehren und Lernen in Gruppen ohne die vorübergehende Einschränkung persönlicher Bedürfnisse nicht möglich ist, sie jedoch bestrebt sind, den individuellen Bedürfnissen so weit wie möglich entgegenzukommen, bieten sie ein positives Beispiel für gerechtfertigte Macht- und Herrschaftsausübung.

Politisch bedeutsam im Umgang mit den Schülern sind alle Versuche, die Schüler an der Planung, Durchführung und Auswertung von Unterricht zu beteiligen. Nur wenn Lehrer die sich bietenden Beteiligungspielräume nutzen, können sie ihre Schüler auf die zahlreichen Aufgaben in einer demokratischen Gesellschaft vorbereiten. Auch Beteiligung und Mitarbeit müssen gelernt werden, und Schüler, die nicht nur gesagt bekommen, was sie zu tun und zu lassen haben, werden zur aktiven Teilnahme ermutigt.

Die politische Dimension tritt immer dann deutlich hervor, wenn soziale Konflikte zu bewältigen sind. Die Art der Konfliktaustragung läßt Rückschlüsse auf das politische Selbstverständnis des Lehrers zu. Lehrer, die um die politische Tragweite ihrer Handlungen wissen, werden immer wieder gemeinsam mit den Schülern nach Möglichkeiten der Konfliktbewältigung suchen und den zeitraubenden und mühsamen Prozeß demokratischer Meinungsbildung und Beschlußfassung anderen Mitteln der Konfliktbewältigung vorziehen und notwendige Entscheidungen, die der Lehrer zu treffen und allein zu verantworten hat, gegenüber der Lerngruppe sorgfältig begründen. Auf diese Weise tragen problembewußte Lehrer zu einer Erziehung zur Konfliktfähigkeit bei, die sowohl die Konfliktbeilegungs- als auch die Konflikterzeugungsfähigkeit beinhaltet, wenn es darum geht, Mißstände aufzuzeigen oder überfällige Reformen voranzutreiben.

Das politische Selbstverständnis eines Lehrers kommt im Lehr-Lern-Prozeß immer wieder in seinen Handlungen zum Ausdruck. Ein Lehrer, der sich um die Belange einzelner Schüler kümmert, der bestrebt ist, die leistungsschwachen Schüler zu fördern, den Schülern aktiv zuhört, der auf Schülerbeiträge eingeht, zum Fragen anregt, auf die Fragwürdigkeit von Beurteilungen aufmerksam macht, der gegensätzliche Auffassungen und Positionen zur Diskussion stellt und verschiedene Sichtweisen in den Blick rückt, handelt in jedem Fall politisch, indem er ein positives Beispiel für das Handeln im politischen Bereich gibt. Diese Lehrhandlungen sind weitgehend vergleichbar mit den Handlungen jener Politiker, die sich schützend vor einzelne Bürger stellen und staatliche Übergriffe abwehren, die für Minderheiten eintreten, sozial schwache Bevölkerungsschichten und Randgruppen stützen, Politiker, die ihren Wählern zuhören, deren Anliegen aufgreifen, die Meinungsvielfalt berücksichtigen und den Wählerwillen nicht verfälschen.

Die politische Dimension des Lehrberufs tritt in einigen Fächern wie Sozialkunde, Geschichte, Geographie oder Deutsch besonders stark hervor. Mit der Art und Weise, wie aktuelle politische Ereignisse aufgegriffen und diskutiert werden, historische Ereignisse dargestellt und verknüpft, wirtschaftspolitische Zusammenhänge gesehen und interpretiert, Texte ausgewählt, analysiert und beurteilt werden, wirken Lehrer dieser Fächer bewußtseinserweiternd und bewußtseinsverändernd. Und doch ist jeder Lehrer, gleichgültig welches Fach er nun lehrt, im Lehr-Lern-Prozeß politisch gefordert. Ein abschließendes Beispiel mag dies deutlich machen:

Eine Englischlehrerin bereitet an einer Realschule in einer neunten Klasse einen Test vor. Sie bittet die Schüler, nicht abzuschreiben und vermerkt, daß derjenige, der abschreibe, sich ungerechtfertigte Vorteile verschaffe und seine Mitschüler betrüge. Einige Schüler sind von dem Appell so beeindruckt, daß sie mit ihrem Klassenlehrer, der Mathematik, Physik und Chemie lehrt, über diesen Punkt sprechen. Dieser lacht und sagt den Schülern, die Kollegin sei wohl von gestern, etwas wirklichkeitsfremd, wisse wohl nicht so richtig, wo es langgehe, denn lügen und betrügen tue doch heute jeder, man dürfe sich nur nicht erwischen lassen. – Dieses Beispiel stimmt nachdenklich. Die Englischlehrerin verdeutlicht den Schülern ihre Wertvorstellung, nach der ein verläßliches Miteinander-Umgehen nur dann möglich ist, wenn sich Schüler und Lehrer offen und ehrlich begegnen. Sie spricht damit ihre Norm an, die Glaubwürdigkeit, die auch für Beziehungen im politischen Bereich Gültigkeit haben sollte. Und der Klassenlehrer weiß offensichtlich um die Diskrepanz zwischen dem normativen Anspruch und der gesellschaftlichen Realität, weiß, daß dieser hohe Anspruch oft nicht eingelöst wird. In seiner Bemerkung klingen Resignation und Staatsverdrossenheit mit. Doch die Tatsache, daß es immer wieder Personen und Gruppen gibt, welche die Freiräume, die unser Gesellschaftssystem bietet, mißbrauchen, darf nicht dazu führen, eine an sich gerechtfertigte Norm grundsätzlich in Frage zu stellen. Hier käme es wohl darauf an, mit den Schülern über den zu stellenden Anspruch und über die Wirklichkeit zu sprechen, erkennbare Lücken aufzuzeigen, um sie etwas schließen zu können. Die Schüler werden immer mit der Diskrepanz zwischen Normen und Realität oder zwischen Verfassungsrecht und Verfassungswirklichkeit konfrontiert, einer Diskrepanz, die in unserer Gesellschaft gesehen, ausgehalten und abgebaut werden muß.

Literatur

Adorno, Th.W.: Tabus über dem Lehrberuf. In: Neue Sammlung. 5 (1965) 6, 487-498

Aebli, H.: Zwölf Grundformen des Lehrens. Stuttgart 1983

Allen, D./Ryan, K.: Microteaching. Weinheim 1972

Aschersleben, K./Hohmann, M.: Handlexikon der Schulpädagogik. Stuttgart 1979

Assaf-Nowak, U. (Hrsg.): Arabische Märchen aus dem Morgenland. Frankfurt 1977

Ausubel, D.P.: Psychologie des Unterrichts. 2 Bände, Weinheim 1974

Ausubel, D.P.: The Psychology of Meaningful Verbal Learning. New York 1963

Baacke, D.: Die 13- bis 18jährigen. München 1979, 2., erw. Aufl.

Baumgärtner, A.-M.: Wie sich Schüler heute ihre Lehrer wünschen. München 1969

Becker, G.E.: Arbeitsaufträge formuliern. Teil I und II. In: Beiträge zu Unterricht und Ausbildung der Zsch KG. 8 (1984) a, 1 und 2, 1–8.

Becker, G.E.: Auf dem Weg zu einer Taxonomie des Lehrverhaltens. In: Unterrichtswissenschaft. 3(1975) 4, 35–54

Becker, G.E.: Darstellung verschiedener Trainingsansätze unter inhaltlichem Aspekt. In: Zifreund 1976

Becker, G.E.: Die Bewertung des Lernverhaltens durch den Lehrer, und über die Fragwürdigkeit von Lob und Tadel. In: Beiträge zu Unterricht und Ausbildung der Zsch KG. 5 (1981) 2, 1–4

Becker, G.E.: Lehrer lösen Konflikte. Weinheim 1983(a), 2. Aufl.

Becker, G.E.: Lernhilfen geben. In: Beiträge zu Unterricht und Ausbildung der Zsch KG. 6 (1982) 2, 5–8

Becker, G.E.: Microteaching. Training des Frageverhaltens. In: Programmiertes Lernen, Unterrichtstechnologie und Unterrichtsforschung. 8 (1971) 3, 174–183

Becker, G.E.: Optimierung schulischer Gruppenprozesse durch situatives Lehrtraining. Heidelberg 1973(a)

Becker, G.E.: Planung von Unterricht. Handlungsorientierte Didaktik. Teil I. Weinheim 1984(b)

Becker, G.E.: Situatives Lehrtraining. Eine Methode zum Erwerb von Handlungskompetenzen. In: Mutzeck/Pallasch 1983(b)

Becker, G.E.: Zur erforderlichen Neuorientierung des erziehungswissenschaftlichen Studiums an den Aufgaben des Lehrers im Unterricht. In: Unterrichtswissenschaft 1 (1973)b, 2/3, 121–127
Becker, G.E./Clemens-Lodde, B./Köhl,K.: Unterrichtssituationen. München 1980, 2. Aufl.
Becker, G.E./Dietrich,B./Kaier, E.: Konfliktbewältigung im Unterricht. Bad Heilbrunn 1982, 3., erg. Aufl.
Becker, G.E./Hüter, A.: Die Fragen des Lehrers im Unterricht. In: Beiträge zu Unterricht und Ausbildung der Zsch KG. 3 (1979) 2, 5–8
Benden, M. (Hrsg.): Zur Zielproblematik in der Pädagogik. Bad Heilbrunn 1982, 2. Aufl.
Berliner, D.C.: Microteaching and the Technical Skills Approach to Teacher Training. Standford Center for Research and Development in Teaching. Standford University 1969
Bloom, B.S. et al.: Taxonomie von Lernzielen im kognitiven Bereich. Weinheim 1972
Borg, W.R. et al.: The Minicourse. A Microteaching Approach to Teacher Education. London 1970
Bourke, J.: Englischer Humor. Göttingen 1965
Brockhaus: Bd. 8, „Humor“. Leipzig 1931
Brophy, J.E./Good, T.L.: Die Lehrer-Schüler-Interaktion. München 1976
Brück, H.: Die Angst des Lehrers vor seinem Schüler. Reinbek bei Hamburg 1978
Clark, Ch.M.: A Model Teacher Training System. Questioning, Explaining and Listening Skills in Tutoring. Standford Center for Research and Development in Teaching. Standford University 1972
Claus, K.E.: Effects of Modeling and Feedback Treatments on the Development of Teachers‘ Questioning Skills. Standford Center for Research and Development in Teaching. Standford University 1969
Clemens-Lodde, B./Jaus-Mager, I./Köhl,K.: Situatives Lehrtraining in der Erwachsenenbildung. Braunschweig 1978
Cohn, R.C.: Von der Psychoanalyse zur Themenzentrierten Interaktion. Stuttgart 1975
Dahrendorf, R.: Zu einer Theorie des sozialen Konflikts. In: Zapf 1971
Dichanz, H./Mohrmann, K.: Unterrichtsvorbereitung. Probleme, Beispiele, Vorbereitungshilfen. Stuttgart 1980, 4. Aufl.
Dresel, L.: Unterricht über Unterricht. In: Beiträge zu Unterricht und Ausbildung der Zsch KG 6 (1982) 3, 9–12
Dresel, L.: „Zuhören“ – eine zentrale Lehrkompetenz. In: Beiträge zu Unterricht und Ausbildung der Zsch KG. 4 (1980) 1, 1–4
Dubs, R.: Aspekte des Lehrerverhaltens. Aarau und Frankfurt 1978
Duck, L.: Teaching with Charisma. Boston 1981

Eigler, G. et al.: Grundkurs Lehren und Lernen. Weinheim 1975, 2. Aufl.
Eigler, G./Straka, G.A.: Mastery Learning. Lernerfolg für jeden? München 1978
Eisenhut, G./Heigl, J./Zöpfl, H.: Üben und Anwenden. Bad Heilbrunn 1981
Fellsches, J.: Disziplin, Konflikt und Gewalt in der Schule. Heidelberg 1978
Flanders, N.A.: Analyzing Teaching Behavior. Reading 1970
Gage, N.L.: Teacher Effectiveness and Teacher Education: The Search for a Scientific Basis. Palo Alto 1972
Gage, N.L./Berliner, D.C.: Pädagogische Psychologie. 2 Bände. München 1979, 2. Aufl.
Galloway, Ch.: Nichtverbale Kommunikation. In: Strom, 1976
Geißler, E.E./Plock, H.: Hausaufgaben-Hausarbeiten. Bad Heilbrunn 1981, 3. Aufl.
Geißner, H.: Rhetorik. München 1978, 4. Aufl.
Gordon, Th.: Lehrer-Schüler-Konferenz. Hamburg 1977, 3. Aufl.
Grell, J./Grell, M.: Unterrichtsrezepte. München 1979
Groeben, N.: Lesbarkeit schafft Verständlichkeit. In: Deutsche Universitätszeitung. 38 (1982) 19, 22–25
Groeben, N.: Die Verständlichkeit von Unterrichtstexten. Münster 1978, 2., erw. Aufl.
Gudjons, H.: Praxis der Interaktionserziehung. Bad Heilbrunn 1978
Gudjons, H./Reinert, G.-B. (Hrsg.): Lehrer ohne Maske. Königstein 1981
Guilford, J.P.: Persönlichkeit. Weinheim 1964
Habermas, J.: Vorbereitende Bemerkungen zu einer Theorie der kommunikativen Kompetenz. In: Habermas/Luhmann, 1971
Habermas, J./Luhmann, N. (Hrsg.): Theorie der Gesellschaft oder Sozialtechnologie. Frankfurt 1971
Heckhausen, H.: Förderung der Lernmotivierung und der intellektuellen Tüchtigkeiten. In: Roth, 1969
Heidemann, R.: Körpersprache vor der Klasse. Heidelberg 1983
Höhn, E.: Der schlechte Schüler. München 1967
Hofer, M.: Lehrerverhalten aus der Sicht der Schüler. In: Unterrichtswissenschaft. 10 (1982) 3, 240–251
Keck, R.W.: Unterricht gliedern- zielorientiert lehren. Bad Heilbrunn 1983
Keck, R.W./Sandfuchs, U. (Hrsg.): Schulleben konkret. Bad Heilbrunn 1979
Kempowski, W.: Unser Herr Böckelmann. Hamburg 1979
Klinzing-Eurich, G./Klinzing, H.G.: Untersuchungen zum Training von Fragen höherer Ordnung und Sondierungsfragen mit Selbststudienmaterialien. Weil der Stadt 1981

Kraft, P.: Der Schulhof – ein Handlungsfeld sozialer Erfahrung für die Schulgemeinde. In: Keck/Sandfuchs, 1979
Kounin, J.S.: Techniken der Klassenführung. Stuttgart 1976
März, F.: Humor in der Erziehung – Bemerkungen über eine pädagogische Rarität. München 1967
Mann, I.: Lernprobleme. München 1979
Metz, H.: Aufgabenorientierte Lehr-Lern-Strategien. In: Päd. Welt. 34 (1980) 7, 402–406
Meyer, E.: Trainingshilfen Gruppenunterricht. Oberursel 1981
Meyer, H.: Leitfaden der Unterrichtsvorbereitung. Königstein 1980, 3. Aufl.
Miltz, R.J.: How to Explain. A Manual for Teachers. Standford Center for Research and Development in Teaching. Standford University 1972
Moser, H.: Überlegungen zum kooperativen Unterricht. In: Schönberger, 1982
Mutzeck, W./Pallasch, W. (Hrsg.): Handbuch zum Lehrertraining. Konzepte und Erfahrungen. Weinheim 1983
Osborn, A.F.: Applied Imagination. Prinziples and Procedures of Creative Thinking. New York 1953
Parsons, T.: Das Problem des Strukturwandels: eine theoretische Skizze. In: Zapf, 1971
Preiser, S.: Personwahrnehmung und Beurteilung. Darmstadt 1979
Redlich, A./Schley, W.: Kooperative Verhaltensmodifikation im Unterricht. München 1978
Richter, H.E.: Lernziel Solidarität. Reinbek 1974
Rosenshine, B.: To Explain: A Review of Research. In: Educ. Leadership. 26 (1968) 303–309
Roth, H. (Hrsg.): Begabung und Lernen. Deutscher Bildungsrat. Gutachten und Studien der Bildungskommission. Band 4, Stuttgart 1969, 2. Aufl.
Rück, E.: Evaluation der Schülerfrage. In: Erziehung und Unterricht. 130 (1980) 7, 414–420
Rutter, M. et al.: Fünfzehntausend Stunden. Weinheim 1980
Sanders, N.M.: Classroom Questions: What Kinds? New York 1966
Schulz, W.: Unterrichtsplanung. München 1980
Scherer, K.R.: Non-verbale Kommunikation. Hamburg 1970
Schönberger, F.: Kooperative Didaktik. Neustadt 1982
Shavelson, R.: The Basic Teaching Skill: Decision Making. Standford Center for Research and Development in Teaching. Standford University 1973
Strom, R.D. (Hrsg.): Lehrer und Lernprozeß. 2 Bände, UTB 567/568, München 1976
Tausch, R.: Gesprächspsychotherapie. Göttingen 1970, 4., erg. Aufl.

Tausch, R./Tausch, A.-M.: Erziehungspsychologie. Göttingen 1973, 7. Aufl.

Tausch, R./Tausch, A.-M.: Erziehungspsychologie. Begegnung von Person zu Person. Göttingen 1979, 9. Aufl.

Wehmeyer, D.J.: Frames of Reference as a Variable in Instruction. Diss. Stanford University. Ann Arbor, University Microfilms, 1966, 67–4314

Weidenmann, B.: Lehrerangst. Ein Versuch, Emotionen aus der Tätigkeit zu begreifen. München 1978

Weinert, F.E./Zielinski, W.: Lernschwierigkeiten - Schwierigkeiten des Schülers oder der Schule? In: Unterrichtswissenschaft. 5 (1977) 4, 292–304

Zapf, W. (Hrsg): Theorien des sozialen Wandels. Köln 1971, 3. Aufl.

Zielinski, W.: Lernschwierigkeiten. Verursachungsbedingungen, Diagnose, Behandlungsansätze. Stuttgart 1980

Zifreund, W.: Konzept für ein Training des Lehrverhaltens mit Fernsehaufzeichnungen in Kleingruppen-Seminaren. Beiheft 1 der Zsch pl. Berlin 1966

Zifreund, W. (Hrsg.): Training des Lehrverhaltens und Interaktionsanalyse. Weinheim 1976

Sachregister

Personenregister